탄성인간

탄성 인간

알리아 보질로바 지음 | 손영인 옮김

Resilience

단순한 회복을 넘어 더 나은 인간으로 성장하는 회복탄력성의 힘

FIKA

탄성 인간이 되기 위한 ABCD

쉿, 들리는가? 집중해서 귀를 기울여보라. 내면의 목소리가 우리에게 속삭이고 있다. 이 속삭임은 곧 우리 삶에 실질적인 결과를 낼 것이다. 우리가 주의를 기울이든 기울이지 않든, 이 속삭임은 앞으로 인생에 어려움이 닥쳤을 때 우리가 가만히 있을지, 싸울지, 도망갈지 혹은 얼어붙을지, 단순히 관찰하고 있을지, 수동적으로 참여할지 아니면 삶을 적극적으로 창조할지를 결정할 것이다. 이 선택안 중 무엇을 택하느냐는 전부 우리의 회복탄력성에 달려 있다. 동기 부여용 포스터나 다른 사람들의 엄선된 인생에서 볼 수 있는 회복탄력성이 아니라, 우리 혈관에서 뛰는 맥박만큼 매일 우리가 필요로 하는 회복탄력성 말이다.

이 책은 회복탄력성을 어떻게 활용할 수 있는지 알려준다. 좌절한 후에 단순히 회복하는 것을 넘어 더 발전하는 법, 즉 좌절하기 전보다 더 강하고 나은 사람으로 성장하는 법을 제시한다. 또 두려움을 발견하고 다른 각도로 살펴서 잠재력을 발휘할 수 있는 길을 안내해준다.

회복탄력성은 각자가 올바르게 접근한다면 초능력처럼 활용할 수 있는 필수 요소다. 이 책에는 나를 단련시키는 것에 집중하면서 나를 소진시킬 수 있는 충격은 줄여주는 필수적인 회복탄력성 도구들이 들어 있다. 이 도구들은 주어진 기회를 최대한 활용하고 인내심, 에너지, 집중력을 유지해서 더 나은 방향으로 나아가는 데 도움을 줄 것이다.

나는 경력을 쌓는 동안 회복탄력성을 키우는 4단계 과정을 발견하게 됐다. 이 과정은 인식, 소속감, 호기심, 추진력이라는 4가지를 바탕으로 이루어진다. 각 단계를 통해 우리는 인식의 폭을 넓히고, 소속감을 강화하고, 호기심을 키우고, 추진력을 활성화할 것이다.

먼저 내 소개를 간단히 하겠다. 나는 알리아 보질로바 박사다. 다른 사람들과 마찬가지로 내 안에는 여러 모습이 복잡하게 연결되어 있다. 나는 어머니이자 아내이고, 퇴역 군인, 관리자, 뉴질랜드 기업과 글로벌 기업의 고문이며, 심리학자, 멘토, 여러 단체의 회원, 친구, 그리고 무엇보다도 자랑스러운 회복탄력성 열광자다.

나는 약 20년간 심리학과 최고 수행 능력Peak Performance을 연구하고 이 분야에 종사해왔다. 순전히 운과 삶에 대한 엄청난 호기심 덕에 세계 곳곳에서 뛰어난 회복탄력성 영웅들과 함께 일하고 연구하며 그들을 지원한 바 있다. 한눈에 보기에 그들은 서로 다르지만 이 책에서 소개하는 회복탄력성 원칙을 고수하는 점은 놀랍도록 닮아 있다. 그들은 특수부대원, 최고의 운동선수, 훌륭한 리더, 기업가, 역사를 움직이고 만드는 사람들, 그리고 오늘날 길거리에서 지나칠 수 있는 평범한 영웅들까지 다양하다. 모두 회복탄력성을 키우면서 몸이 마비된 부상에서 강인함으로, 가난에서 풍요로, 박탈감에서 관대함으로, 외로움에서 공동체 의식으로, 목적 없는 불안과 혼란에서 목적의식으로 삶의 맥락을 변화시킨 사람들이다.

가장 보람 있었던 일로는 뉴질랜드 특수부대에서 장교이자 수석 심리학자로서 근무한 경험을 꼽을 수 있다. 내 역할은 군인 선발을 지원하고 선발된 군인들이 세계에서 가장 혹독한 조건에서 작전을 수행할 때 회복탄력성을 유지하도록 돕는 것이었다. 특수부대 멘토는 내게 이런 조언을 해주었다.

"인생에서 가장 중요한 일은 자신의 '목적'을 찾는 것일세. 그 목적이 매일 자네에게 영감과 원동력을 줄 것이고, 비전을 실현하고 다듬는 자네의 모습이 다시 주변 사람에게 영감과 원동력을 줄 것이네."

내 목적은 회복탄력성이며 나는 늘 이 목적에 매달려왔다. 회복탄력성을 보통 '뜻밖의 사건 이후 회복하는 능력'이라고 정의한다. 나는 이 정의가 늘 불편했다. 누구의 관점에서 '뜻밖의 사건'이라는 걸까? 그 상태는 얼마나 지속되는 걸까? 회복탄력성의 기준은 누가 정하는 걸까? 이외에 한동안 나를 신경 쓰게 한 또 다른 질문은 '회복하고자 하는 대상이 더 이상 존재하지 않는다면?'이었다. 회복하는 것만으로는 충분하지 않은 느낌이었다.

회복탄력성이 반드시 '회복하는 것'이나 '앞으로 나아가는 것'만이 아니라는 사실을 깨닫는 데는 시간이 걸렸다. 회복탄력성은 경험을 통해 배우고 흡수하는 능력, 답을 제시하기 전에 잠시 멈추는 능력일 때도 있다.

방해물을 디딤돌로 바꾸는 일

발칸반도에서 보낸 어린 시절은 내게 회복탄력성의 영웅과 반영웅의 모습을 모두 목격할 많은 기회를 주었다. 나는 목표를 위해 두려움과 나쁜 습관 같은 어려움을 극복했던 아버지의 이야기를 들으며 아버지의 신념과 용기에 사로잡히기도 했다.

아홉 살 때 빅터라는 인물의 일생을 다룬 책을 읽었다. 이 책은 회복탄력성의 중요성을 가감 없이 대면시켜주었다. 이 책이 준 인상은 내 인생에 영향을 미치며 많은 부분을 형성했고, 이 책을 읽는 누구라도 삶을 다르게 바라보게 될 거라 생각한다.

빅터는 러시아 시골 어딘가에 있는 작은 집에 누워 있다. 임종을 앞둔 그는 난롯가 침대 위에 있는데 이런 자리는 책 배경에서는 흔한 설정이다. 생의 마지막 순간에 빅터는 자기가 살아온 날들을 생생하게 떠올린다. 마치 자기가 등장하는 영화를 보는 것처럼 그가 한 경험과 선택이 그의 눈앞을 스쳐 지나간다. 자신은 전혀 관여한 적이 없었다는 듯 빅터는 멀리 떨어진 채로 무덤덤하게 그 일들을 회상한다. 빅터는 삶과 헤어지는 자신이 고통스럽지 않다는 사실을 깨닫는다. 진정으로 자신의 삶을 살지 않았기 때문에 삶을 떠나는 데 슬퍼할 이유가 없었다. 나는 이 부분을 힘들게 읽었다. 빅터는 살면서 저항이 가장 적은 길만 선택해온 것일까?

10년 후 다른 나라에서 다른 빅터가 쓴 다른 책을 접하게 되었다. 이 작가의 관점은 첫 번째 빅터와는 완전히 달랐다. 그는 가상 인물이 아닌 실제 인물이었다. 바로 《죽음의 수용소에서》를 쓴 심리치료사 빅터 프랭클Viktor Frankl이다. 《죽음의 수용소에서》의 가장 유명한 구절은 다음과 같다.

자극과 반응 사이에는 공간이 있다. 그 공간에는 반응을 선택하는 우리의 힘이 있다. 우리의 성장과 자유는 우리가 어떻게 반응하느냐에 달려 있다.

프랭클은 우리에게 선택하라고 하면서 '생각하는 사람'과 '생각' 사이의 공간을 염두에 두라고 제안한다. 홀로코스트 생존자였던 만큼 그는 우리가 어떤 곤경에 처해 있든 그 상황을 개선하기 위해 우리가 할 수 있는 일이 항상 있다는 점을 증명해주었다. 그 방법이 고작 관점을 바꾸고 희망을 키우는 것일지라도 말이다.

러시아 시골에 살던 가상의 빅터가 자신이 처한 곤경을 견디기만 할 필요는 없다는 것을 깨달았다면 그의 이야기는 달라졌을까? 그가 자신에게도 삶을 이끌어갈 선택권이 있다는 것을 알았다면 어땠을까?

그렇게 가상의 빅터와 실제의 빅터를 우연히 만난 후, 나는 몇 년간 삶을 낭비했다는 생각으로 생긴 불안감을 억제할 방법을 찾았다. 불안해하는 대신 진정한 삶을 위해 희망을 품는 법을 배운 것이다. 행동을 통해 회복탄력성으로 향하는 사람들을 연구하면서 나는 결코 넘을 수 없을 것 같은 '방해물'을 끝없는 기회의 장으로 이어주는 '디딤돌'로 바꾸려고 노력했다. 그리고 이런 변화를 일으키는 회복탄력성 도구들을 이제 기꺼이 공유하려고 한다.

특수부대로부터 배운 회복탄력성

뉴질랜드 특수부대의 안식처가 되는 모든 구역과 방, 모든 구석과 벽면에는 어쩌면 한 번도 알려지지 않았을 영웅들의 놀라운 이야기가 있다. 그리고 이 모든 영웅적인 성공과 비범한 인간의 노력 뒤에는 우리 모두가 공감하는 평범한 얼굴, 평범한 질문, 평범한 도전이 있다.

부적응자들과 집요한 몽상가들과 주저하지 않고 툴툴거리는 이들과 뜻밖의 영웅들이 모인 특수부대의 좌우명은 이렇다.

지도자여, 우리는 순례자입니다.
우리는 늘 조금 더 나아가야 합니다.
눈 덮인 저 마지막 푸른 산 너머에,
저 성난 또는 어렴풋한 바다 너머에
왕좌에 앉은 채 흰 머리카락을 휘날리는,
아니면 굴 안에서 보호받고 있는,
왜 인간이 태어났는지를 아는
선구자가 있겠지만
사마르칸트를 향하는 황금 길 위에 선
우리는 분명 용감한 자들입니다.

영국 문학가 제임스 엘로이 플레커James Elroy Flecker가 1913년에 발표한 시 〈사마르칸트로 가는 황금 길The Golden Road to Samarkand〉 의 일부다. 플레커가 어떤 의도로 이 글을 썼는지, 어디서 영감을 받았는지는 여기서 중요하지 않다. 중요한 것은 특수부대원들과 연구자이자 실무자이자 스토리텔러인 내가 해석하는 의미다.

특수부대원들은 이 시구를 가장 순수한 형태로 표현한 회복탄력성으로 여긴다. 이 글에 따르면, 가장 힘든 도전은 타인이 우리에게 가하는 것이 아니라 우리 내부에서 나온다. 우리에게 무슨 일이 일어나느냐가 아니라 우리가 어떻게 대처하느냐가 관건이다.

이 시는 도전과 자기탐색 외에는 어떤 것도 약속하지 않는다. 여정이 험난할 것이라는 점에는 의심할 여지가 없다. 우리에게 용기를 주기도 하고 더 큰 부담을 주기도 하지만, 우리의 여정은 전적으로 우리의 손과 정신과 마음에 달려 있다고 말해준다. 회복탄력성을 진정으로 보여주는 단 하나의 기준은 우리가 소명으로 향하는 길, 잠재력으로 향하는 길 위에서 한 걸음 더 내딛느냐에 있다.

특수부대와 일하면서 나는 이들의 회복탄력성이 이 내용과 거의 동일하게 구성되어 있다는 것을 깨달았다. 이들이 회복탄력성을 키우는 일에는 명칭화되지 않은 과정이 있었는데 직감적으로라도 모두가 따르는 것처럼 보였다. 특수부대의 회복탄력성은 팀

내 모든 사람이 알고 지지하는 원칙과 가치로 형성되어 있다. 그 원칙은 개인적 일탈이나 일종의 의심이 끼어들 여지를 주지 않는다. 어쩌면 '외부 세계'에서 오는 위협, 요구, 위험의 규모 때문에 팀의 '내부 세계'가 그토록 팀 내 모든 사람의 회복탄력성에 기여하는 데 집중하게 된 것일지도 모른다. 회복탄력성은 생존의 문제였다.

특수부대라는 배경이 얼마나 독특하든 간에 회복탄력성은 시험대에 올려지는 환경과 관계없이 거의 동일한 과정을 따른다는 사실도 알게 되었다. 한 번 접하고 나니 회복탄력성 과정이 얼마나 직관적인지 알 수 있었기에 나는 더 많은 사람이 더 큰 회복탄력성에 접근할 수 있도록 사례와 전략을 수집하는 데 열중하게 되었다.

회복탄력성의 ABCD

이어서 설명하는 ABCD 과정은 회복탄력성으로 향하는 진정한 목표점이라 할 수 있다. 특별하면서도 놀랍도록 평범한 연구 참여자, 자원봉사자, 동료, 친구, 멘토, 자칫 학대자가 될 뻔했던 교사들이 마음을 다해 공유해준 이야기로 정리한 것이다.

군대와 특수부대에서 경력을 쌓은 이후 나는 최고의 성과를 내야 하는 스포츠계, 기업, 정부, 예술계, 비영리 부문, 위기에 처한 집단에서 회복탄력성을 탐구했다. 내 작업 영역은 예전에는 상상한 적이 없을 정도로 커졌지만, 회복탄력성을 얻고 유지하고 성장시키는 과정은 거의 똑같이 유지되어왔다. 내가 만난 회복탄력성 영웅들은 저마다 특별하고 다채로웠다. 하지만 그들은 모두 의식적으로든 무의식적으로든 같은 원칙을 따랐다.

그렇다면 좌절을 경험한 후 많은 이들이 다시 일어서지 못하거나 일어설 의지가 없어 보이는 반면에 어떤 이들은 회복하고 성장하며 심지어 더 잘되는 이유는 무엇일까? 답은 간단하다.

- 인식Awareness
- 소속감Belonging
- 호기심Curiosity
- 추진력Drive

이것이 바로 이 책을 통해 우리가 따르게 될 ABCD 과정이다. 모든 단계는 반드시 필요하다. 과정은 점진적으로 진행되며 각 단계는 다음 단계의 연료가 되어준다. ABCD 과정은 일직선으로 이어지는 것이 아니다. 강력한 고리 형태로 진화하며 지속적으로 성장해 회복탄력성을 강화하도록 이끌어준다.

회복탄력성은 정해진 자질이 아니라 우리가 자신의 중요한 영역에서 성장할 수 있도록 내리는 일련의 결정이다. 회복탄력성은 고정돼 있지 않고 유동적이다. 회복탄력성은 우리가 무엇에 어떻게 관여하고, 무엇을 어떻게 예상해서 그것에 얼마나 헌신하며, 무엇과 함께하고 무엇을 버릴지 선택할 때 내리는 결정의 결과다. 그리고 특히 살면서 겪는 시련 앞에서 스스로가 성장할지 위축될지를 선택할 때 내리는 결정의 결과이기도 하다.

내 인생의 모든 순간을 목격하는 사람은 나 자신뿐이다. 우리 모두가 삶을 만드는 법을 의도적으로 배울 수는 있어도 우리 중 대다수는 희망의 목소리보다 의심의 목소리가 이끄는 대로 자신의 여정을 만들어간다. 이 책은 우리가 회복탄력성을 지속시키고 확장해주는 원칙을 성찰하고, 실험하고, 배우고, 적용하도록 이끌어줄 것이다. ABCD 과정이 계속 진화한다는 것은 더 명확한 인식, 더 깊은 소속감, 더 많은 호기심, 더 강한 추진력을 계속해서 확보해 나간다는 뜻이다. 이 4가지는 모두 변화, 불확실성, 예측 불가능성 속에서 발전하고, 나를 위해 나만이 떠올릴 수 있는 비전으로 나아가는 데 있어 중요한 요소가 된다.

이 책을 통해 내가 목격한 회복탄력성 영웅들, 가장 회복탄력성이 뛰어난 그들의 이야기를 전할 수 있게 되어 감사하게 생각한다. 회복탄력성은 모두가 충분히 갖고 있다. 우리는 회복탄력성과 성장에 필요한 재료를 똑같이 갖고 있다. 중요한 것은 이 재료들을 올바른 순서로 배치하고 재료에 맞는 적절한 조건을 마련해주는 것이다.

차례

| 1장 |

Awareness
나를 '인식'하는 힘이 회복탄력성을 키운다

| **2장** |

Belonging
'소속감'은 위기 때 알 수 없는 힘을 준다

| 3장 |

Curiosity
'호기심'은 가능성을 선사한다

1장

Awareness

나를 '인식'하는 힘이
회복탄력성을 키운다

1

나를 관찰하는 만큼
달라지는 삶

병사 H의 이야기

병사 H는 생각했다.

'두렵지만 영광스러운 이곳에 드디어 왔다. 도전하는 사람에 따라 결과가 전적으로 달라지는 마지막 관문.'

그는 수년간의 체력 단련과 마음의 준비, 개인적 희생 끝에 특수부대 선발 과정에 참가하게 되었다. 이곳에서는 다른 사람의 격려나 비판, 지시를 받지 않는다. 그를 이끄는 것은 목표를 향해 내딛는 자신의 발걸음뿐이다. 교관은 필요할 때만 말을 걸며 선발 과정에 참가 중인 다른 지원자와의 소통도 거의 금지되어 있다. 정적을 깨는 건 H의 발걸음과 가쁜 숨소리뿐이다. 청중도 구경꾼도 없고, 환호도 야유도 없다.

H의 땀은 비와 늪에 고인 물과 섞일 것이다. H의 모든 근육 섬유는 며칠 동안 경직되어 고통을 유발할 것이다. 발에는 물집이 잡힐 것이다. 물집은 터지고 그 상처에 전투화가 세게 닿아 아픔은 더할 것이다. 배낭 틀은 그의 엉덩이와 등 쪽 피부를 찢어버릴 것이다. 이런 고통은 그의 정신이 잠들지 못하게 막을 것이고 그의 몸이 절실히 요구하는 휴식을 취하지 못하게 할 것이다. 그는 자기 몸과 동료들의 몸에서 나는 악취에 익숙해진 나머지 악취가 난다는 것조차 모를 지경이 될 것이다.

잔인할 정도로 혹독한 매 단계를 거치는 동안 그를 움직이는 동기는 내면에서 나와야 한다. 선발 과정이 위협적이긴 하지만, 이는 H가 특수부대에 선발되면 삶을 바쳐야 할 고된 업무의 맛보기에 불과하다. 이 과정을 통과하려면 그는 자신이 느끼는 고통과 의심은 일시적인 감정일 뿐임을 기억해야 한다. 두려움에 완전히 빠지지만 않으면 그 감정은 지나갈 것이다.

에너지가 점점 소진되고 있다면, 그는 중요한 일에 집중하며 무엇에 의지하고 무엇을 버릴지 선택하기 위해 더 큰 노력을 들여야 한다. 그런 상태라면 세컨드 윈드second wind(격렬한 훈련을 하다 보면 힘들어지는데 이를 견뎌내면 몸이 다시 편안해진다. 이렇게 신체 기능이 개선되는 변화를 뜻한다—옮긴이)를 백 번도 더 바랄 것이다. 이는 H의 회복탄력성을 시험하거나, 부수거나, 쌓는 호된 시련이자 인생의 결정적인 순간이다. 체력도 중요하지만, 무자비한 특수부대에서 요구되는 정신력 앞에서 체력은 무색하다.

H는 준비에 도움이 되는 조언이라면 무엇이든 모았다. 체력, 장비, 위치 추적 기술 등 당연한 것들은 모두 갖추었다. 다만 한 가지 중요한 것이 남았다. 자기인식self-awareness이다. 그는 자신에게만 의지할 수 있기에 자신이 과정을 다 마칠 수 있게 해줄 믿음은 선택하고 자신을 파괴하는 생각과는 싸워야 한다.

이론상으로는 이 모든 게 실현 가능한 것처럼 들린다. 하지만 H는 이 모든 것을 헤쳐 나가는 게 어떤 건지 정말 이해할 수 있을까? 상상조차 할 수 없는 상황에서 매일, 매시간 겹겹이 쌓일 고뇌, 긴장, 불편함에 어떻게 대비할 수 있을까?

그의 뇌는 선발 과정에서 합격하는 꿈을, 그가 인생의 대부분을 순진하게 바친 그 꿈을 어리숙한 생각으로 축소하도록 꾀를 낼 것이다. 그의 마음은 그의 부정적인 기억과 의심을 뒤적거리게 할 음모를 꾸밀 것이다. 상상의 그물을 넓게 드리워서 다른 가능한 대안을 다시 떠올리도록 강요할 것이다. 그의 머리는 편안함, 안전, 풍요의 이미지들을 휙휙 넘기며 훑어볼 것이다. H가 특수부대에 합류하게 되면 포기해야 할 것들을 말이다.

그의 몸은 훈련하는 동안 무시하려 했던 신체적 약점을 상기시켜줄 것이다. 고통에 칭얼거리는 소리로 귀청이 떨어질 것이다. 그 고통은 그가 이대로 가면 직면해야 할 불편함을 경고하면서 불길한 앞날을 그려보게 할 것이다. 그는 부상 없이 이 과정을 끝낸 사람은 아무도 없다는 것을 안다.

그가 성공할 확률은 희박하다. 특수부대가 선발 과정에서 정해둔 인원은 없다. 지원자를 전부 합격시킬 수도 있고, 전부 떨어뜨릴 수도 있다. 선발 기준은 바뀌지 않는다. 사전 선발 과정을 통해 이미 최고의 후보자들은 선정된 상태였다. 하지만 이 우수한 군인들 중 특수부대 선발 과정을 통과하는 비율은 평균 10퍼센트 미만이다. H가 불합격한다면 아예 군 생활을 접는 것이 낫다. 그의 입장에서 최악의 공포는 선발되지 못해 현재 유일한 인생의 비전이 사라지는 것이다. 특수부대원으로 선발되지 못하면 그가 느낄 수치심은 너무나 커서 다른 군 업무를 맡아도 만족하지 못할 것이다.

이처럼 불안감이 엄습하지만 H는 불안과 두려움이 자신을 속일 수 있다는 것을 이미 알고 있다. H는 자기의심을 멈추거나 밀어내야 한다. 자기의심을 털어낼 수 없을 때, 특히 모든 것을 잃을 위기에 처해 있다고 주변의 모든 것이 상기시켜줄 때 자기의심은 더더욱 빠르게 쌓인다. 우리는 대부분 무언가를 잃어본 적이 있고, 우리의 뇌는 과거로 빠르게 건너가 그때의 실패와 후회를 떠올린다. H가 바라는 단 한 가지는 그의 열망이 실패에 대한 두려움보다 자신을 한발 더 나아가게 해주는 것이다. 동료 중 한 명이 그에게 조언했다.

"선발 과정에서 끌려나가지 않는 이상 스스로 포기하진 마. 다들 머릿속에 퍼지는 의심과 두려움의 목소리를 들을 거야. 근데 선발에 성공하는 사람들은 그걸 핑계 삼지 않아. 그들은 도전을 멈추지 않지."

자기의심은 타인들의 의심하는 목소리로 생겨나기도 한다. H도 그런 타인의 목소리에 저항하며 여기까지 왔다. 하지만 그는 남들에게 자신을 증명하고자 하는 의도는 여기까지만 힘을 뻗는다는 것을 알고 있다. 고정 마인드셋fixed mindset은 늘 우리의 민낯을 드러낸다. H의 멘토인 부사관 P는 그에게 이렇게 경고했다.

"다른 사람이 틀렸다고 증명하기 위해 시작은 할 수 있을지 몰라도, 점점 스스로를 갉아먹다가 결국에는 실패하게 되어 있다. 중요한 도전에 부정적인 관점으로 덤비면 의심하는 사람들의 목소리가 자신의 목소리가 될 것이다. 목표가 자신과 깊이 맞닿아 있지 않으면, 즉 자신을 잘 알지 못하고 무엇을 향해 가고 있는지를 명확하게 보지 못한다면 그 목소리로부터 벗어날 수 없어."

특수부대 선발 과정에서 H와 함께할 거라고 예상할 만한 대상은 의심, 두려움, 고통이라는 꼬마 도깨비들뿐이다. 그가 올바른 마음을 유지한다면 이 도깨비들이 떠드는 소리는 점점 조용해져서 나중에는 들리지 않을 것이다.

견딜 수 없을 정도로 괴로울 때도 있겠지만 도전을 멈추지 않는다면 힘든 순간은 지나가고 어느새 다음 순간이 와 있을 것이다. 그렇게 새로운 목표를 기대하게 될 것이다. H는 속으로 이렇게 생각한다.

'지금 이 순간을 견뎌내면 모든 순간을 견뎌내게 될 거야. 한 번에 하나씩 넘길 수 있을 거야. 일 분도 한 번에 하나씩 지나고, 하루도 한 번에 하나씩 지나고, 일 년도 한 번에 하나씩 지나니까.'

자기 생각을 관찰하자. 하지만 그 생각이 도움이 되지 않는다면 거기에 사로잡히지는 말자.

회복탄력성을 키우는 2가지 방법

회복탄력성을 키우는 방법은 2가지다. 올바르게 키우기, 반복해서 키우기.

회복탄력성을 보충하거나 강화하는 일에 지름길은 없다. 도전이나 긴장을 피해서는 회복탄력성을 키울 수 없다. 회복탄력성을 키우고 유지하려면 자신의 감정과 생각을 관찰하고 이해해야 하며, 감정과 생각은 순식간에 지나간다는 점을 받아들여야 한다.

우리의 상태는 우리가 아니고, 우리의 감정은 우리가 아니다. 다만 주의를 기울이지 않으면 우리는 그 상태와 감정에 갇힐 수 있다. 우리는 우리의 생각이나 감정이 아니다. 이 점을 제대로 이해한다면 우리는 생각과 감정을 목격하는 주체인 것을 알 수 있다.

회복탄력성은 생겨나는 것이다. 곤경을 피할 때가 아닌 곤경에 반응할 때 발생한다. 회복탄력성은 이전보다 나은 사람이 되려고 노력하는 과정에 있지, 우리가 무언가를 할 때마다 생기는 결과에 있지 않다. 회복탄력성은 과정이다. 회복탄력성은 자기의심을 포함한 어떤 방해물에 부딪혀도 앞으로 나아가고 인내하는 능력이다.

그래서 회복탄력성의 관건은 자기인식에 있다. 자기인식은 이해하고, 선택하고, 목표를 향해 자신의 주의를 이끄는 능력이다. 자기인식을 다른 이름으로 부를 수도 있겠지만 항상 다음 사항을 이해하는 것으로 요약할 수 있다.

- 나의 강점
- 나의 불안

- 나의 목적
- 나의 동인動因

특수부대원들은 무엇이 자신에게 가능성을 주고, 무엇이 자신을 움직이게 하고, 무엇 때문에 자신이 탈선하는지 의식적으로 이해하려고 노력하면서 자기인식을 키운다. 다음은 그들이 살피는 것이다.

- 나의 능력
- 나의 어두운 면
- 나의 약점
- 나의 에너지원
- 나의 기준점

자기인식을 키우려면 특수부대원들은 (단순히 반응하는 것이 아니라) 인식하고, 참여하고, 대응하는 다른 방법들을 열린 자세와 준비된 자세로 살필 수 있어야 한다. 그렇지 않으면 본능적이거나 천부적인 사고방식과 감정 패턴을 내보일 것이다. 부사관 P는 병사 H에게 이렇게 말한 적이 있다.

시련을 겪는 사람 중에 스스로를 아는 사람이 눈에 들어올 것이다. 그런 사람을 관찰하면 그가 어떻게 생각과 반응을 관리해서 결과 전체를 이끌어내는지 알 수 있다.

우리는 모두 어깨 위에 꼬마 도깨비를 데리고 있다. 꼬마 도깨비는 우리의 가장 어두운 순간에 남아 의욕이나 희망을 갉아먹으며 시끄럽게 군다. 이 도깨비의 목소리는 시간이 지나면서 바뀔 수 있지만, 도깨비를 다루는 유일한 방법은 도깨비를 어떻게 상대할지를 아는 것이다. H는 그것을 잘 알고 있다.

'넌 성공하지 못할 거야', '넌 실력이 부족해', '넌 자격이 없어', '남들은 널 가짜라고 생각해' 같은 머릿속의 작은 목소리에 매우 익숙해져 있을지도 모른다. 그럼에도 목표를 향해 한 걸음씩 나아간다면 이 목소리는 점점 작아져 결국에는 무의미해질 것이다. 나 자신을 잘 다스려 목표를 향해 이끄는 법을 배운다면, 아무리 소진됐다고 느끼더라도 이 목소리에 휘둘리기는커녕 오히려 그것을 딛고 성장할 수 있을 것이다.

자신의 능력을 의심하는 도깨비의 목소리는 두려움에서 나온다. 두려움은 고통과 실패로부터 스스로를 보호하게 한다. 두려움은 목표에는 관심이 없다. 당장 임박한 고통과 불편함이 미칠 위험을 최소화하는 데만 관심이 있다. H는 한 번 통제하면 도깨비가 긍정적인 역할을 한다는 사실을 발견했다.

"나를 알면 두려움, 수치심, 좌절감처럼 사람의 재능을 마비시키거나 고갈시키는 많은 감정이 더 이상 나를 사로잡지 못해요. 대신 이 감정들은 무엇이 중요한지, 기회와 위험이 어디에 있는지 등에 대해 더 집중하게 해주죠. 나를 알면 감지한 것과 실재하는 것, 즉 과거와 가능성과 현재 사이에 선을 그을 줄 알게 돼요."

두려움과 의심을 관리하는 가장 좋은 방법은 그것에 맞서 싸우는 것이 아니다. 그 감정들의 존재를 받아들여 화해하면 그 감정들을 객관적으로 바라볼 준비를 더 잘 할 수 있다. 그러기 위해 H는 자신에게 몇 가지 중요한 질문을 던졌다.

이 두려움과 의심은 나를 무엇으로부터 막으려는 걸까? 두려움과 의심이 보내는 직설적인 메시지가 내게 성공을 가져다주는 원동력이 되려면 나는 그 메시지를 어떻게 바꾸어야 할까?

그리고 이렇게 되새겼다.

두려움은 중요한 무언가가 있다는, 내 마음 혹은 내 주변에서 어떤 변화가 일어나고 있다는 신호일 뿐이다. 나는 그것을 받아들일 수 있다. 두려움은 내가 최선을 다하고, 내 힘을 재배치하고, 내 목적에 집중해야 함을 상기시킨다.

인식은 회복탄력성의 중심이다. 자신뿐만 아니라 대인관계나 상황을 인식하는 것도 모두 분명하고 즉각적이며 오래 지속되는 효과가 있다. 인식은 H와 그의 팀이 헤아리는 것보다 더 많은 상황에서 삶과 죽음 간의 차이를 만들어냈다. 그리고 개인과 팀의 회복탄력성에 중요한 요소가 되었다.

인식은 환경의 변화를 더 효과적으로 살피고, 재능을 더 잘 활용하며, 삶의 위협이나 도전, 기회에 더 잘 대처하도록 해준다. H의 경우, 그의 인식과 회복탄력성은 자신과 팀원들이 내면에서 키워낸 세계에서 전부 시작되었다. 특히 자기인식은 그들이 사고 방식이나 접근 방식을 형성하거나 재구성할 준비가 된 상태에서 시험 상황에 뛰어들 수 있게 해주었다.

H에 따르면, '감정에 갇히는 대신 자신에게 집중하기 위해 감정을 활용하는 것'이 핵심이다. 자신의 감정을 관찰하고 감정으로부터 배우는 연습을 하면 그 감정에 직면할 때마다 회복탄력성을 키우게 될 것이다.

Tool

두려움과 의심을 극복하는 질문 2가지

병사 H처럼 우리는 모두 두려움과 의심, 스스로를 방해하는 생각들을 경험한 적이 있다. 두려움과 의심은 지금 이 순간 나에게 중요한 일이 있다는 신호일 뿐이라고 생각하면서 그런 생각을 훈련해보자. 그렇게 감정에 대해 알아차리게 되면 이제 해야 할 일은 더 나은 결과를 얻기 위해 목적이 뚜렷한 행동을 취하는 것만 남는다.

현재 자신의 회복탄력성을 고갈시키거나 목표 달성을 방해하고 있는 두려움과 의심을 떠올려보자. 이어서 H가 스스로에게 던졌던 다음 질문에 답해보자.

1. 이 두려움과 의심은 나를 무엇으로부터 막으려는 걸까?
2. 두려움과 의심을 어떻게 성공의 원동력으로 바꿀 수 있을까?

이 질문에 대한 답으로 다음과 같은 예를 들 수 있다.

1. 꿈에 그리던 일자리가 생겼다. 내가 그 자리를 얻을 유일한 기회일지도 모르나, 난 아직 준비가 안 된 것 같다. 이 일을 하다 실패하면 내 직업상의 평판과 경력이 망가질까 두렵다. 두려움과 의심이 내 경력을 망치는 것을 막아주려 한다.

2. 내가 느끼는 두려움 때문에 이 기회 앞에서 주저하는 대신, 이 일자리가 나에게 얼마나 중요한지를 보여주는 신호로 이 두려움을 받아들일 것이다. 뒷걸음질 치기보다는 시간을 투입해 준비할 것이다. 이 일에 대해 조사하고, 그것을 수행하는 데 필요한 능력을 키우고, 면접을 꼼꼼히 준비할 것이다. 이 일자리가 나에게 얼마나 중요한지를 솔직하게 받아들이겠다. 이는 내게 강점으로 작용한다! 일자리를 얻으면 적극적으로 멘토를 찾고, 업무 시간과 업무 외 시간에 능력을 개발하고, 업무에 필수적인 관계에 투자하면서 그 안에서 발전하기 위해 노력할 것이다.

지금 발을 디딘 곳에 집중하라

회복탄력성을 갖추려면 시종일관 신중하게 행동해야 한다. H가 특수부대 선발 과정에 참여한 지 수십 년이 지났다. H는 군사 훈련과 모든 준비에서 루틴에 의존하고 그 루틴을 완벽히 수행하도록 훈련받았다. 훈련과 루틴은 군인의 생존에 필수적이다. 무질서나 혼란을 통제하는 데 도움이 되기 때문이다. 자주 실행하면 명확한 목적으로 미지의 세계에 도전할 자신감이 생긴다.

의식과 루틴은 수단일 뿐이며 다양한 형태와 모습을 취한다. H는 자신이 목표로 삼은 지점에 도달하기 위한 가장 효과적인 수단을 찾아서 사용하는 법과 자신이 수행하고자 하는 목표에 가장 잘 부합하는 마인드셋을 선택하는 법을 배웠다. 현재에 어떤 일이 일어나고 있든, 매일 그는 현재와 연결되고 그 순간을 존중하는 시간을 가지며 마음에 집중한다. 그의 멘토는 전투 중에 하는 마음챙김의 중요성에 대해 이렇게 조언한 적이 있다.

최선을 다하려면 네가 발을 디딘 곳에 집중해야 한다.

특수부대에서 근무하는 동안 H는 이 조언이 보기보다 훨씬 많은 것을 의미한다는 것을 알게 되었다.

걱정하거나 예전 일을 되새기기보다는 지금 여기 있는 것에 집중하라. 마음이 방황하면 상황을 원하는 방향으로 바꿀 기회를 놓칠 수 있다.

지금 자기 마음대로 할 수 있는 것이 무엇인지 살펴보라. 자신의 강점, 도구, 부족한 점, 취약점을 솔직히 나열하라!

희망적인 생각은 한계가 있다. 현실의 벽에 도달할 것이다. 하지만 자신을 과소평가하면 앞으로 나아가거나 곤경에서 벗어날 최선의 방법을 놓쳐버릴 것이다. 미래를 걱정하거나 과거를 복기하면 좌절하기 마련이다. H의 말처럼 말이다.

'할 수 있었는데', '해야 했는데' 같은 후회는 기운을 빠지게 해요. 좋은 일이든 나쁜 일이든 더 많은 교훈과 통찰력을 얻어 앞으로 나아가는 법을 배웠어요. 후회와 걱정은 회복탄력성을 갉아먹는데, 그렇게 힘을 빼선 안 됩니다.

전투 상황에서 집중이 흐트러지면 치명적일 수 있다. 그러나 현재 삶의 모든 순간에 존재하지 못한다면 나 자신뿐만 아니라 그 이상을, 사랑하는 사람과 가족을 잃을 수도 있다.

훈련 중에 한 동료가 어떤 의식을 치르는 것을 본 이후로 H는 현재의 순간에서 자신을 다잡는 힘을 계속 기억해왔다. H가 그 의식을 처음 목격했을 때는 비가 쏟아지고 있었고 습도가 매우 높았다. 그는 한여름에 열대 지방에 있었다. 비가 땀과 섞여 무더위를 식혀주었다. 그는 곧 정글에 들어갈 참이었다.

H의 동료는 팀에 새로 들어온 사람이었지만 마나mana(오세아니아 멜라네시아 일대 원시 종교에서 말하는 초자연적인 마법의 힘을 가리킨다—옮긴이)가 있었다. 마나는 느낄 수 있지만 누구도 설명할 수 없는 것이다. 그 동료는 자신의 마나를 순수하게 품었다. 그는 앞으로 일주일간 지내게 될 정글에 들어가기 전에 신발을 벗고 기도하며 자신을 다잡았다. 그는 이렇게 설명했다.

"나는 종교는 없지만 우리 마오리족 전통에 따르면 '와레누이'라고 부르는 회의장에 들어가기 전에 신발과 모자를 벗습니다. 새로운 곳에 들어갈 때마다 다른 영역으로 이동하는 것을 인식해야 하죠. 전쟁의 신인 투마타우엥가가 사는 바깥 세계를 떠나 평화의 신 롱고마타네가 사는 새로운 세계로 들어서는 것입니다. 새로운 공간에 들어갈 때마다 경의를 최대한 표해야 해요. 열린 정신과 마음으로 나의 능력과 목적의 기반을 다져야 합니다."

이 의식은 H의 마음속에 남아 발전해왔다. 아무리 마음이 바쁘거나 몸이 힘들어도 그는 잠시 시간을 내어 자신을 다잡는다. 매번 새로운 대상과의 만남을 존중, 선의, 열린 마음으로 응해야 하기 때문이다.

H는 '발을 디딘 곳에 집중해야 한다'는 것을 너무나 잘 알고 있기 때문에 이 규칙을 어기려 할 때면 몸과 뇌가 경고 신호를 보내온다. 육체적으로 견디기는 쉽다. 정신력으로 버티면 되기 때문이다. 하지만 인식을 유지하지 않으면 수용기가 하루에 감내할수 있는 한계치에 다다른 듯, 눈은 참을 수 없을 정도로 뻣뻣해지고 귀는 울리기 시작할 것이다. 자기 한계를 뛰어넘는 법을 배웠지만 이제는 최고의 컨디션을 유지하기 위해 그 한계를 세심히 신경 써야 한다.

H는 가장 영향력 있는 결과를 창출하고 발전하려면 자신과 자신의 재능을 교향곡처럼 신중하게 지휘해야 한다는 점을 배웠다. 그렇게 하지 않으면 상실감과 슬픔과 실패로 인식되는 기억, 또는 엔도르핀 포화 상태를 제공한 생존과 모험의 특별한 기억으로 인해 현재에 집중하는 능력이 저하될 수 있다.

회복탄력성을 발휘하려면 중요한 모든 것에 온전히 집중하고 주의를 기울여야 한다. 그러기 위해서는 하루의 압박감이나 경험을 다음 날로 떠넘겨 과거에 있었던 일로 현재나 미래를 오염시키지 말고 가능성을 열어두어야 한다. 하지만 우리 대부분은 이와 반대로 마치 어제가 끝나지 않은 것처럼 오늘을 시작한다. 다음 날로 넘기고 반복하는 것이다. 우리는 의미 있는 새로운 내용을 추가하지 않고 삶의 새로운 시기를 맞이한다. 복사하여 붙여 넣고, 헹구고, 반복한다. 어제의 반향을 끌고 다니느라 바쁘다는 이유로 '지금'을 알아차리지 못한다.

우리는 과거 경험의 총합 그 이상이다. 우리는 과거가 아니다. 우리는 과거를 정의하는 방식과 그것으로부터 얻을 수 있는 것을 통제할 수 있다. 우리는 우리가 품는 두려움과 걱정 그 이상이다. 우리는 두려움과 걱정을 떨쳐내는 방법을 관리할 수 있다. 우리의 회복탄력성은 앞으로 경험할 일이 훨씬 많다는 가능성을 열어 두면서 의지를 갖고 현재에 몰입할 수 있느냐에 달려 있다.

H는 스스로를 증명했다. 아무도 그의 회복탄력성에 의문을 제기하지 못한다. 하지만 그는 회복탄력성이 근성과 밀접하게 관련돼 있으며, 근성 때문에 거의 모든 것을 잃을 뻔했다는 사실을 뼈저리게 자각하고 있다. 대다수 사람들이 이해할 수 있는 것보다 더 극단적이고 경험으로 가득 찬 그의 폴더는 종종 그를 냉담하고 심지어 오만하게 보이게 한다. 하지만 그는 그런 감정을 느끼지 않는다. 그는 회복탄력성을 확보하려면 언제 누구를 위해 무엇을 해야 하는지 아는 훈련을 해야 한다는 것을 깨달았다.

회복탄력성은 완성하고 나면 그대로 유지되는 것이 아니다. 지속적인 관심이 필요하다. 회복탄력성은 항상 자기인식에서 시작된다.

나의 회복탄력성 점검하기

현재 나의 회복탄력성을 점검해보자. 여기에는 2가지 단계가 있다.

1. 나에게 회복탄력성이 무엇을 의미하는지 정의한다. 그 의미에 대해 글을 쓰거나 그림을 그리거나 노래를 불러도 좋다. 회복탄력성에 대한 나만의 정의를 표현하면 된다. 어떤 방식도 괜찮다.

• 이때 회복탄력성에 대한 나의 희망, 필요, 기대를 고려한다.
• 나에게 있는 회복탄력성을 다른 사람들은 어떻게 알아볼 수 있을까?
• 회복탄력성을 통해 생각하고, 느끼고, 행동하는 것은 어떤 모습일까?

2. 달성하고자 하는 회복탄력성에 접근하지 못하게 하는 요소는 무엇인지 설명해본다. 달성하고 유지하고자 하는 회복탄력성과 관련하여 다음 질문에 답하라.

• 내가 하는 일 중 회복탄력성을 막는 것은 무엇인가?
• 내가 하지 않아서 회복탄력성을 막는 것은 무엇인가?
• 무엇이 나를 방해하는가?

• 회복탄력성을 달성하는 데 어떤 도움을 받을 수 있는가?

이 책으로 얻는 것이 무엇이든 간에 우리 각자의 회복탄력성이 크게 바뀌지는 않을 것이기 때문에 지금 바로 이 점검 도구를 사용하기를 바란다. 회복탄력성은 우리 자신의 최상의 모습을 보여준다. 그 최상의 모습은 지극히 개인적이고 주관적이다. 이 내용을 따르면 다음을 얻게 될 것이다.

첫째, 회복탄력성으로 달성할 수 있는 것의 범위가 넓어진다.

둘째, 회복탄력성이 무엇을 하고 무엇을 필요로 하는지 더 깊게 이해하게 된다.

셋째, 회복탄력성으로 향하는 길이 더 수월해질 수 있다.

넷째, 확장된 회복탄력성 기준점을 더 일관성 있게 유지할 수 있다.

깊은 자기인식으로 나와 더 가까워지려면

인식은 앞에 어떤 도전이 펼쳐지더라도 회복탄력성으로 가게 해주는 관문이다. 자기인식, 상황 인식, 타인 인식 등 모든 형태의 인식은 중요하다. 이것이 면접에서 선발 기준의 일부로 꼽히거나, 비판 또는 칭찬의 근거로 사용되거나, 사회적 적합성과 관련해서 그 여부가 판단 기준이 되는 것을 본 적이 있을 것이다.

회복탄력성의 맥락에서 인식은 형식적으로 있으면 좋은 것 정도가 아니다. 인식은 생존뿐만 아니라 발전을 위해 절대적으로 필요하다. 특수부대원들이 '회복탄력성으로 가는 관문'이라고 표현할 정도로 인식은 매우 중요하다. 인식이 없으면 시련과 좌절을 극복하지 못한다.

무엇보다 자기인식에 대해 더 살펴보자. 자기인식은 자신의 존재, 자신의 강점과 약점, 자신이 한 행동의 가치와 방향에 대해 마음속으로 의식하는 것이다. 자기인식을 위해서는 자신의 정신적, 감정적 상태를 명확하게 인식해야 한다. 하지만 그렇게 할 의향이 있어도 실천하는 것은 사실 큰 문제다.

우리가 희망에 차 있는 좋은 날이라면 회복탄력성에 필요한 명확한 인식을 불러낼 수 있으리라 생각할 수 있다. 그러나 현실적으로 판단한다면 무수한 편견과 요구, 산만함이 명확한 인식을 방해하리라는 것을 우리는 안다. 우리가 어느 쪽으로 기울어져 있든 인식은 회복탄력성을 위해 타협할 수 없는 조건이다.

깊은 자기인식은 다음 사항을 아는 것을 포함한다.

- 다양한 상황에 대해 어떻게 반응하면 의도한 결과를 키울 수 있는가?
- 무엇이 나에게서 차선의 반응을 유발하는가?
- 특정 개인이나 상황에 대해 왜 그런 감정을 느끼는가?
- 어떻게 하면 한 상황이 다른 상황에 영향을 미치지 않는가?
- 나의 태도, 신념, 생각이 어디에서 비롯되며 그것이 더 이상 적합하지 않을 때 그것을 바꿀 지렛대를 어떻게 찾는가?
- 어떻게 신뢰와 관계를 강화하는 방식으로 다른 사람들과 관계를 맺고 반응하는가?
- 왜 다른 사람들이 나를 그렇게 인식하는가?
- 다른 사람의 견해가 내 견해와 일치하지 않을 때 어떻게 그 사람의 견해를 바꾸거나 편안하게 받아들일 수 있는가?

이 목록은 계속 늘어나겠지만, 회복탄력성의 맥락에서 중요한 것은 인식이 '무엇'과 '누구'에게 '왜'와 '어떻게'를 제공한다는 것이다. 가장 간단하게 표현하자면 자기인식이란 어떤 순간에 자신을 아는 것이다. 이는 자신이 '어떤' 사람이고 '왜' 그런 사람인지, '어떤' 사람으로 변해야 하는지, 그리고 둘은 '왜' 차이가 나는지를 뜻한다.

자기인식에 대해 생각할 때 가장 흔히 제기되는 질문은 '나는 누구인가'와 '나는 어떤 상태인가'이다. 이 질문들로 자기인식을 측정하기란 한계가 있다. 수많은 답이 나올 수 있고 다양한 문화와 맥락에 걸쳐, 심지어 하루 중 다양한 시간에 따라 무수히 다양한 방식으로 전달되기 때문이다.

이 질문들에 쉽게 대답할 수 있는 사람도 있을 것이다. 적절한 자기노출self-disclosure(자신의 신상, 속마음, 생각 등을 남에게 털어놓는 대화 기술이다—옮긴이)을 유도하는 모임에서도 이런 질문을 주고받는다. 자신이 무엇을 지지하는지, 왜 지지하는지, 자신의 강점은 무엇이며, 그 강점은 어디에서 오는지 등 자신에 대해 알고 있거나 가정하는 것에 대해 더 깊게 파고드는 사람이 있다.

대부분은 이런 지표를 사용해 자신을 설명한다는 개념을 갖고 있다. 무슨 말을 해야 할지 전혀 모르는 사람도 있고, 모든 질문에 엉뚱한 대답을 하는 사람도 있을 수 있다. 많은 이에게 자신에 관한 서술은 반복해서 재생되는 음반과 같으며, 누군가가 대신 재생하는 경우도 많다. 그 서술은 가족과 성장 환경, 소속된 사회적 맥락, 현재나 과거의 경험, 자기에 대한 잘못된 인식, 심지어 마음에 들지 않던 과거 상사의 잘못된 평가 한 줄이나 우리가 한때 순진했음을 보여주는 칭찬에서 비롯될 수 있다.

대체로 지금 이 순간의 나보다는 과거에 나였다고 생각하는 대상에, 미래에 내가 되어야 할 대상에 집중한다. 과거의 최고 모습을 떠올리거나 궁극적인 미래의 모습을 상상하는 것은 동기 부여가 될 수 있으며 회복탄력성을 키우는 일부 요소가 되기도 한다. 하지만 회복탄력성을 찾으려 할 때 그것에만 의존하는 것은 틀린 접근 방식이다. 내 멘토 중 한 분의 말처럼 "캠핑 여행에서 평면 TV만큼이나 쓸모없는 것"이다. 앞으로 나아가기 위해서는 거울에 비친 나를 받아들이고, 가능성을 열어둔 눈, 정신, 마음으로 '발을 디딘 곳에 집중하라'는 원칙에 따라 진심으로 살아야 한다.

내 친구 아니타 샌즈**Anita Sands** 박사에 따르면 자기인식은 꾸밈도, 칭찬도, 계급도, 멋진 사무실도, 위안도 필요 없다는 것을 의미한다. 기회를 정면으로 마주하고 마음을 가득 채우는 정체성에 대한 인식은 우리가 추구할 만한 가장 중요한 훈련, 즉 '오늘 나와 거울을 마주하고 있는 저 사람은 누구인가'라는 질문에 무한한 호기심과 최고의 개방성을 발휘하는 훈련을 요구한다.

자기인식은 특권이나 불편함의 그늘에 의해 왜곡되고 지탱되는 것이 아니다. 내가 얻어낸 가치와 교훈, 거울에 비친 나를 바라보는 소중한 사람에 대한 내밀한 인식으로 스스로 누구인지 알

것을 요구한다. 내게 일어난 일이 아닌 일어난 일을 통해 내가 어떻게 성장했는지를 보고 내가 누구인지 인식하라는 것이다.

이를 위해서는 종종 깊은 잠수와 가파른 등반을 해야 한다. 그렇게 깊게 혹은 높이 이동하는 데는 적절한 도구가 필요하다. 우리가 제대로 이해한 것처럼 인식은 정적이거나 시간에 고정되어 있지 않다. 인식은 진화하는 운동이며 가장 중요한 책, 즉 나라는 책의 페이지를 읽고 쓰겠다는 확고한 약속이다.

자신이 어떤 식으로든 쓸모가 있으려면, 또 불확실성 속에서 진정으로 발전하는 자신을 볼 기회를 얻으려면, 현재 있는 곳에서 인생에서 발견한 모든 것을 가지고 자기인식을 해내야 한다. 지금 발을 딛고 있는 곳에 있으면서 앞으로 벌어질 일에 대비하려면, 그리고 다음 단계로 나아가는 데 가장 유익한 것만 준비하려면 자기인식을 해내야 한다.

가장 회복탄력성이 강한 사람들이 알려주겠지만, 이 훈련은 종종 안개층을 뚫고 자기만 볼 수 있는 것을 찾아야 하는 활동이다. 또한 이 훈련은 비전을 뒷받침하는 것에 대한 완전한 지식을 요구한다. 즉 우리를 정의하는 가치와 동기는 강요된 것이 아니라 우리 스스로 일부러 참여해서 시험하고, 강화하고, 의문을 제기한 것이어야 한다. 이 여정이 제대로 이루어지지 않는다면 굳이 그 여정을 떠날 필요는 없다.

Tool

나를 여러 각도로 보기

우리 중 대부분은 내가 아닌 다른 사람처럼 행동하고, 내가 느끼지 않는 것을 느낀다고 믿는 데 능숙하다. 진정한 회복탄력성은 내가 어디에 있는지, 누구인지, 어떤 상태에 있는지를 정직하게 감독하는 일에서 시작된다.

나의 강점, 약점, 재능, 싫은 점 등을 정직하게 나열하자. 현재 내가 어디에 있고 누구인지는 완전한 나를 반영하지 않을 수 있다. 미래의 모습에 대해서도 분명 다 담지 못할 것이다. 결국 나는 늘 진화하니 말이다.

나를 여러 각도로 보기

나는 어떤 상황에서 최고의 모습을 보인다고 생각하는가?

최고의 모습을 더 자주 보이기 위해 내가 할 수 있는 것은 무엇인가?

나에 관한 어떤 점이 예상 가능하다고 생각하는가?

내가 바꿀 수 있다면 가장 도움이 될 단 하나는 무엇인가?

나의 회복탄력성을 높이는 긍정적인 요인은 무엇이고, 나의 효율성을 떨어뜨리는 부정적인 요인은 무엇이라고 생각하는가?

2

눈과 정신과 마음을
크게 열어라

병사 A의 이야기

우리 특수부대 기지에서는 앤잭 기념일Anzac Day(제1차 세계대전 당시 희생된 호주·뉴질랜드 연합군을 기리는 날로 4월 25일이다. ANZAC은 호주·뉴질랜드 연합군Australian and New Zealand Army Corps의 약자다—옮긴이) 새벽 행진이 끝나면 모두 모여 친목을 다진다. 병사 A는 전역한 지 꽤 됐지만 우리 기지의 추모식에 계속 참석하고 있다.

A가 휴게실 소파로 가자 사람들이 그를 위해 자리를 비켜준다. 그의 무릎과 엉덩이는 수십 년 동안 무거운 짐을 지고 적진의 험지로 뛰어내리느라 망가졌지만 그는 서 있기로 한다. 그는 무

거운 앤잭 부대 외투를 이 따뜻한 실내에서 벗어야 할지 망설인다. 어깨와 팔꿈치는 총알에 맞은 부상으로 움직임이 매우 제한적이다. 하지만 그가 두려운 것은 통증이 아니라 소란이다.

A의 몸은 모든 극한 상황에 대처하도록 훈련을 받았다. 그가 불편한 기색을 보일 때는 다른 사람이 특별 대우를 요구하거나 남을 비난할 때뿐이다. 그는 남이 자신을 알아준다는 생각에 민망하다. 겸손한 태도를 보이는 그였지만 기지에서는 전설적인 존재다. 전설적인 인물에게는 열광하는 팬들이 몰려들기 마련이지만 그의 경우는 다르다. 사람들은 천천히, 조심히 그에게 다가간다. 그의 가냘픈 체구에서는 온기가 뿜어져 나온다.

A가 입을 열면 주변 사람들은 나누던 대화를 멈추고 하던 일을 중단한 채 그를 향해 시선을 돌린다. 이 살아 있는 전설을 모르는 사람조차도 그의 말은 들을 가치가 있다는 사실을 알아차리는 것 같다. A는 삶의 질서에서 무엇이 어디로 가는지를 항상 정확히 알고 있는 듯한 모습을 보여주어 '신관神官'이라고도 불린다. 무엇이 어디로 가는지를 알려주는 게 관점이라면, 수많은 경험으로 그에게는 관점이 겹겹이 쌓였다. A는 관점의 장인이다. 그는 자신의 경험을 통해 생존하고, 낫고, 성장했을 뿐만 아니라 그 관점, 경험, 성찰을 매우 정교한 퀼트로 정성스럽게 엮었다.

A가 정성껏 짠 퀼트에는 그 누구의 마음도 매료할 만한 조각들

이 연결돼 있다. 거기서 가장 공감이 가는 조각을 발견하면 그 안에 담긴 다른 관점, 즉 자신의 관점과 비슷하거나 반대인 관점을 탐구하고 싶어진다.

어찌 된 일인지 A는 인생의 순리를 알고 있었고, 인생의 절정과 저점을 가볍게 넘나들며 길을 개척해 나갔다. 아시아의 어느 정글에 있는 조악한 오두막에서 그가 독사 한 마리와 함께 지냈다는 이야기가 있다. 그가 그렇게 한 이유는 그 지역에 사는 대형 쥐의 사나운 습격을 피하기 위한 실용적인 선택이었다. 쥐가 A의 빈약한 식량을 먹어치우기 전에 뱀이 쥐를 잡아먹을 테니 말이다.

다른 파견 임무 중에 A는 앞마당에 허브 정원을 마련했다. 언제 목숨을 잃을지 모르는 상황에서 왜 굳이 정원을 가꾸냐고 누가 물었다면 A는 실망했을 것이다. 언제 목숨을 잃을지는 그도 모르지만, 자기 환경에 영향을 미치고 스스로 취할 수 있는 행동이라면 그게 뭐든 실행해서 상황을 개선하고 자신에게 뭔가를 제공하는 것은 그의 마음이었다. 그는 이렇게 말하곤 했다.

"성냥갑처럼 작은 공간에 갇혀 있다고 해도 영향력을 발휘할 수 있습니다. 그 기회를 잡는 것은 자신에게 달렸지요."

이것이 바로 A가 가진 회복탄력성의 근간이다. 그는 자신이 처한 상황과 상관없이 더 나은 방향으로 개선하거나 영향을 미칠 방법을 찾아내곤 했다.

적과의 공통점을 찾아내 공감대를 형성하는 A의 능력은 탁월했다. 3개 대륙에 걸쳐 무고한 민간인들을 구출하고 최고 수준의 인질 협상을 수행한 것으로 그는 여러 번 훈장을 받았다. 하지만 부대에 더 중요하게 작용한 것은 여러 세대의 병사를 육성한 그의 능력이었다. A가 가장 좋아했던 격언 중 하나는 이것이다.

"적의 내부에 있든 외부에 있든 적을 넘어서는 가장 효과적인 방법은 총알의 힘이 아니라 이해의 힘에 있다."

듣기만 해도 초인적인 힘이 필요해 보인다. 급격하게 변하는 상황에서 이해심으로 버틸 힘은 어떻게 얻을 수 있을까? A는 평정심을 유지하거나 주변 일에 영향을 받지 않는 것이 매번 회복탄력성을 시험하는 좋은 방법은 아니라고 말한다.

"때때로 주변 사건의 영향을 받는 것이 다른 방법으로는 다다를 수 없는 수준으로 회복탄력성을 키우는 발판이 됩니다."

그리고 그는 이렇게 덧붙인다.

"치유하고 성장하려면 먼저 느껴야 합니다."

그렇게 A는 퀼트를 짜고 있었다. 그 퀼트가 왜 그토록 힘이 되고 긍정적이고 멋진지를 알아내는 일에 나는 몇 년이 걸렸다. 그 모든 양상이 학습, 성장, 재능으로 포장되어 있었기 때문이다. A는 자신이 직면한 모든 도전을 좋은 것으로 변화시켰다. 매번 그는 패배나 고통을 통해 배우거나 자신의 영향력을 통해 더 나은 결과를 냄으로써 발전했다. A는 여러 지역에서 삶을 엮어 치유와 감사로 향하는 관계와 길을 만들었다. 자신이나 주변 사람을 사건의 희생자라고 말하지 않았다. 다른 사람에게 성장과 치유의 길을 보여주는 방식으로만 곤경을 언급했다.

회복탄력성을 상징하는 조각상을 만든다면 그 조각상은 A처럼 생겼을 것이다. 인류의 가장 어두운 면을 목격한 사람이 어떻게 그렇게 열린 마음으로 관대하고 따뜻하게 타인을 대할 수 있을까? 그에게는 마치 회복탄력성이 무한대로 나오는 우물이 있는 것 같다. 사실 도전이 고될수록 그의 회복탄력성 우물은 더 가득 찼다. 비결이 뭘까? 그는 내게 이렇게 말했다.

"회복탄력성은 지금 일어나고 있다고 생각하는 것에 반응하거나 자신이 옳다고 생각하는 방식대로 반응하는 게 아니에요. 자신에게 닥친 모든 상황을 최대한 존중해야 합니다. 상황에 주의를 기울이고 신중하게 대처해야 하죠. 모든 상황에 최선을 다해야 합니다. 그게 바로 회복탄력성을 일으키는 방법입니다."

이 신념 덕에 A는 자기가 마주했던 모든 상황을 처음보다 나은 상황으로 만들었다. 그의 회복탄력성 기준은 이렇다.

'나아진다는 생각을 포기하지 않는다. 항상 다른 사람의 여건을 개선할 방법을 찾는다. 시간이 지나면 무언가를 좋거나 나쁜 것으로 판단하지 않게 된다. 모든 상황에는 좋은 일을 할 수 있는

배움과 기회가 있다.'

A는 회복탄력성은 행복과 마찬가지로 일부러 추구하는 것이 아니라고 주장한다. 회복탄력성은 행복처럼 어떤 상황에 최선을 다했을 때 얻을 수 있는 선물이다. 그는 조언한다.

"까다롭고 미묘한 인생과의 관계를 바꾸려면 배움을 더해야 합니다."

강인함에 관한 생각

우리는 종종 회복탄력성과 강인함을 혼동한다. 아마도 회복탄력성이 역사적으로 거의 이해할 수 없는 수준의 긴장과 스트레스, 도전을 견뎌낸 초인적인 근성을 가진 사람들의 이야기를 통해 선택적으로 탐구되었기 때문일 것이다.

강인한 사람들이 힘든 환경에서 강인함을 키우기는 해도 강인함이 회복탄력성의 목적은 아니다. 사실 강인함은 회복탄력성에 방해가 되는 경우가 많다. 그래서 오히려 정착성과 경직성으로 이어져 어떤 일을 접할 때 얻게 되는 미묘한 교훈을 놓치게 한다. 한편 험난한 상황에는 사람 수만큼이나 독특한 미묘함과 디테일이 존재한다. 아마도 한두 번쯤은 험난한 상황에 처했다가 극복한 적이 있을 것이다. 문제는 얼마나 잘 극복했느냐는 것이다. 전보다 나은 사람이 되어 그 상황에서 빠져나왔는가?

특수부대의 '회복탄력성 영웅' 중 상당수는 군 복무 과정과 복무 중에 겪은 가장 힘든 경험들은 자신이 과거에 겪은 일에 비하면 아무것도 아니라고 한다. 시련 앞에서 무너지는 사람도 있지만, 고난에 맞서는 많은 사람은 고난을 대비하는 법을 배운다. 그들은 어떻게든 위기, 변화, 불확실성에 대처하는 전략을 개발한다.

특수부대 장교는 난관을 극복할 수 있는 인물로 선발되고 훈련받기 때문에 문제를 해결할 때마다 이들이 처리할 수 있는 영역은 더 넓고 깊어지며, 이로써 이들의 자신감도 더 커진다. 시간이 지나면 한때는 벅차게 느껴졌던 일들이 그저 일상적인 업무가 된다. 어느 특수부대원은 이렇게 말하기도 했다.

"아무리 처음 접하는 것 같은 상황이라고 해도 과거의 경험과 비슷한 면이 있다는 것을 깨닫게 되면 회복탄력성으로 만능 해결책에 도달했다고 생각하게 됩니다. 따라서 앞으로 일어날 일을 예측하고 그것에 따라 대처하게 되죠."

물론 전부 맞는 말은 아니다. 우리는 과거 경험을 바탕으로 준비를 한다. 하지만 나와 함께 일하는 어느 기업가의 말처럼, 경험이 가장 큰 자산이 될 때도 있지만 가장 큰 걸림돌이 될 때도 있다. 그러니 우리는 모든 가능성을 열어두어야 한다.

Tool

더 나은 사람이 되기 위한 나무 그리기

이 질문을 곰곰이 생각해보자. 나는 이전보다 나은 사람이 되었는가? 뒤를 돌아보고 앞을 내다보자.

이미 극복한 도전을 되돌아보거나 아직 감당하고 있는 도전을 살펴보자. 이 도전을 회복탄력성으로 헤쳐 나감으로써 얻은 것, 얻고자 하는 것, 얻을 수 있는 것이 무엇인지 생각해보자.

좀더 구체적으로 생각하고 싶다면 나무 한 그루를 그려보면 좋다.

먼저 나무의 여러 '뿌리'에 각각 현재 또는 과거의 도전을 적는다. 이 도전들을 성장의 원천이라고 여긴다. 극복한 도전에서 얻었거나 앞으로 매달릴 도전에서 얻게 될 성장과 배움이다.

다음으로 나무의 '줄기'에 이 도전들을 통해 성장하거나 배우기 위해 과거에 적용했거나 앞으로 적용하기를 희망하는 도움이나 전략을 나열한다.

마지막으로 '나뭇가지'에 극복한 도전을 통해 배운 점이나 얻은 점, 앞으로 얻고 싶은 것을 나열한다.

나의 취약점에 손 내밀기

가장 회복탄력성이 뛰어난 사람은 자신의 회복탄력성을 잘 단련된 근육과 비교한다. 이들의 회복탄력성 본능은 자신의 상황에 맞게 구부러지고 찢기면서, 방해물을 뛰어넘고 지배하고 극복하게 해준다. 이들은 끊임없이 진화하고 적응하고 인내하며 회복탄력성을 증명해 보이는 사람들이다. 우리 모두가 추구하는 회복탄력성은 이들에게 끝이 없다.

이들에게 회복탄력성은 '어떻게 대처할 것인가'에 대한 답이 아니다. 대처하는 것은 살아 있다면 당연한 일이다. 이들의 경우 회복탄력성은 이런 질문에 대한 것이다. 회복탄력성을 통해 성장했는가? 얼마나 빨리 성장했는가? 배운 것으로 어떻게 주어진 일에 임할 것인가?

내가 함께 일했던 가장 회복탄력성이 뛰어난 사람들은 전부 강인함이란 단기적인 생존 전략이자 지나치게 드러나는 타고난 본능임을 알고 있었다. 그들은 빛을 잃은 강인함은 취약성과 마찬가지로 반복되는 상황의 연속선 반대편에 있는 대응 기제일 뿐이라는 사실을 깨달았다. 강인함을 과대평가하거나 너무 오래 유지하면 어쩔 수 없이 연속선의 반대편인 취약성으로 미끄러질 수밖에 없다.

회복탄력성 지표와 관련하여, 우리의 성격과 습관적인 반응의 범위는 종종 투쟁, 도피, 경직이라는 반응의 형태로 학습된 양상을 보이기도 한다.

- **나는 투쟁한다**: 나는 강하다.
- **나는 도피한다**: 나는 약해질까 봐 두려워 피한다.
- **나는 경직되거나 관계를 끊어버린다**: 나는 폭풍이 저 멀리 날아가기를 바란다.

회복탄력성은 언제 강인함을 내려놓고 취약점에 손을 내밀어야 하는지를 배우는 것이다. 이는 자신에게 반응을 일으키는 촉발 요인trigger을 인식할 수 있고, 자신과 주변 사람들의 취약점을 알고 있을 때만 가능하다.

내가 연구한 회복탄력성 영웅들은 '생존, 능가, 지배, 극복'의 능력만이 회복탄력성에 필요한 전부라고 생각했다. 그들이 같은 과정을 반복하며 새로운 상황의 미묘한 다른 점을 놓치고 있다는 사실을 깨닫기 전까지 말이다. 그러다 그들은 새로운 상황에서 처음에는 대치해야 할 것처럼 느껴지던 문제가 회복탄력성의 다음 단계로 도약하는 발판이 된다는 사실을 알게 되었다. 회복탄력성이 요구하는 것처럼 총명한 눈빛과 넘치는 기력으로 뛰어드는 대신, 그들은 과거의 역경을 통해 키운 준비성을 보여줌으로써 새로운 상황을 선점했다. 어느 특수부대원은 이렇게 말했다.

"내가 회복탄력성을 키우는 데 중심이 된 것은 인식, 경계심, 가정假定의 차이를 알아차린 것입니다."

인식은 개방성, 정직성, 취약성을 요구한다. 경계심 때문에 준비성을 갖추게 되기도 하지만 앞으로 일어날 수 있는 일보다는 지나간 일로 인식이 제한되기도 한다. 회복탄력성이 곤경에 닥쳤을 때보다 더 나은 상태가 되는 것이라면, 경계심을 유지하는 것만으로는 회복탄력성을 키울 수가 없다. 사실 우리 모두가 처한 복잡한 환경에서 경계심은 과장된 스트레스 반응에 지나지 않는다고 할 수 있다. 기껏해야 향수를 불러일으킬 수는 있겠지만 기능성은 아주 낮다.

경계심은 우리의 감각을 우리의 기대치에 맞춰 조정하고, 기대치에 맞지 않는 모든 것의 중요성을 떨어뜨린다. 이른바 우리의 집중력을 방해하는 가해자가 체포된 후 일주일이 지나면 이에 상응하는 집중력의 특수기동대를 배치해 우리를 보호하도록 설계되어 있는 것이다.

많은 사람이 대인관계에서 오는 갈등이나 긴장을 경험한다. 이런 맥락에서 경계심은 유난히 힘들었던 동료 때문에 이직한 지일 년 만에 다시 예전 사무실로 출근하는 것과 같은 효과를 일으킨다. 그 동료 역시 일 년 전에 다른 곳으로 이직해서 사무실에서 더는 볼 수 없는데도 말이다. 사무실 분위기에 경계를 늦추지 않는 동안 그곳에서 근무하는 직원 모두가 당시 나를 응원했고 지금도 나를 반갑게 맞아주고 있다는 사실을 알아차리지 못할 수도 있다. 더 나쁘게는 전 동료 중 누구도 일 년 전 내게 일어난 일에 책임이 없음에도 불구하고 내가 동료들에게 방어적인 태도로 행동할 수 있다.

가정은 게으른 해결책이다. 확실한 증거가 없는 상황에서 마음속으로 각본을 짜보는 것이다. 가정에 계속 의존하면 지나친 편견이 좁혀놓은 제한된 범위로 세상을 축소하게 된다. 우리가 세우는 가정 중에는 도움이 되는 것도 있다. 최소한 새로운 상황 전체에 주의를 기울여야 하는 인지적 부담을 줄여준다. 가정은 사람과 상황에 대한 결론으로 향하는 지름길을 제시함으로써 우리가 쉽게 판단하게 해준다.

마찬가지로 가정은 해롭거나 적어도 제한적일 수 있다. 가정은 우리가 특별하고 새로운 것을 탐구하고, 연결하고, 배울 수 있는 범위를 좁힌다. 다른 사람이 자신에 대해 내린 잘못된 가정 때문에 불쾌했던 적이 다들 있을 것이다. 계획에는 없었던 외박을 하게 되어서 맞지 않는 옷을 빌려 입은 것처럼 느낌이 이상할 것이다. 실상을 확인하지 않은 가정은 그대로 굳어질 수 있다. 하루 정도는 빌려 입은 옷을 입고 있어도 되겠지만 그 이상 지속되면 나 자신이 내 삶에 들어온 불만 가득한 손님의 입장으로 바뀔 수 있다.

그러니 눈과 정신과 마음을 활짝 열고 발을 디딘 곳에 굳건히 서 있겠다고 다짐하겠는가? 잠시 멈추고 무엇이 자신을 닮게 하는지 생각해보자. 그 생각을 품은 상태에서 인식, 경계심, 가정을 나누는 경계선이 보이는가?

어떻게 하면 더 큰 인식을 위한 공간을 확보하고, 경계심 때문에 생기는 감정적, 인지적 요구를 최소화할 수 있을까? 그리고 가정에 의거해서 순간적으로 내리는 판단을 확실히 줄일 수 있을까? 가정을 줄이려면 사건을 해석하는 다양한 관점이나 방법을 구하거나 참고하면 좋다. 경계심이 미치는 영향을 줄이려면 준비 영역을 넓힌다.

회복탄력성 탱크에 연료를!

변화, 스트레스, 불확실성은 언제나 우리를 찾아올 것이다. 그리고 우리가 원하든 원하지 않든, 우리가 우리의 정체성에 부여한 서사를 일부 꺼낼 것이다.

운이 따른다면 우리가 경험하는 변화는 우리가 세상을 호의적으로 바라보며 우리 자신만의 이야기와 의도로 당당하게 설 수 있다고 믿을 수 있을 만큼 우리를 강하게 만들 것이다. 하지만 재충전하지 않고 고갈된 상태로 달려왔다면 인생 여정에서 예기치 않은 우회로를 만날 때 우리는 멈추게 될 것이다. 우리의 회복탄력성 엔진은 다음 우회로가 곧은길인지, 바람 부는 길인지 신경 쓰지 않는다. 계속 나아가는 데 필요한 연료 양만 신경 쓸 뿐이다. 이는 우리 모두에게 해당하는 말이다.

지금 당신은 혼잡한 시간대에 연료가 거의 없는 자동차를 운전하며 경력에서 가장 중요한 회의에 참석하러 가는 중이라고 상상해보자. 그런데 이때 약속 시간에 늦을 것 같은 안 좋은 예감이 든다. 불안한가? 앞에 가는 지나치게 신중한 운전자가 당신이 빠져야 하는 출구로 차선을 변경하지 못하게 막고 있다면 어떻게 반응하겠는가? 당신의 초점은 잘못될 수 있는 모든 일에 날카롭게 맞춰질 것이다. 집중력을 유지하고 방해 요소를 최소화하기만 하면 연료 탱크에서 뿜어져 나오는 매연이 제시간에 회의에 도착하게 해줄 거라고 믿을지도 모른다.

자동차에 연료 탱크가 있는 것처럼 우리 몸에도 회복탄력성 탱크가 있다. 어떤 사람들은 회복탄력성 탱크가 비워지는 때를 더 잘 알아차리고 미리 대응한다. 또 어떤 사람들은 깜박이는 '연료 부족' 표시등을 보기는 했지만 고속도로에서 빠져나가 연료를 채우러 가기에는 너무 늦은 순간에야 비로소 탱크를 채워야 한다는 것을 알아차린다. 대부분의 경우 좌절과 예상치 못한 충격과 도전은 우리가 준비되어 있지 않을 때 찾아온다.

예측할 수 있거나 이미 알고 있는 상황에서 회복탄력성을 시험하는 경우는 거의 없다. 그런데 까다로운 상황에 처해 있을 때도 얻을 수 있는 것이 있다.

- 향후 회복탄력성을 효과적으로 관리하고 미리 대응하는 방법을 배운다.
- 회복탄력성이 부족해서 스트레스를 받는 것으로 회복탄력성이 채워지지 않는다는 사실을 이해한다. 대신, 마음의 부담을 잠시 내려놓고 적게라도 남은 회복탄력성을 어떻게 사용할지 의식적으로 선택한다.
- 회복탄력성 탱크가 비어 있는 상태로 달리는 것이 자신을 자극할 거라는 생각에서 벗어나, 그 일에 반응할 가치가 없다는 점을 인정한다.

회복탄력성 탱크가 비어 있는 상태로 목적지에 도착해야 한다는 스트레스가 그곳으로 가는 경험에 영향을 미쳐야 하는 것은 아니다. 탱크의 상태와 목적지에 도착하는 것은 별개라는 말이다. 위기의 순간뿐만 아니라 어떤 일에서 다음 일로 넘어갈 때도 부정적인 압박감을 퍼뜨리지 않고 스트레스를 잘 다스리는 것이 중요하다.

많은 이들이 인생의 가장 어두운 사건들을 겪으면서 중요한 자기인식의 하위 집합을 알게 된다. 자극을 받을 때 비로소 무엇이 자신을 자극하는지 알게 된다. 가장 큰 시련을 통해 자신이 갖고 태어난 힘의 범위와 지속 시간도 알게 된다. 그리고 인생의 결정적인 순간을 통해 가장 소중한 것을 정의하게 된다.

이런 분석은 그만한 가치가 있지만 돌이켜보면 회복탄력성을 연구할 때만 유용하다. 일상에서 중요한 회복탄력성은 현재 당면한 도전 앞에서 우리가 보이는 회복탄력성과 다음 도전에서 우리가 최선을 다할 수 있도록 기준선이 되어주는 회복탄력성이다. 회복탄력성이 반응으로 의미 있게 측정되는 경우는 거의 없다. 하지만 회복탄력성은 우리가 신중하게 내리는 선택에서 항상 엿볼 수 있다. 우리는 이어서 기준선을 유지하고 구축하기 위한 전략을 살펴보겠지만, 지금 우리에게 주어진 과제는 이 순간에 인식을 유지하는 것이다.

나의 회복탄력성에 연료를 공급하기

누군가가 회복탄력성은 '양동이'와 같다고 말한 적이 있다. 우리는 회복탄력성에 도움이 되는 것들로 그 양동이를 채울 수 있다. 여기에는 사랑하는 사람, 소중히 간직하고 있는 경험, 든든하고 강하다고 느끼게 해주는 습관이나 루틴, 일상이 포함된다.

회복탄력성 양동이를 비우는 것들도 있다. 직장에서의 갈등이나 업무 압박, 가족이 주는 부담, 건강 문제, 세계 이슈 등이 여기에 포함된다.

양동이를 채우는 방법은 간단하다. 회복탄력성을 유지하거나 강화하기 위해서는 적어도 나에게 연료를 주입해주는 것과 나에게서 연료를 비워내는 것 사이의 균형을 유지해야 한다. 보다 좋은 방법은 관점을 바꾸고 우선순위를 정하여 연료를 비우는 것을 최소화하고 연료를 주입해주는 것을 최대화하는 것이다. 다음 방법을 시도해보자.

1. 다음 페이지에 나오는 양동이 위에 나의 회복탄력성에 연료를 채워주고 힘을 주는 것들을 적는다.
2. 양동이 아래에는 회복탄력성의 연료를 비우는 것을 적는다.
3. 이제 '통제'의 원을 채울 차례다. '통제'라고 적힌 부분에 나를 고갈시키는 것 중 내가 통제할 수 있는 것들을 적는다.

4. '영향'이라고 적힌 부분에는 내가 통제할 수는 없지만 어느 정도 영향을 미칠 수 있는 것들을 적는다.

5. '방종'이라고 적힌 부분에는 내가 어찌할 수 없는 것들을 적는다.

6. 내가 영향을 미치거나 통제할 수 있는 것들에 에너지를 집중함으로써 회복탄력성을 향상시키는 방법을 곰곰이 생각한다. 통제할 수 없을 것처럼 보이는 것들을 통제하려면 접근 방식을 어떻게 조정해야 할까?

7. 회복탄력성의 연료를 채우는 것들을 생각해본다. 그것들에 더 쉽게 접근하려면 더 많은 시간과 집중력과 에너지를 어떻게 투자해야 할까?

회복탄력성의 중요 포인트 3가지

첫째, 일어서기 위해 무너질 필요는 없다. 적어도 같은 위기나 고비를 반복해서 겪을 필요는 없다. 가장 뛰어난 사람들에게 우리가 배워야 하는 이유는 그들이 중요한 전환점을 인식하고 자신의 내부나 외부에서 생기는 잠재적 위기가 재난이나 붕괴로 이어지기 전에 그것에서 벗어날 수 있기 때문이다.

둘째, 우리가 때때로 빠져드는 습관적인 스트레스의 흐름을 방해함으로써 우리는 회복탄력성을 얻을 수 있다. 이는 하나의 상황에서 다른 상황으로 부정적인 압박감을 옮겨가는 우리 자신의 성향을 막는 데도 적용된다. 인생의 서로 다른 순간들 사이에서 우리 자신만이 유일한 공통점일 때가 종종 있기 때문에 우리는 그 순간마다 어떤 모습으로 나타날지 선택할 자유가 있다.

셋째, 회복탄력성은 일련의 작은 승리일 때가 종종 있다. 즉 작고 의도적인 변화가 모여 지각변동을 일으킨 부산물일 때가 있다. 실제로 위기가 닥치면 우리 대부분은 영웅적인 행동을 하게 된다. 그런데 일상에서 우리의 회복탄력성을 고갈시키는 스트레스가 진짜 위기에서 비롯되는 경우는 거의 없으며 신발 속에 들어간 작은 자갈에서 비롯되는 경우가 더 잦다. 이런 스트레스 요인은 처음에는 눈에 띄지만 나중에는 그냥 지나칠 만한 짜증 정도가 된다. 하지만 신발 속 자갈처럼 아무리 작은 것이어도 그 고통을 느끼지 않고 마라톤을 달릴 수는 없다. 발을 멈추고 신발을 털어 안에 있는 자갈을 빼지 않는 한, 자갈은 우리의 회복탄력성을 갉아먹을 것이다.

이처럼 사건이나 자극 요인을 너무나도 익숙한 부정적인 스트레스에서 긍정적인 기회로 전환하기 위해서는 의식적으로 해당 요인의 명칭을 바꾸거나 그 요인을 재구성하는 것만으로도 충분하다.

잠깐 멈춰 생각해보자. 지금 우리가 말하는 자기인식이 우리 대부분이 가진 자기인식과 같은 것인가? 많은 이들에게 자기인식은 목표와 회복탄력성을 향한 집중을 방해하는 것인 듯하다. 우리는 중요한 사건으로 인식되는 일을 앞두고 불안을 느껴야 하는 이유에 몰두한다. 우리는 스카우트 대원들이 유니폼에 배지를 다는 것처럼 과거의 고난을 마음에 달고 다닌다. 그런 경험에 대해 어떤 이야기든 지어내서 삶의 중심에서 벗어나려고 한다. 자기를 인식하기 때문에 피하고, 되새기고, 걱정하고, 괴로워하고, 싸우고, 참는다. 그렇지 않은가?

나는 어느 인터뷰이가 말한 회복탄력성의 정확한 뜻을 알아내기 위해 이 질문을 그에게 해서 회복탄력성에 대한 나의 개념과 그 사람의 개념을 일치시키려고 해보았다. 나는 실무에서 자기인식이 인간의 잠재력을 속박하는 사례를 목격했다고 말한 후 자기 인식이 잘못 알려진 경우를 줄줄이 언급했다. 그러자 그는 정중하게 내 말을 끊고 마음을 단련한 사람이 보일 만한 단호하면서도 친근한 말투로 이렇게 말했다.

"그것은 자기인식이 아니라 자기연민, 즉 마음을 약하게 하는 방종이지요."

바로 그렇다. 자기인식은 자신의 성향이 어디에서 오는지를 아는 것뿐만 아니라, 무엇을 선택하고 해석하고 선택하지 않아야 자신의 상태가 목표를 향할 수 있는지도 아는 것이다. 더 중요하게는 원하는 결과를 향해 행동할 수 있도록 자신을 단련하는 것이다.

이런 인식에는 또 다른 단련도 포함된다. 마음속에 떠오르는 것을 얼마나 고려해야 하는지, 어떤 방식으로 고려해야 인식이 원하는 회복탄력성의 이점을 얻을 수 있는지를 아는 단련이다. 이 단련은 내가 스트레스에 주는 공간에 따라 스트레스가 확장된다는 지식을 뒷받침한다.

내 인터뷰이의 말이 맞다. 우리 중 많은 사람이 걱정이 쓸모없어질 때까지 걱정을 지속하는 일에 관대하다. 걱정을 유지할수록 우리에게 필요한 것을 관리할 자원은 줄어들고 회복탄력성은 더욱 취약해진다. 얼마 지나지 않아 신발 속에 있던 자갈은 우리를 가로막는 바위가 될 것이다.

부정적인 자기대화 없애기

자기대화self-talk(자신에게 긍정적이거나 부정적인 말을 되뇌는 자기조절의 한 유형이다—옮긴이)는 우리의 자신감과 회복탄력성에 큰 영향을 미칠 수 있다. 따라서 부정적인 생각을 너무 오랫동안 외면해서는 안 된다. 반드시 부정적인 생각을 마주하고, 적절히 처리해서 걱정과 생각에 잠기는 일을 멈춰야 한다. 다음은 부정적인 자기대화를 없애기 위한 간단하지만 강력한 훈련이다.

1. 4개의 열을 그린다. 첫 번째 열에는 나를 가장 자주 방해하는 부정적인 생각들을 나열한다.
2. 모든 생각에 대해 '이것은 사실인가?' 하고 자문해본다. 두 번째 열에 그 답을 적는다. 100퍼센트 사실이 아니라면 아니라고 답한다. 사실이라면 그 생각이 나에게 도움이 되거나 생산적인 것인지 자문한다.
3. 생각마다 그 대신 어떤 생각을 하는 것이 더 생산적인지 생각해본다. 이를 세 번째 열에 적고, 도전에 직면했을 때 할 수 있는 말을 추가해본다.
4. 네 번째 열에는 과거의 성공 사례를 나열한다. 성공마다 그것을 뒷받침해주는 3가지 진술, 즉 긍정적인 생각을 하게 해줄 근거를 작성한다.

마인드셋 바꾸기

불확실성 속에서 성공하도록 훈련된 사람들은 처음에는 부럽기만 하지만 쉽게 키울 수 있는 마인드셋을 통달했다. 그들은 그 마인드셋은 변화, 위협, 불확실성이 성공에 일반적으로 있는 요소일 뿐만 아니라 필수적인 것이라고 규정한다. 인터뷰이 중 한 명은 이렇게 말했다.

"이 마인드셋은 선물이지만 항상 잘 포장된 선물은 아닙니다!"

사실 포장이 전혀 안 되어 있을 때도 있지만 그래도 선물은 선물이다.

회복탄력성이 강한 사람은 기대감, 솔직함, 우아함, 심지어 감사함으로 변화에 적응한다. 이들은 자신의 성장 가능성을 즐긴다. 이들이 성공이나 검증과 같은 긍정적인 결과를 대하는 태도는 실패나 비판을 대하는 태도와 같다. 이를 '회복탄력적 중립성'이라고 부르는데, 이는 불확실성 속에서 나아갈 수 있는 원동력이다. 하지만 이를 양면성과 혼동해서는 안 된다. 회복탄력적 중립성은 능동적인, 즉 행동하려는 의도가 있는 상태를 가리킨다. 이는 우리가 (자의든 타의든) 미지의 영역에 발을 들여놓을 때 취해야 할 입장에서 미묘한 뉘앙스의 중요성을 최대한 인식하는 것이다.

상황에 변화가 생길 때마다, 특히 예상치 못한 일과 전례 없는 일 앞에서 우리는 마음, 생각, 눈, 두 팔을 활짝 열고 존중하는 자세로 대처해야 한다. 이런 마인드셋을 통해 의심, 두려움, 불안은 목적이 뚜렷한 행동으로 전환된다. 또 '늘 더 나은 사람이 되는 일'이 꼭 필요하고 달성할 수 있는 목표라는 자신감이 생긴다. 이 정도의 자신감을 지닌 한 회복탄력성 영웅은 이렇게 말했다.

미지의 세계는 나를 흥분시켜요. 나는 불확실성을 추구하죠. 그 안에는 내가 도전할 과제와 성장할 기회가 있기 때문입니다.

최악이 아닌 최선을 보기

가정과 경계심은 새로운 만남에서 예상되는 인지적, 정서적 부담을 최소화하는 데 도움이 되도록 설계되었다. 가정과 경계심은 우리가 오랫동안 형성하거나 수집한 기존 양상을 기반으로 상황을 전환한다. 새로운 시각으로 그림 전체를 인식하기보다는 기존 양상에서 적합한 것을 빠르게 찾도록 유도하는 것이다.

우리의 뇌는 경험에 대한 현재의 인식 또는 일반적인 인식을 바탕으로 예측을 도출하고 수집하도록 되어 있다. 예측은 우리가 듣는 것, 보는 것, 경험했다고 믿는 것을 단정하게 포개어놓고 그

것을 다시 경험할 거라고 기대하는 것이다.

자기보호self-preservation는 우리 중에 있는 낙관주의자들도 미지의 영역에 도전할 때 성공 가능성보다 위험과 실패의 가능성을 더 쉽게 인식하는 것을 의미한다. 회복탄력성이 강한 사람들이 낙관주의자들과 유일하게 다른 점은 자기 앞에 있는 것이 무엇이든 도전할 준비가 되어 있고, 최악의 결과가 아닌 최선의 결과를 기대한다는 점이다. 즉 그들의 좌우명은 '최악의 상황에 대비하라'가 아닌 '최선의 결과를 기대하라'이다. 최악의 상황을 고려하되 최선을 다하는 것이다.

시험을 당하거나 두려움에 떨거나 기력이 소진되었을 때, 우리는 피해를 최소화하거나 피해로부터 자신을 보호할 수 있도록 준비하는 방식으로 결과를 예상하는 경향이 있다. 우리가 취하는 정확한 접근 방식은 성격, 가치관, 과거 경험에 따라 다를 수 있다. 급하게 결정을 내려야 할 때는 보통 최적의 방법보다는 익숙한 방법을 선택하게 된다. 우리는 불확실성과 불확실성이 필연적으로 만들어내는 혼란스러운 감정을 줄이도록 설정되어 있다.

회복탄력성은 우리가 바탕을 두는 경험과 우리의 창의력, 의지, 비전이 만들어내는 가장 큰 가능성이 서로 잡아당겨 생기는 팽팽한 긴장 위에 놓여 있다. 회복탄력성은 빙빙 도는 가능성의 가장자리에서 균형을 유지하는 것이다.

내 안의 촉발 요인

촉발 요인은 내가 처한 상황과 상관없이 발견할 수 있다. 내가 얼마나 잘 숨었다고 믿든 간에 촉발 요인은 나를 따라다닌다. 촉발 요인은 내 상황 속이 아니라 내 안에 있다. 촉발 요인을 아는 것으로는 자기인식에 충분하지 않으며, 따라서 회복탄력성에도 부족하다. 자신이 무엇을 가졌는지 아는 것만으로는 충분하지 않다. 무엇에 의지하고, 무엇을 조심하고, 자신의 패기가 시험대 위에 올라갈 때 무엇을 버려야 하는지 알아야 한다. 또한 이런 문제들이 내 삶에서 영구적으로 자리 잡을 위험을 최소화하는 방식으로 행동해야 한다.

변화무쌍한 자아의 개념

"자신을 안다는 것은 자신을 모른다는 것을 받아들이는 것이다"라는 말을 들은 적이 있다. 내게 깊은 인상을 남긴 이 말에 대해 나는 동료들과 성찰하고 토론하기도 했다. 진정한 회복탄력성을 쌓고 싶다면 우리 모두 이 말을 받아들여야 한다. 나는 이 말을 우리가 매 순간 의도적으로 참여하기만 한다면 얼마나 스스로를 놀라게 할 수 있는지 깨닫지 못한다는 뜻으로 정리했다. 결국 회복탄력성은 끊임없는 진화를 요구하니 말이다.

자기인식을 키우는 것을 중단하는 순간 우리는 자기인식을 잃는다. 회복탄력성과 자기인식은 혼잡한 고속도로를 건너는 것과 같은 주의력이 필요하다. 주의를 기울이지 않는 순간 '산만하고 상관없는 생각'이라는 차에 치일 위험이 있다.

우리가 자신에 대해 생각하거나 말하는 것이 완전한 진실인 경우는 거의 없다. 그 이유는 우리 자신조차도 스스로에 대해 모든 것을 자세히 알지 못하기 때문이다. 우리가 생각하는 우리 자신은 종종 두 번 또는 세 번 거울에 비추어 나타난 이미지일 뿐이다. 이 변화무쌍한 자아의 개념은 우리가 쉽게 주변 세상을 탓해도 우리 내부에 자주 등장한다. 우리는 어느 순간 스스로 선택한 부정적인 이야기를 끊임없이 반복하며 과거의 트라우마나 의식 속에 깊이 박힌 누군가의 말들을 마음에 새긴다. 그리고 그 말들을 자신에게 부정적인 확신을 심어주는 데 사용한다. 그것이 더 안전한 방법인 것처럼 보이기 때문이다. 마치 레코드 음반에 홈을 파서 우리 삶의 턴테이블 위에 올려 반복 재생할 준비를 하는 것과 비슷하다. 인생의 사운드트랙은 언제든지 바꿀 수 있음을 기억하라.

'하지만'으로 문장 더하기

우리의 회복탄력성은 '하지만'이라는 작은 단어 하나에 달려 있다. 우리가 스스로 만들어낸 부정적인 서술 뒤에 '하지만'으로 시작하는 새로운 문장을 추가하면 의미는 크게 달라진다.

나는 나쁜 대우를 받았다. 그래서 관계를 맺는 게 망설여진다.

vs.

나는 나쁜 대우를 받았다. 그래서 관계를 맺는 게 망설여진다. **하지만** 나는 대다수 사람은 선의가 있다는 희망을 품고 인맥을 넓히기 위해 노력한다.

나는 어렸을 때 실패를 경험했기에 다시 꿈을 향해 도전하는 것이 두렵다.

vs.

나는 어렸을 때 실패를 경험했기에 다시 꿈을 향해 도전하는 것이 두렵다. **하지만** 나는 계속 노력한다.

현재 나의 삶에 대해 부정적이거나 나를 고갈시키는 문장 몇 개를 떠올려보자. 그리고 그 문장 뒤에 '하지만'을 붙여 더 큰 회복탄력성을 발휘할 가능성을 마련하자. 그러려면 문장들을 어떻게 재구성해야 할까?

자기인식이 뒤틀린 거울이 되지 않도록

놀이공원의 거울 미로에 들어가본 적이 있는가? 오목하거나 볼록한 값싼 거울만 있으면 현실을 왜곡된 시각으로 볼 수 있다. 거울에 비친 나를 충분히 오래 응시하면 다른 사람들이 나를 어떻게 생각하는지에 관한 인식이 강해질 것이다. 스스로 자신이 누구인지 결정하기보다는 '나는 당신이 나라는 사람을 어떻게 생각할 거라고 내가 짐작하는 사람이다'라고 여기게 되는 것이다.

우리 자신에 대해 우리가 받아들이는 관점은 우리의 삶을 크게 결정짓는다. 이를 통해 실현 가능한 목표가 결정된다. 우리가 놓인 상황과 그 상황에서 우리가 무엇을 선택하고 어떻게 참여하느냐에 따라 우리 자신에 대한 다양한 면이 걸러지거나 증폭될 수 있으며, 우리의 잠재력과 취약점의 일부가 조명을 받기도 한다.

자기인식은 즉시 활용할 수 있는 다소 고정된 서술들을 훨씬 뛰어넘는다. 특히 회복탄력성이 요구하는 수준에서 자기인식은 '지금'을 구별해주는 진정한 리트머스 시험지를 더 필요로 한다. 자기인식은 우리가 지금 '어떤 상태인지', '왜 그런 상태인지'에 대한 지식을 요구한다. 자신에 대한 이런 질문에 답하려면 용기와 지속적인 자기발견이 필요하다.

회복탄력성은 잠시 멈춰서 바람이 매서운 밤이든 화창한 일요

일이든 그 순간에 자신이 내보이는 모든 모습을 이해할 수 있는 용기를 가지라고 요구한다. 회복탄력성은 우리 자신에 대한 제한된 성찰이 허용하는 것보다 훨씬 많은 것을 할 수 있다는 사실을 아는 데서 나온다.

성장을 향한 여정에서는 계단을 건너뛸 수도 없고 지름길로 빨리 나아갈 수도 없다. 여정의 첫 번째 관문은 다가오는 기회를 맞이할 준비가 되어 있는 자신이 누구인지에 대한 가장 깊고 전문적인 지식을 요구한다. 우리는 우리 각자에 대한 전문가다! 자신을 어떻게 보느냐는 자신을 비춰볼 거울을 선택해 그 모습을 보며 즐거워할지, 아니면 자기 잠재력의 비전을 통해 자신을 들여다보고 정의할지에 따라 달라진다.

내 경험에 따르면, 자기인식이 없는 상태에서 순진하게 성장을 향한 여정에 뛰어든 사람은 종종 자기의심이라는 견딜 수 없는 짐을 이유로 여정을 중도에 포기하거나 옆길로 피하게 된다. 간단히 말해, 자기인식이 부족하면 성공 여부뿐만 아니라 어디로, 왜, 무엇과 함께 가는지에도 영향을 미치게 된다.

주변에 펼쳐지는 혼란이나 균형을 잃게 하는 요인과 관계없이 뭔가를 효과적으로 해내려면, 내가 사용할 수 있는 자원이 무엇인지, 그것을 활용하기 위해 무엇이 필요한지, 현재 상황에서 어떤 자원을 활용해야 하는지를 정확히 인식해야 한다. 여기서 자원이란 물리적 자원을 의미할 수도 있지만, 내재적 자원, 즉 우리 자신의 진정성 있고 접근 가능한 행복도 항상 해당한다.

자기인식이 무엇인지 잘 이해했다면 이제 첫 번째 단계에서 해야 할 일은 다음과 같이 자기 자신을 확인하는 것이다.

- 이 일의 변화가 내게 어떤 영향을 미치는가?
- 이 변화로 인해 드러난 취약점은 무엇인가?
- 내가 앞으로 나아가는 데 필수적인 강점은 무엇으로 드러났는가?
- 그렇게 드러난 것을 통해 나는 무엇을 배웠는가?
- 내 성장을 일으키기 위해 이 일을 어떻게 끌어들일 것인가?

이 훈련의 중요성에 주의를 기울이고자 한다면 때때로 이 질문 목록에 답만 하는 것보다 조금 더 열심히 참여해야 한다.

3

마음 가는 곳에
집중해보자

내 불안의 이야기

비 오는 수요일 아침이다. 나는 빨리 지나갔으면 하는 한 해를 보내는 중이다. 가기 두려운 곳으로 출발하기 위해 지금 차에 올라탄다. 눈을 가린 채로 출근하고 싶다. 오늘은 월요일이나 금요일이 아닌 수요일이기 때문에 지루한 데자뷔에 갇혀 있는 게 평소보다 조금 더 짜증이 난다. 왜 나는 되풀이하기 두려운 일을 계속해서 반복하고 있는 걸까? 나는 무엇을 선택했고 무엇을 선택지에서 생략한 걸까?

나는 내 삶을 수동적으로 관찰하는 사람이 되었다. 마치 누군가가 시간만 낭비하는 영화를 보라고 강요한 것 같다. 나는 만성 번 아웃의 안갯속에 빠져 있다. 얼마나 크든 작든 간에 내게 닥칠 다음 도전은 자동차의 헤드라이트 앞에 선 사슴처럼 나를 꼼짝 못 하게 할 것이다. 오랫동안 가속 페달을 밟아왔음에도 엔진은 중립에 머물러 있다. 이 상태를 바꾸려면 어떻게 해야 할까? 이 악순환에서 벗어날 에너지를 찾을 에너지가 없다.

지난 몇 개월간 나는 월요일 오전을 불안에 시달리며 보내고 있다. 다른 사람들과의 표면적인 상호작용으로 가려질 수는 있지만 지속적으로 불편함을 일으킬 만큼 뾰족뾰족한 불안이다. 방해 요소들이 내는 소음을 차단하자마자 내 귓가에는 엉뚱한 걱정들이 내는 백색 소음이 울린다. 내가 바라는 단 한 가지는 베개 위에 머리를 다시 두는 것이지만 그렇게 눕고 나면 결국 뇌는 질주할 것이고 몸은 제대로 쉬지 못할 것이다.

나는 행복하게 보내려고 정해두기라도 한 것 같은 주말 이틀을 기다리며 주중 내내 멍하게 보낸다. 그리고 주말에는 직전 5일간 쌓인 흐리멍덩함을 씻어내려고 애를 쓰다가 다시 출근하는 날을 맞이한다.

내가 이렇게 불안한 데는 구체적인 이유가 없다. 나는 군복을 벗고 처음으로 대기업에 입사한 회사원이며 아이를 키우는 성인 이다. 나는 내가 진공 상태가 아니라 맥락이 풍부한 내면 세계를 통해 외부 세계를 인식하고 있다는 것을 알고 있다. 고갈되고 불행하다는 느낌이 들면 나는 이런 내 감정을 정당화할 이유를 찾으려고 더 애쓸 것임을 안다. 또 다르게 느껴야 하는 이유를 찾으려면 의식적인 노력이 필요하리라는 것도 알고 있다.

불평하게 될 때마다 나는 '반면에' 전략을 적용한다. 대략 이런 것이다.

'네가 누리는 게 얼마나 많은데! 넌 주말이 그냥 지나갔다며 투덜거리는 반면에 나라야는 운전할 권리가 주어질 날만 꿈꾸고 있어. 반면에 아이샤는 열두 살이 된 자기 딸이 학교 갈 시간이 오기를 기다리고 있어. 반면에 안나는 소피아가 버린 쓰레기를 뒤지며 보내는 자기 삶에 다른 일이 더 생기기를 기도하고 있어. 반면에 자이다는 영양실조에 걸린 자기 아들이 내일 아침을 무사히 맞이하기를 바라고 있어.'

하지만 '반면에' 전략은 상황을 악화시킬 뿐이다! 내가 시간을 보내는 방식과 완전히 다른 일을 하며 보내야 한다는 부담을 주는 것이다. 죄책감과 슬픔은 커진다. 집중해야 할 중요한 일들이 너무나도 많다. 하지만 나는 삶의 소소한 것에 중요성을 부여한다.

이번에는 감사하는 것으로 마음을 돌려보려 한다. 나는 시간을 융통성 있게 조절하며 일할 수 있는 직업을 가진 게 감사하다. 이로 인해 건강보험 혜택을 받고 괜찮은 급여를 받을 수 있어 감사하다. 하지만 여전히 내 가치관과 일치하지 않는 기분이 든다.

다른 직장 동료들도 나와 비슷한 생각을 하고 있는지 궁금하다. 우리가 하나의 집단으로서 무언가 보람 있는 일을 한다고 느끼기 위해 그들도 멋진 모습을 보이려고, 좋은 향을 풍기려고, 미소를 지으려고 노력하며 하루를 시작할 것이다. 이런 노력은 고통이자 동시에 선물이 된다. 나는 내 동료들 전부가 나를 좋아하는 것을, 그들 역시 자기 가치관과 어긋나게 산다고 느끼는 것을 내가 알 만큼 나를 좋아하는 것을 알고 있다. 그들 역시 계속해서 이런 삶을 이어 나가야 한다는 것을 안다. 이 게임에 참여하는 사람이 많을수록 이 게임을 계속 선택해야 한다고 생각하는 사람도 많아진다.

내 업무는 무의미해 보인다. 현 업무에 쏟는 자원과 에너지의 10분의 1을 내가 사는 지역 공동체를 위해 투자할 수 있다면 놀랍고, 절실하고, 합리적이고, 실질적이며, 치유하는 변화를 일으킬 수 있을 것이다. 이 게임을 정당화하는 것을 멈추고 내가 솔직해질 수 있을 때가 올까? 난 무엇을 놓치고 있는 걸까?

퇴근 후 집에 와서는 앞에 있는 아이에게 집중하는 대신 끝내지 못한 일을 생각할 것이다. 이어서 스트레스가 쌓인 남편과 의무감에 짧은 대화를 나눈 후 다시 의미 없는 발표 준비로 돌아갈 것이다. 나의 부정적인 마인드셋은 과열 상태다. 하루 중에 의미라고는 다 없애버렸다.

마음속에는 살면서 만난 무자비한 비판자들이 다시 떠오른다. 다른 많은 사람이 내 가치를 인정했지만 비판자들의 말은 크고, 시끄럽고, 사실인 듯 다가온다. 나는 상심, 좌절, 실망이 깔끔하게 정리되어 있는 마음속 서랍을 연다. 과거의 갈등을 마음속으로 되풀이한다. 그러다가 하루 종일, 아니 한 달 내내 내가 발을 딛고 있는 곳에 집중하지 않았다는 것을 갑자기 깨닫는다. 나는 내가 자꾸 떠올리던 사람 중 그 누구도 내가 그들을 생각한 시간만큼 나를 생각하지 않는다는 것을 깨닫는다. 미국 소설가이자 에세이스트 데이비드 포스터 월리스David Foster Wallace의 말이 떠오른다.

다른 사람들이 나를 어떻게 생각할까 하는 걱정은 사실 그들이 얼마나 드물게 내 생각을 하는지를 깨달으면 끝이 난다.

나는 과거의 비판적인 목소리를 머릿속에 최대한 크게 틀어놓고 있었다. 내가 가장 두려워하는 소리를 재생하기 위해 내 머릿속 레코드판에 깊게 파인 홈을 문질렀다. 그 소리를 반복해서 재생할수록 홈은 더 깊어졌고 나는 이것이 내 운명이라고 더욱 믿게 되었다. 나는 인생의 슬픈 서사를 내 인생의 사운드트랙 레코드판에 깊이 새겨 넣었다. 나의 하루에 악몽을 끼워 넣고 있었던 것이다.

이번에는 단조로운 삶의 사운드트랙을 재생하기로 선택한다. 머릿속 소음에 귀를 기울이는 대신 영국 남성 그룹 프로디지Prodigy의 곡 〈마인드필즈Mindfields〉를 튼다. 분노가 미소로 바뀐다.

기분이 나쁠 땐 자기자비를 기억하라

나는 내가 감정을 통제할 수 있다는 것을 아주 잘 알고 있다. 나는 감정을 선택하고 그 감정을 일으킨다. 나는 내 인생의 서사를 쓰는 사람이다. 나는 내 생각을 통제할 수 있으며, 비록 나를 앞으로 나아가게 할 행동이 정확히 무엇인지는 아직 알지 못하지만 나를 그 행동으로 이끌 생각과 감정을 선택해야 한다는 사실을 알고 있다.

나는 자기자비self-compassion를 느끼기 시작한다. 예전에는 이 단어가 익숙하지 않아서 이 단어를 볼 때마다 손발이 오그라들었다. 내가 성장한 세상에서 자기자비는 지나치게 관대하고 이기적이며 약자에게 어울리는 개념으로 보였다. 하지만 실제로는 내가 잠시 나 자신에게 더 친절하게 굴면 선행을 훨씬 많이 하게 되고 남을 도울 힘을 훨씬 많이 얻을 수 있었다.

몇 년 전 뉴질랜드에 있는 크라이스트처치 상담연구소의 상담
가가 내게 겉으로 보기에는 간단한 질문 몇 가지를 던졌다. 그 질
문들을 듣고 나는 힘이 빠졌다. 연구나 이론에 근거한 질문인지
아닌지 알 수 없었기 때문이다. 상담가는 빈정거리는 내게 차분
히 미소를 지으며 딱딱한 표정을 풀고 마음으로 바라보라고 권유
했다. 상담가는 나의 냉담한 겉모습이 가면이자, 상처받은 짐승
의 포효이며, 나를 다치게 하는 내 부족한 신뢰로부터 나를 막아
주는 담요인 것을 알고 있었다. 상담가는 이렇게 말했다.

무릎을 꿇고 앉아 당신이 해온 모든 선한 일, 당신이 이룬 모든
성취를 떠올려보세요. 당신의 삶에서 키우기로 선택한 가치를
생각해보세요. 스스로에게 이렇게 말하세요. "네가 무엇을 하든
나는 널 사랑한다. 네가 무엇을 하든 나는 널 사랑한다."

의구심이 들었지만 나는 무릎을 꿇고 앉아 내 인생의 레코드에
새겼으면 좋았을 말들을, 나를 사랑한다는 말과 나는 소중하다는
말을 소리 내어 말했다. 상담가는 덧붙였다.
"기분을 좋게 하려고 자기자비를 사용하는 게 아니에요. 기분
이 나쁘다는 것을 인식하기 때문에 사용하는 거죠."
상담가가 나를 이끌려고 했던 다음 단계, 열렬한 자기자비는

당시 내게는 무리였다. 하지만 상담가가 안내해준 그 단계로 향하는 방법은 매우 적절했다. 그 내용은 다음과 같다.

- 나의 욕구와 가치를 인식하고 구분한다.
- 내 고통은 특별하지 않다는 것을 인식한다.
- 다른 사람에게 마음을 열고 도움을 구한다.
- 나의 욕구를 먼저 충족한다.
- 나의 욕구로 향하도록 동기를 준다.
- 타인의 불친절을 흡수하기보다 관찰하기를 선택함으로써 나의 정서적 공간을 보호한다.

이 목록은 더 이어졌지만 자기자비를 향한 내 여정은 이보다 더 길게 이어졌다.

나 자신을 내가 도와야 할 대상으로 대하라.

우리 시대의 유명한 심리학자 중 한 명인 조던 피터슨**Jordan Peterson**의 말이다. 피터슨의 폭넓은 가르침에 대해 어떻게 생각하느냐와 관계없이 이 강렬한 조언은 우리의 회복탄력성에도 큰 변화를 줄 것이다.

무릎을 꿇고 앉아보기

고갈된 상태이거나 쏟아지는 요구를 관리하느라 장시간 시달린다면 부담감에 압도당해 견딜 수 없을 것이다. 이런 기분이 든다면 무릎을 꿇고 앉아보라! 지금 내 모습 그대로 자비, 보살핌, 돌봄, 감사를 보여라.

우리는 우리의 행동과 결정이 만든 결과는 종종 기억하지만, 우리가 어떻게 해서 거기까지 가게 되었는지는 잘 잊는다. 어둑한 조명이 비추는 기억의 통로를 따라 되돌아가보자. 어려움을 극복했거나, 과거의 의심을 밀어냈거나, 희망을 퍼올리던 인생의 결정적인 순간들을 떠올려보자.

남들이 보고 나의 강점을 인정할 만한 성취를 말하는 것이 아니다. 남들 눈에 보일 내 모습으로 이어진 나의 결정과 선택을 말하는 것이다. 나에 대해 다른 이들은 모르고 있을, 나를 규정하는 것이 무엇인지를 말하는 것이다.

목표를 달성하기 위해 또는 상황을 개선하기 위해 선택한 전환점이나 하기 어려웠던 선택, 포기했던 선택을 떠올려보라. 큰 도전이라고 생각했지만 어떻게든 극복해냈던 순간을 떠올려보라. 그리고 나 자신과 어쩌면 나와 가장 가까운 사람들에게만 의미가 있을 시간과 사건에 대해 적어보라.

가능한 한 많은 기억을 꺼내본다. 나의 강점, 가치관, 나를 위해 쌓아온 재능을 인정한다. 그간 이룬 일들의 가치를 잠시 감상한다. 나를 향한 감사와 칭찬을 발견한다. 지금 아무리 힘들다고 해도 이 선물들은 여전히 내 것이다.

기분이 환경에 영향을 미친다

우리는 환경이 기분에 영향을 미치는 것을 안다. 모든 산업도 이 전제를 바탕으로 삼는다. 하지만 이에 못지않게 중요한 것은 우리의 감정 또한 외부 환경에 우리 내면을 반영하고 그것과 일치하는 것을 주입할 수 있다는 사실이다. 우리 내면은 외부 세계에서 우리에게 일어날 거라는 우리의 예측을 반영하는 것들을 선택한다. 우리는 예측에 맞춰 행동하는 것을 좋아한다.

우리가 외부 세계를 감지하고 해석하는 방식은 우리 내면의 생리적, 심리적 상태의 풍부한 맥락 속에서 이루어진다. 어떤 순간에 채워지는 감정이 부정적인지, 중립적인지, 긍정적인지에 따라 환경으로부터 우리가 선택할 감각적 신호가 결정된다. 이를 인식하지 않는다면 우리는 부정적인 감정과 일치하는 외부 신호를 찾게 될 것이다. 우리의 감각은 우리의 감정에게 안내받도록 설정되어 있다.

우리의 감각 기관은 외부 자극이 오기 훨씬 전에 신호를 받고 충전돼 작동할 준비가 된다. 일단 작동이 시작되면 감각은 감정을 모방하고 반영하기 때문에 두려움을 느끼면 두려움을 느끼는 이유를 뒷받침하는 시각, 청각, 후각, 미각 등 무엇이든 찾게 되는 반면, 안전하다고 느끼게 해줄 것은 더 천천히 알아차리게 된다.

자주 인용되는 중국 사상가 노자의 말이 떠오르는 대목이다.

생각을 조심하라. 말이 될 것이다.

말을 조심하라. 행동이 될 것이다.

행동을 조심하라. 습관이 될 것이다.

습관을 조심하라. 인격이 될 것이다.

인격을 조심하라. 운명이 될 것이다.

우리의 기분은 그 순간은 물론 장기적으로 우리 자신을 인식하는 방식을 바꿀 수 있다. 부정적인 상태로 너무 오래 있으면 한 번의 부정적인 기분이나 생각이 부정적인 자기인식이 될 수 있다.

기분은 고정된 채로 유지되는 것이 아닌, 날씨처럼 지나가는 것으로 생각하자. 기분을 통제할 수는 없지만, 기분이 어떻든 결국엔 지나간다는 것을 알고 그것을 관찰하는 법을 배울 순 있다.

마음 가는 곳에 집중하기 1. 자기인식

한 특수부대 병사가 내게 이렇게 말한 적이 있다.

"마음이 가는 곳에 집중해야 합니다."

회복탄력성을 잘 유지하고 싶은 사람이라면 명심해야 할 말이다. 이를 위한 4가지 핵심적인 태도를 소개한다. 첫째는 자기인식, 둘째는 침착함과 명확함, 셋째는 목표를 향한 집중, 넷째는 적합한 대처다. 먼저 자기인식에 대해 살펴보자.

마음 가는 곳에 집중하는 것은 기본적으로 나의 감정을 이해하고, 당장 마주해야 하는 도전에 더 잘 대처하기 위한 지침으로 감정을 활용하는 것을 말한다. 한 특수부대원은 회복탄력성에 필요한 자기인식을 "다양한 촉발 요인에 내가 어떻게 반응하는지, 어떤 생각에 기대야 하며 각기 다른 상황에서 어떤 생각을 조심해야 하는지를 이해하는 것"이라고 정의했다. 회복탄력성이 좋으려면 먼저 한 상황에서 다음 상황으로 이동할 때 나의 강점과 약점을 갖고 갈 수 있다는 것을 인정해야 한다. 나 자신과 내가 실패하는 이유를 아는 것은 그 이유들이 내게 부정적인 영향을 미칠 위험을 줄일 방법을 아는 것을 뜻한다.

특수부대원들에게 자기인식은 어떤 방해물에 부딪혀도 집중력을 유지하는 능력의 기초가 된다. 이를 바탕으로 그들은 도전과 시련 속에서도 진화하고, 적응하며, 방해물을 넘을 때마다 그전보다 나은 상태가 될 것이다. 세심하게 길들인 자기인식을 통해 특수부대원들은 중요한 것에 집중하고 주의를 방해하는 잡음을 무시하는 자세를 더 잘 갖추게 된다.

특수부대원들이 주의 영역에 빈틈을 두면 잡음은 무자비하게 분노하며 스멀스멀 접근할 것이다. 그들의 주의력은 자신의 목표와 현재의 위협과 기회에 집중되어 있어야 한다. 방해를 쉽게 받는 주의력은 위험하고 미숙하다. 현재와 관련 없는 정보를 흡수하거나, 관련 있는 정보를 위해 사용해야 할 공간에 과거나 미래에 대한 생각이 스며들어 아주 산만해진다. 잡음으로부터 자유로울 사람은 없지만, 잡음을 막으려고 절제하고 헌신하는 사람은 있다.

마음 가는 곳에 집중하기 2. 침착함과 명확함

침착함을 유지하고 명확함을 키우는 방법은 뒤에서 살펴보겠다. 우선 판옵티콘panopticon(그리스어로 '모두'라는 뜻의 'pan'과 '보다'라는 뜻의 'opticon'을 합성한 용어로 영국 철학자이자 법학자 제러미 벤담이 제안한 교도소 구조다—옮긴이)이라는 개념을 알아보자. 판옵티콘은 18세기에 고안되었다. 교도소, 학교, 병원 등 모든 공공 기관의 거주자 혹은 이용자를 경비 한 명이 감시할 수 있는 구조다. 이후 '판옵티콘'이라는 단어는 주로 감옥과 연관되어 사용되었다.

판옵티콘의 장점은 수감자들이 언제 자신이 감시당하는지를 전혀 모른다는 점에 있었다. 따라서 수감자들은 스스로 행동을 통제하고 항상 감시당하는 것처럼 행동해야 했다. 이를 가능하게 하도록 수감자들이 수용된 교도소는 교도관 자리가 있는 중앙 지점을 중심으로 원형으로 지어졌다. 판옵티콘에 있는 사람 중 일부는 끊임없이 감시당하는 듯한 느낌에 시달렸고 그렇게 판옵티콘은 금방 지지를 잃었다. 그러나 오늘날 우리 모두가 자발적으로 자신을 일종의 판옵티콘에 넣는다는 점에서 그 개념은 여전히 유용하다.

우리는 자기평가와 우리가 얻은 정직하고 긍정적인 피드백을 신뢰하는 대신, 남들이 우리에 대해 내린 판단을 우리 잠재력의 지표로 삼는다. 자신의 한계를 뛰어넘을 기회를 받아들이는 대신, 우리는 경각심이 미래의 고통을 예방해줄 것이라는 희망으로 과거의 고생을 꽉 붙잡는다. 소셜 미디어에서 다른 사람의 인생 스토리를 보면서 우리는 자신의 감정이 물리적 거리와 시간을 무모하게 무시하고 있다는 사실을 깨닫지 못한 채 스스로를 심하게 비교하고 비난한다. 온라인 게시글이 받는 '좋아요' 수에 따라 우리의 가치가 평가받게 내버려두기도 한다. 그렇게 얻은 가치가 어떻게든 우리를 행복하게 해줄 것처럼 말이다.

회복탄력성을 키우려면 나의 강점, 잠재력, 가장 진정한 나에 대한 내밀한 지식을 보존하고 보호해야 한다. 우리는 성찰의 시

간을 철저하게 지키고 우리 자신을 가장 열렬히 옹호할 수 있는
이유를 계속 쌓아 나가야 한다.

마음 가는 곳에 집중하기 3. 목표를 향한 집중

"피하고 싶은 것이 아니라 목표로 삼은 것을 추구하도록 마인
드셋을 다진다."

내가 연구한 회복탄력성 영웅 모두가 해주는 조언이다.

우리는 삶을 있는 그대로 보지 않고, 될 수 있는 삶을 본다. '될
수 있다'는 표현은 우리가 마음을 희망과 의지에 두면 모든 가능
성의 세계를 열어준다. 하지만 우리가 자신의 두려움, 의심, 비관
적 성향을 해결하지 못하면 우리는 고갈되고 마비될 수 있다.

우리는 무언가를 증명해야 할 대상이 바로 우리 자신이라는 사
실을 깨닫지 못한 채 다른 사람에게 자신을 증명하려고 한다. '우
리가 어디에 있든 그곳에 우리가 있다!'는 사실을 잊고 있는 듯하
다. 생각과 감정, 행동을 바꾸지 않으면, 계속해서 같은 결과를 보
게 될 것이다.

외부 환경을 바꿨다고 내면의 생각과 감정이 오랫동안 바뀐 상
태로 머물지는 않는다. 내면을 변화시키려면 개선을 향해 목표한

작은 변화들을 꾸준히 실천해야 한다. 두려울 수도 있다. 우리가 갈망하고 바라는 것이 우리의 능력을 넘어서는 것처럼 느껴질 수도 있다. 우리는 과거에 느끼고, 알고, 관찰한 것을 바탕으로 이를 계산한다. 하지만 모든 새로운 경험은 우리가 혁신하고 재창조할 수 있게 해준다.

대부분의 경우 자신의 능력을 훨씬 넘어선다고 생각되는 목표를 달성하려면 극단적인 혁신이 필요하다. 겁이 나는 일이다! 우리는 '왜 나는 더 적합하지/친절하지/확고하지/용감하지 않을까?'라는 의문을 품는다. 그리고 우리가 최적이라고 인식하는 조건과 우리의 습관적인 태도 사이의 간극으로 충격을 받는다.

우리는 습관적인 것, 차선책인 것, 피할 수 있는 것도 도움이 된다는 사실을 깨닫지 못한다. 이런 것들은 다른 식으로 문제를 완전히 상쇄해준다. 새로운 것에 대한 두려움을 막아주고, 일시적이지만 의심의 영향력을 완화해주고, 개선하기를 포기하는 대신 편안함의 기간을 연장한다. 이를 알고, 보고, 인식할 때 우리는 현재에 머물지, 성장해 나갈지 선택할 수 있다. 회복탄력성으로 가는 길은 자신의 목표에 집중하고 그 목표를 향해 매일 행동하겠다고 다짐하는 것에 있다.

우리는 스스로 가장 대단한 비전을 세울 수 있다. 그럼에도 많은 이들은 적어도 인생의 어느 시점에서는 하버드 대학교 심리학자 윌리엄 제임스William James의 이 말에 동의할 것이다.

인간은 대개 자신의 한계에 크게 못 미치게 살아가며, 다양한 종류의 힘을 가졌어도 습관적으로 그것을 사용하지 않는다. 최대치 이하로 에너지를 소비하고, 최적의 상태 이하로 행동한다.

산만함을 피하라

회복탄력성을 구축하고 유지하려면 계속해서 중요한 일에 집중해야 한다. 회복탄력성을 위해서는 방해 요소를 제거해야 한다.

정신이 산만하고 주의력이 흐트러지면 기력이 소진되어 삶이 통제 불능인 것처럼 느껴진다. 생활 방식과 개인적인 선호와 관계없이 집중력을 유지하는 것은 많은 사람에게 힘든 투쟁이 될 수 있다. 우리는 집중력을 요구하는 환경에서 살고 있다. 경쟁하고 서두르는 와중에 과잉 자극된 두뇌를 간신히 따라잡느라 애를 쓰고 있다. 이를 해결하기 위해서는 기본적인 마음챙김과 마이크로 휴식micro-break(업무 중에 몇 분 동안 자리에서 스트레칭 하기, 숨을 몇 번 크게 들이마시고 내쉬기, 사무실 안에서 짧게 걷기, 차분한 음악 듣기 등 짬을 내서 쉬는 것을 가리킨다—옮긴이) 같은 여러 간단한 방법을 쓸 수 있다. 뒤에서 이런 전략을 살펴볼 예정이나 지금 가장 중요하게 실행해야 할 것은 산만한 주의력을 한데 모으는 것이다.

산만함은 쌓이고 지속되며 은근슬쩍 우리를 괴롭힌다. 패스트푸드나 마약이 몸에 영향을 미치는 것처럼 산만함은 정신에 영향을 미친다. 산만해질수록 산만함을 더 원하게 된다.

우리는 모두 산만함에 약하다. 다만 우리 중 일부, 특히 힘든 시기를 대비해 자발적으로 준비한 사람들은 집중의 힘을 실감하고 산만함의 대가를 경험으로 깨닫는다.

마음 가는 곳에 집중하는 것은 원하는 결과에 전념하며 그 결과와 관련 없거나 해가 되는 생각을 밀어낼 것을 강조한다. 힘든 시기에 집중해야 할 대상을 선택하고 집중력을 유지하며 의도적으로 원하는 결과를 향해 주의를 기울인다면, 목표한 바를 달성할 가능성이 매우 높다. 다른 인터뷰이는 이런 말을 했다.

회복탄력성은 단련된 정신을 유지하고, 중요한 일에 집중하며, 매 순간 자신을 고갈시키는 것 대신 에너지를 주는 것과 지속적으로 연결되는 능력에 달려 있습니다.

마음 가는 곳에 집중하게 되면 생각과 감정이 긍정적인 결과를 향하도록 의도적으로 관리할 수 있고, 고된 상황에서도 사고의 집중력과 명료함을 유지할 수 있다. 내가 인터뷰한 다른 사람의 말을 빌리면, 마음 가는 곳에 집중하는 것이란 "회복탄력성의 내용을 무엇으로 채울지를 인식하는 것"이다. 어느 특수부대원은 이렇게 설명했다.

"자기가 하는 생각에 신경 써야 합니다. 마음이 투쟁/도피/경직 모드로 전환되거나, 앞날에 대해 지나치게 걱정하거나, 지나간 일을 자꾸 돌이키면 대안을 떠올릴 수 없어요."

결정적으로 마음 가는 곳에 집중하기의 맥락에서 나와 얘기를 나눈 많은 사람은 이를 "처음에는 운명이 정해져 있는 것처럼 보일지라도 대안을 탐색하는" 개인의 능력이라고 불렀다. 위험, 좌절, 한계보다 목표한 결과와 가능성에 초점을 맞추는 것이 중요하다.

더 큰 목표와 기회에 집중하는 능력은 특수부대원들 사이에서 회복탄력성의 해답으로 꾸준히 인정받았다. 한 인터뷰이에 따르면 "목표로 향하는 길에는 좌절이 자주 등장하기 때문"이다. 마음 가는 곳에 집중하는 일은 좁은 시야를 거부하면서 목표에 대해 명확하고 흔들림 없는 집중력을 유지하는 자세를 중요시한다.

"마음이 이리저리 떠도는 것은 자연스러운 일이지만 성공하려면 의도한 목표에 흔들림 없이 집중해야 합니다."

복잡한 목표를 달성하거나 큰 영향을 미치는 방해물을 극복하려면 목표와 관련이 없거나 목표에 해로운 요소를 생각에서 제외하는 방법을 배워야 한다. 목표 달성에 흔들림 없이 집중하면서 폭넓게 생각해야 한다.

자원을 유지하라

자기인식은 우리의 자원이 언제 고갈되는지를 알려주고 자원을 보충할 기회를 찾도록 이끌어준다. 한 특수부대원은 인터뷰 중에 이렇게 말했다.

"자신을 잘 안다면 자신의 연료 탱크에 연료가 얼마나 남아 있는지 세심하게 지켜볼 겁니다. 연료 탱크가 빈 상태로는 오래 버틸 수 없으니까요."

여기서 마음 가는 곳에 집중할 때는 평정을 유지하고 주의 깊은 자세를 유지하기 하기 위해 의지하는 고유한 닻의 존재가 중요하다는 점을 알 수 있다.

회복탄력성은 목표뿐만 아니라 그 목표에 도달하게 해줄 진정한 자원의 원천에도 집중할 것을 요구한다. 한 인터뷰이의 말이다.

"때로는 도전의 강렬함에 빠져 자신을 잃어버릴 수 있고, 관점을 잃거나 관점에 완전히 사로잡힐 수도 있어요. 단기적으로는 도움이 될 수 있지만 시간이 어느 정도 지나면 내가 나 자신이나 다른 사람에게 더는 도움이 되지 않을 때가 옵니다. 스트레스를 많이 받은 마음은 내가 너무 바빠졌다고 생각하겠죠. 그래서 날 대비시키려고 할 겁니다. 하지만 두려움의 목소리보다 한 수 앞서야 해요. 내게 원동력이 되어주고 에너지를 주는 것에 집중할 시간을 확보해야 합니다."

희망과 가능성에 중점을 둬라

내가 인터뷰한 사람들은 달성하고자 하는 목표가 단기 목표이든 장기 목표이든 되새기거나 걱정하기보다 현재의 가능성과 긍정적인 면에 집중하는 것이 회복탄력성을 유지하는 핵심이라고 강조했다. 나와 대화를 나눈 어느 특수부대원은 이렇게 말했다.

8개월간 혼자서 선발 과정을 준비했어요. 매일 매시간 아무런 확신이나 지원 없이 훈련했죠. 선발되기 위해서 매일 방해가 되는 생각들을 없애야 했어요.

도전에 대처할 희망과 낙관을 주입하도록 단련하지 않으면 인내심은 도중에 굴복할 수 있다.

나와 함께 일했던 회복탄력성 영웅들은 "가장 의미가 큰 도전은 육체적, 정서적, 정신적 인내를 요구하더라도 숨 돌릴 기회는 거의 주지 않는 도전"이라고 주장할지 모른다. 스스로 발견해 학습하는 마음의 특성을 살려 회복탄력성을 유지하려면 일을 세분화하고, 아무리 작은 것이라도 승리로 인정하며, 경험이 주는 피드백을 통해 희망과 낙관을 채우는 방법을 배워야 한다.

회복탄력성을 지탱하려면 한 번에 한 걸음씩 나아가는 데 집중하고 자신감을 키워야 한다. 누군가의 말처럼 말이다.

"중대한 도전에 직면하면 최종 목적지와 마찬가지로 바로 앞에 있는 발판에도 정신을 쏟아야 한다는 사실을 잊을 때가 있습니다. 일을 쪼개지 않으면 버겁게 느껴질 것이고 기회를 놓치거나 각 방해물을 효율적으로 넘는 데 실패할 수 있어요."

더 나은 것을 추구하기 위해 역경과 씨름하는 모든 순간은 기념할 만한 가치가 있다. 희망의 기회가 얼마나 크든 작든 간에 그 기회들은 우리의 회복탄력성 기준을 세워주며, 때로는 우리가 갖출 수 있으리라고 한 번도 생각하지 못한 놀라운 역량을 입증해주는 증거가 되기도 한다. 특수부대에서 일컫는 것처럼 이런 상황은 '절대 포기하지 않는' 태도의 조건이 된다.

마음 가는 곳에 집중하기 4. 적합한 대처

감정 조절과 마찬가지로, 적합한 대처는 회복탄력성에 중요한 역할을 한다. 적합한 대처는 도전의 범위를 줄이거나 부풀리지 않고 당면한 도전에 집중하는 능력을 필요로 한다. 또한 감정을 조절하고 도전의 요구에 최대한 응할 수 있는 반응을 선택하는 능력을 요구한다. 인터뷰이 중 한 명은 적합한 대처의 중요성을 다음과 같이 설명했다.

내가 무엇을 신경 쓰고 있는지를 아는 것은 좋은 시작점입니다. 하지만 내가 무엇을 신경 써야 하는지를 아는 것이 훨씬 중요하죠.

마음 가는 곳에 집중할 때는 건설적인 반응을 위해 계획하고 선별하는 태도가 중요하다는 것을 밝힌다. 자신의 인식과 반응을 효과적으로 관리하는 능력은 힘겨운 상황에서 성공과 실패를 가를 수 있다. 어느 특수부대원은 이렇게 말했다.

"내가 느끼고 생각하는 것 중 일부는 사실 지금 여기에 속하지 않는 백색 소음에 불과하다는 것을 알게 될 겁니다. 그냥 과거 사건에 대한 반응일 수도 있고 미래에 대한 비관적인 생각일 수도 있죠. 일부는 유용할 수도 있지만, 대부분은 해로울 겁니다. 회복 탄력성을 가지려면 적어도 방해물을 넘어서는 자신을 볼 수 있을 만큼만이라도 백색 소음을 차단하는 법을 배워야 합니다."

인식을 관리하는 능력은 가장 적합한 대처를 선택하는 데 핵심이 된다. 스트레스를 탈선 요인이 아닌 원동력으로 활용하는 능력을 갖춘다면 성공의 중심에 설 수 있다. 또 다른 특수부대원의 말을 들어보자.

"스트레스와 걱정은 시간이 지나면 실제로 신체에 부담이 될 수 있어요. 자신을 더 많이 알수록 모든 상황이 아무리 새롭게 보여도 과거에 경험했던 것과 비슷하다는 사실을 더 쉽게 깨달을 수 있습니다. 자신에게 도움이 되는 것에는 기대고, 방해되는 것은 무시하는 법을 배워야 합니다. 그러기 위해서는 감정을 관리해서 건설적인 방향으로 나아가도록 전환해야 합니다."

실패와 다른 스트레스 요인에 대해 중립성을 유지하는 회복탄력적 중립성은 회복탄력성 마인드셋을 세우는 데도 중요한 역할을 한다. 회복탄력적 중립성을 유지하면 어렵거나 시험적인 일에 단순히 반응하기보다는 이성과 객관성을 가지고 참여할 가능성이 커진다. 마음이 향하는 곳을 선택하면 긍정적인 결과에 확고하게 집중한 채로 한계를 극복하는 일에 전념하면서 실패가 주는 배움의 기회를 얻을 수 있다.

우리는 모두 자기의심을 경험하고 때로는 쉽게 자기파괴를 하기도 한다. 마음 가는 곳에 집중함으로써 우리가 부정적으로 인식하는 사건과 그 일에 대응하는 방식 사이의 틈새를 넓힐 기회를 스스로에게 부여할 수 있다. 한 인터뷰이는 이렇게 말했다.

"우리에게는 꼬마 도깨비가 있어요. 그러니까 어떤 식으로든 자기의심, 자기파괴를 하는 성향이 있다는 말이에요. 꼬마 도깨비가 언제 어떻게 나타나는지를 알면 자기패배적인 생각에 빠져들지 않고 도깨비와 대화를 나누며 의심을 해소하는 선택을 할 수 있을 겁니다."

회복탄력성은 어떤 일에 도움이 되는 해석과 도움이 되지 않는 해석의 차이를 파악하고, 곤경에 처했을 때 가장 유용하게 대응하는 능력을 필요로 한다. 한 특수부대원은 회복탄력성에 이렇게 접근한다고 밝혔다.

"어떤 경우라도 쉬울 거라고 장담할 수 없습니다. 오히려 이곳에 첫발을 내딛는 순간부터 나와 내가 사랑하는 사람들에게 육체적으로나 정신적으로나 영적으로 매일이 도전이 될 거라고 깨닫게 되죠. 그러니 마음과 주의를 무엇에 집중할지, 어떻게 집중할지를 신중하게 선택하는 습관을 빠르게 기르게 됩니다. 온갖 중압감과 삶의 요구에 집중하거나, 아니면 내가 한 발짝 앞으로 나아갔을 때 일어날 긍정적인 결과에 집중할 수 있겠죠. 핑계를 대고 뒤로 물러나 결국엔 해로운 결과를 내는 행동을 하거나, 아니면 더 큰 목표와 비전을 위해 노력을 지속할 수 있을 겁니다."

한편 또 다른 특수부대원은 이렇게 말했다.

"마음이 가는 곳으로 모든 것이 따라가게 되어 있어요! 신중해지는 법을 배워야 합니다. 선택을 잘 할수록 성공적인 임무 수행 방식을 조정하는 능력에 더욱 자신감이 붙을 거예요."

불안을 관리하는 훈련

불안을 다루는 일도 훈련하면 된다. 사고의 틀을 재구성하고 마음을 다잡고 집중해야 할 때 도움이 되는 몇 가지 방법을 소개한다. 이 훈련을 해보면 회복탄력성을 유지하기 위해 매일 어느 쪽으로 방향을 틀어야 할지 알 수 있을 것이다. 또 신체적으로나 감정적으로 어떤 상태에 있든 호기심과 더 나아지겠다는 약속으로 현재에 집중하도록 이끌어줄 것이다. 어제, 내일 혹은 일 년 후가 아닌 지금에 집중해야 한다. 훈련 단계는 다음과 같다.

1. 지금 이 순간에 나를 두기

- '되어야 한다'고 생각하는 나 말고, '있는 그대로'의 나를 생각한다.
- 상태가 좋든 나쁘든 간에 현재에 마음을 둔다.
- 심호흡을 크게 4회 이상 반복한다.
- 어디에 있든 주위를 둘러보고 한 곳을 정해 1분간 집중한다.
- 밖에 있는 나뭇잎이나 나무, 구름을 확인하고 잠시 그쪽을 바라본다.
- 발가락을 꼼지락거린다.
- 손가락도 꼼지락거린다.
- 어깨를 뒤로 움직여 원을 몇 번 그린다.

- 머리를 몇 번 돌린다.
- 고개를 뒤로 젖히고 미소를 짓는다.

2. 지금 중요한 일에 집중하기

- 목표를 향해 첫걸음을 내딛는다. 그 걸음이 차 한 잔을 끓이는 것처럼 단순하고 작은 일이어도 상관없다.
- 어떤 일을 하든 신중하게, 의도적으로, 천천히 한다.

3. 긍정적인 변화를 일으킬 수 있음을 기억하며 행동하기

- 기분이 어떻든 간에 매일 긍정적인 행동을 실천하기로 다짐한다. 다른 사람에게 긍정적인 영향을 미칠 때 얻게 되는 것을 살핀다.
- 긍정적인 효과를 내는 행동을 적어도 한 가지는 의도적으로 해본다. 다음과 같은 일을 당장 해볼 수 있다.
  - 외출 중에 가능한 한 많은 사람에게 미소를 보낸다.
  - 운전할 때 누군가가 끼어들려고 하면 미소를 지으며 너그럽게 손짓해 끼어들라는 신호를 보낸다.
  - 헬스장이나 상점에서 나를 맞아주는 사람을 그냥 지나치지 않고 인사한다. 그 순간에 상대가 내게 가장 중요한 사람으로 느낄 수 있도록 한다.
  - 낯선 사람을 칭찬해줄 만한 것을 발견한다.
  - 좋아하는 카페에 가면 내 뒤에 줄 서는 사람에게 커피 한 잔을 사 준다.
  - 친구에게 쪽지로 감사의 마음을 전한다.
  - 길거리나 해변에서 쓰레기를 하나 줍는다.

— 무작정 친절을 베풀 기회를 어디서 발견할 수 있을지 생각하며 사는 동네를 둘러본다.

4. 매일 성찰하기

· 감사, 자비, 기쁨으로 향하기 위해 어떤 행동이나 경험을 했는지 돌아본다.
· 배운 교훈을 모아 내일 실천할 일 목록에 추가할 내용을 기록한다.

5. 방해물 없애기

· 내 행동이 어떻게 나를 악순환에서 벗어나게 했는지 확인한다.
· 새로운 배움과 경험에 영향을 미치는 새로운 방법을 알게 된 사실에 자신감을 느낀다.
· 촉발 요인이 나타나면 앞의 태도를 반복할 준비를 한다.
· 자극을 받게 되어도 그것은 일시적이라는 점을 기억한다.

6. 계속하기

· 앞으로 올 일에 전념한다!

2장

Belonging

'소속감'은 위기 때 알 수 없는 힘을 준다

4

내가 있을 곳과
취할 입장을 선택하라

S의 이야기

가난한 집에서 자란 S는 수많은 어려움을 겪으며 어린 시절을 보냈다. 일자리를 찾으러 전전하는 부모 때문에 그의 가족은 이사를 자주 했다. 다세대 다문화 구성원으로 이루어져 있었기에 그의 가족은 더 많은 어려움을 겪었다. 하지만 S는 어린 시절을 얘기할 때면 늘 미소를 지었다. 많은 것을 갖지 못한 가정이었어도 사랑은 늘 충분했다.

S가 가장 아끼는 추억은 가족이 일자리를 찾아 미국으로 이주했을 때의 일이다. 아마 그에게 가장 힘든 순간이 아니었나 싶다.

당시 그들은 가진 돈으로 음식을 살지, 전기세를 낼지 선택해야 했다. 해가 지면 집 안은 어두웠고, 저녁 식사는 휴대용 가스레인지로 요리해야 했으며, 추운 밤이면 전부 거실에 모여 잤다. S와 형제들은 학교에서 놀림을 받았다. 가족 휴가 여행도 가지 못했고 아이들은 초대받은 몇 번 안 되는 생일 파티에도 간 적이 없었다. 생일 파티 주인공을 위해 선물을 준비하는 일도 사치였기 때문이다.

이 모든 형편에도 불구하고 S의 집에는 사랑이 넘쳤다. 그런 환경에서 자라며 S는 자신의 가치는 그가 무엇을 가졌느냐가 아니라 매일 그가 무엇을 주고 무엇을 얻느냐에 달렸다는 점을 깨달았다.

가족이 가스레인지 주변에 둘러앉아 나눈 대화는 가장 값진 추억이다. S의 어머니는 매일 가족 모두가 그날 있었던 3가지를 공유하는 것을 규칙으로 삼았다.

1. 발견한Notice 멋진 사실 한 가지
2. 어려웠지만 극복한Overcome 일 한 가지
3. 새롭게 배운Learn 것 한 가지

S는 이를 'NOL 공유하기'라고 명명했다. 어린 시절 S가 경험한

이 깊은 연결은 그의 일생에 걸쳐 영향을 미쳤다. 확고한 자존감도 얻게 되었다.

학교에서 괴롭힘을 당한 어느 날, S는 자기를 괴롭힌 아이를 울리게 되었다. 우리가 예상할 수 있는 방식으로는 아니었다. S는 자기가 집에서 만끽하는 그토록 소중한 사랑을 그 아이는 받지 못해 매우 우울할지도 모른다고 생각했다. 그래서 그 아이와 같이 싸우는 대신에 두 팔을 크게 벌린 채 아이에게 달려가 이렇게 말했다.

"너에겐 따뜻한 집이 없어서 안타깝다. 우리 집에 언제든 와도 좋아. 많이 슬프지? 넌 사랑받지 못하는 게 분명해. 우리 가족은 기꺼이 널 받아줄 거야!"

이처럼 S는 깊은 소속감을 느꼈다. 처음에 그는 자신을 소중히 여기는 사람들 덕분에 이런 소속감을 갖게 되었다고 생각했다. 하지만 시간이 지나면서 자신이 받은 가치와 보살핌이 자신이 어디에 있든, 주변에 누가 있든 소속감을 느낄 수 있을 정도로 자신을 견고하게 만들어준 것을 깨닫게 되었다. 그가 특수부대원이 되었을 때 이런 소속감은 그의 초능력이 되었다. 그는 어떤 장소든 집처럼 받아들였고, 어떤 사람이든 가족처럼 받아들였다. 가장 중요한 것은 그가 스스로에게 느끼는 소속감이었다.

NOL 적어보기

매일 밤 잠자리에 들기 전에 하루를 돌아보고 다음을 기록하자.

1. 발견한 멋진 사실 한 가지
2. 어려웠지만 극복한 일 한 가지
3. 새롭게 배운 것 한 가지

소속감의 중요성

나와 함께 일한 어느 훌륭한 특수부대원은 이렇게 말하곤 했다.

소속감은 회복탄력성에 없어서는 안 됩니다. 소속감은 중력이나 마찬가지예요. 소속감이 없으면 길을 잃고 정처 없이 표류하게 될 겁니다.

소속감은 우리에게 무엇을 의미할까? 가장 최근에 소속감을 느꼈던 때를 떠올려보자. 그때 무슨 생각을 했고 무엇을 느꼈으며 어떻게 행동했는가? 주변 사람들이나 환경과 어떤 관계를 맺었는가?

소속감은 인간의 기본적인 욕구이며 이 욕구가 충족되는 것은 회복탄력성에 매우 중요하다. 우리가 느끼는 소속감은 우리의 정체성, 자신감, 안전감, 변화를 다루는 능력, 불확실성, 예측 불가능성에 영향을 준다.

소속감을 생각할 때 우리는 종종 양육이나 가족, 문화를 떠올린다. 회복탄력성에서 말하는 소속감은 반드시 성장 배경이나 문화를 가리키진 않는다. 회복탄력성은 내 안에서 성장시키기 위해 내가 선택한 가치, 학습, 경험, 비전을 통해 내가 키워온 소속감을 평가하고 강화할 것을 권한다.

회복탄력성은 경험한 것에 달려 있지 않고, 그 경험을 어떻게 이해하고 그것으로부터 어떻게 성장하는지에 달렸다. 회복탄력성의 궁극적인 기준은 내가 속한 삶을 위해 선택한 서사의 질에 달려 있다.

어려운 과제와 내가 모르는 영역에 대응할 수 있는 지식과 능력을 갖추는 것만으로는 충분하지 않다. 가장 회복탄력적인 반응을 보이려면 탄탄한 기반과 깊은 소속감이 필요하다. 앞에서 신관이라 소개했던 병사 A의 말처럼 말이다.

"내가 발을 딛고 있는 곳이 어디든 간에 그곳에 소속되어 있다는 것을 느껴야 합니다. 소속감은 내면에서 나와야 해요."

건강한 소속감을 가지려면 노력이 필요할 때가 있지만 회복탄력성에는 필수적이므로 반드시 힘을 쏟아야 한다.

우리의 선택이 만드는 회복탄력성

회복탄력성은 얼마나 크든 작든 간에 우리의 선택 안에 자리한다. 회복탄력성을 생각할 때 우리는 종종 회복탄력성이 만드는 결과에 초점을 맞추지만, 경험마다 우리가 어떻게 성장하는지가 더 중요하다. 당장은 회복탄력성이 좋은 것처럼 보이는 결과도 결국에는 회복탄력성을 고갈시키는 일에 불과할지도 모른다. 잘 살아가는 데 필요한 회복탄력성은 사는 내내 진화하고 변화하며 확장되어간다는 사실을 잊지 말아야 한다. 회복탄력성을 어디에 의지하느냐와 어떻게 드러내느냐는 시간이 지나면서 달라질 수 있다.

회복탄력성은 어느 정도 미리 조정될 수 있다. 어느 정도 수준까지는 타고나기도 하지만 습관을 통해 더 키울 수도 있다. 습관은 행동이 모여 만든 패턴으로, 우리가 의식적으로나 무의식적으로 내리는 선택에 뿌리를 둔다. 우리의 선택은 행동에 동기를 주고, 그 행동이 반복되면 회복탄력성을 키우거나 줄이는 습관이 자리 잡는다.

회복탄력성은 분리되어 존재하지 않는다. 의식적으로나 무의식적으로 우리를 붙잡고 있는 깊은 뿌리와 넓은 가지를 가지고 있으며, 우리는 이것들에 붙들린 채로 성장한다. 회복탄력성을 쌓고 넓히고 강화하려면 몇몇 뿌리에 영양분을 주어야 하고 몇몇 가지는 적절한 때에 적절한 정도로 가지치기를 해야 한다. 회복탄력성을 키우려고 할 때 우리가 연달아 내리는 선택 중 가장 중요한 것은 어디에, 어떻게 소속될 것인가다.

'따뜻한 가정'이 주는 힘

소속감을 얘기할 때 보통 장소나 시대, 가족이나 공동체를 떠올린다. 소속감의 힘과 그 힘이 회복탄력성을 지지하는 방식은 사람들 사이에서 명백하게 드러난다. 수년에 걸쳐 함께 일한 사람 중 소속감의 영향을 받는 이들은 스트레스에 다르게 반응한다는 점에서 눈에 띈다.

소속감과 회복탄력성의 상관관계를 계속 관찰하면서 나는 내가 '따뜻한 가정'이라고 이름 붙인 이론을 시험해보기로 했다. '따뜻한 가정' 이론에 반드시 재산, 안정성, 물리적 자원이 풍부하다는 기준은 없다. 그러나 사랑, 유대감, 눈에 띄는 사람 되기, 가치 있는 사람 되기, 가족에게 중요한 사람 되기라는 기준은 있다. 즉 자신이 가진 것이 아니라 자신이 되기로 선택한 사람으로 사랑받느냐가 기준이 된다.

나는 일하면서 재난과 질병으로부터 살아남은 사람들을 많이 만났는데, 그들 중 많은 이들이 따뜻한 가정의 혜택을 받고 자라지 못한 경우가 많았다. 적어도 S가 경험한 혜택을 누리지는 못했다. 테레사 수녀는 이렇게 말했다.

"오늘날 가장 큰 질병은 나병이나 결핵이 아닙니다. 우리를 가장 아프게 하는 것은 어디에도 소속되지 못하고 어디에도 자신을 찾는 사람이 없다는 기분입니다."

우리 사회에는 공동체에 속하지 못하거나, 의지를 잃거나, 관계가 단절되어 겪는 외로움이 전염병 수준으로 퍼져 있다. 많은 사람에게 이 외로움은 코로나19의 영향으로 더욱 심해졌다. 서로 흩어져야 했고, 존재감은 상처 입어 알아볼 수 없게 변해버렸기 때문이다. 이 팬데믹 시기를 거치며 우리는 우리가 구축한 정체성을 지탱하기 위해 만든 버팀목을 잃어버렸다.

현관문 밖으로 한 발짝도 나갈 수 없는데 어떻게 의미 있는 삶을 살 수 있을까? 중요한 결과에 영향을 미칠 만한 역량을 강화할 수 있도록 자신에게 가장 가까운, 자신의 마음에 가장 가까운 목적을 찾아야 한다.

브라이언의 이야기

브라이언은 대규모 구조조정을 앞둔 한 조직의 고위 임원이었다. 그는 경쟁이 치열하며 빠르게 축소 중인 산업의 오랜 전문가였다. 마침내 정리해고 대상이 된 그는 자신의 전문 분야에서 예전과 비슷한 수준의 일자리를 구하려면 가족과 함께 새로운 나라로 옮겨야 했다. 하지만 그는 그렇게 하고 싶지 않았기에 선택할 수 있는 해결책은 정리해고 수당으로 버티면서 새로운 일에 도전하는 것이었다.

브라이언은 따뜻한 가정환경에서 어린 시절을 보내지 않았다. 사실 그는 매우 화가 많고 불안정한 가정에서 자랐고, 이것이 낯선 곳으로 이주하기를 꺼린 이유 중 하나였다. 그럼에도 그는 놀라울 정도로 마음이 열려 있고 따뜻했으며 호기심이 많고 안정되어 있었다. 늘 자신이 처한 상황과 상관없이 최선의 모습을 보였다.

브라이언은 모든 면에서 보통 사람의 범주를 뛰어넘는 아웃라이어outlier였다. 대다수 사람보다 더 높은 수준으로 성공했다. 많은 동료들이 직급과 지위에 걸맞게 안전한 거리를 둔 사람들로부터 존경받은 반면, 기쁨과 겸손을 아끼지 않는 브라이언은 진심에서 우러나는 사랑을 받았다. 그의 팀은 가장 높은 업무 참여도와 생산성 점수를 받았고 결근율도 낮았다.

회복탄력성은 전염된다. 피할 수 없는 정리해고 소식이 알려졌을 때도 브라이언은 낙관적인 태도를 유지했다. 활기와 안정과 에너지에 대한 그의 집중력은 흔들리지 않았다. 팀원 중 많은 이들이 일자리를 잃었지만 그의 팀은 변화를 환영하는 것처럼 보였고, 브라이언의 지도에 따라 변화를 더 빠르고 지속 가능하게 구현할 수 있는 아이디어를 회사 이사회에 제시하기도 했다.

브라이언의 긍정적인 태도는 분명 강력한 영향을 미쳤지만 그를 보고 혼란스러워하고 불안해하는 사람도 있었다. 나는 브라이언이 이 변화를 게임처럼 여기는 것은 아닌지 궁금했다. 그는 어떻게 슬픔을 건너뛰어 곧바로 수용과 성장으로 나아갈 수 있었을까? 함께 이야기를 나누던 어느 날, 그는 나의 예상 가능한 질문에 정중하게 대답하는 대신 갑자기 이렇게 말했다.

"J. K. 롤링이 이런 말을 했다고 합니다. '그래서 그 견고한 바닥이 내 삶을 세우는 토대가 되었다.' 난 일자리를 잃는 게 두렵지 않아요. 목적을 잃는 것이 두렵죠. 내가 버는 것, 내가 가진 것, 내가 하는 일은 내가 아니에요. 매 순간을 어떻게 보내기로 선택하는 것이 내가 됩니다. 나는 사람들이 나에 대해 어떻게 생각하거나 말하는지는 두렵지도 않고 신경 쓰이지도 않아요. 대신 최선을 다하는 일에 내 에너지를 투자합니다. 난 그들 속에 사는 것이 아니라 내 안에 사니까요."

그는 또 이렇게 말하기도 했다.

"나는 다른 사람들의 세계를 이해하기 위해 최선을 다하지만, 절대로 내 세계로 돌아오지 못할 정도로 노력하지는 않아요. 이 직업은 하나의 수단일 뿐이고 모든 수단이 그렇듯 영원하지 않습니다. 직업을 바꾼다고 해서 내 목적이 바뀌는 건 아니에요. 내 발이 어디로 향할지, 내 마음이 무엇을 느낄지는 내가 선택합니다. 내 시선이 향할 곳도 내가 선택하고요. 그곳이 어디가 될지

기대가 되네요!"

한 특수부대원을 인터뷰했을 때도 실패에 대한 두려움을 관리하는 법에 대해 비슷한 말을 들은 적이 있다.

"인생은 내가 세운 비전과 내가 누구인지, 무엇이 되고 싶은지에 대한 생각을 휘젓고 의문을 품게 할 때가 있어요. 중요한 것은 '무엇'이 아니라는 걸 빨리 알아차려야 합니다. 중요한 것은 '왜'죠. 무언가를 왜 하려고 하는지 명확히 알고 자신이 있다면, 그것을 실현할 방법은 많아요. 내가 속한 공동체를 위해 더 좋은 사람이 되고 싶다면 자선 활동가나 군인, 간호사, 혹은 간단하게는 좋은 이웃이 되면 됩니다. 내가 담겨 있던 예전 그릇에 매달리지 말고요. 그런 게 바로 회복탄력성입니다."

동료들과 달리 브라이언은 자기 정체성을 월급이나 멋진 사무실, 직함 등에 두지 않았다. 그는 항상 자신의 막강한 힘, 즉 타인과 소통하고 방해물을 기회로 보는 자신의 능력을 감지하고 있었다. 직장과 경력을 잃는 것은 이제 회사의 목표에 맞춰야 한다는 제약 없이 자신이 무엇에 기여할 수 있는지를 탐색할 자유가 있음을 의미했다.

브라이언은 회복탄력성이 좋았지만, 그의 회복탄력성보다 더 흥미로웠던 것은 그 회복탄력성이 무엇에서 비롯되느냐였다. 그는 주변 일을 관찰하면서도 그 일에 휩싸이지 않는 훈련이 되어 있었다. 그의 강점은 그와 주변 사람들의 경험을 더 나은 방향으로 전환하는 힘과 능력이 자기 내면에 있다는 점을 알아차리는 데 있었다.

그는 자신의 선택에 따라 자신을 정의했다. 그가 스스로 형성한 정체성은 불우한 성장 환경에 대한 반응이 아니라 의식적인 선택의 연속으로 얻은 결과였다. 그는 한계나 부족함을 느끼지 않고 의식적으로 시련을 강점으로 바꾸겠다고 결심했다. 그는 내게 이렇게 말했다.

"나는 자라온 환경 덕분에 누구와도 어울릴 수 있어요. 누구를 평가할 마음은 없습니다. 내가 자라온 방식을 통해 심리, 자비, 이해, 인내, 그리고 무엇보다도 회복탄력성을 배울 수 있었어요."

브라이언은 어려운 일이 닥칠 때마다 성장의 기회라고 여겼다. 성장과 배움의 경험을 쌓으면서 그는 미지의 세계를 횡단하는 자신의 능력에 깊은 자신감을 가졌고 목적의식도 더욱 깊어졌다.

우리는 자기연민, 분노, 두려움, 불안으로 인해 스스로를 무가치한 존재로 여길 수 있다. 회복탄력성은 우리가 과거와의 관계를 바꾸고 목적을 위해 스스로를 단련할 수 있도록 우리를 성장시킨다. 그렇다. 노력이 필요하겠지만, 이것이 우리가 할 수 있는 가장 중요한 일이다.

아마 아데의 이야기

아마 아데는 자신이 어디에, 어떻게 소속되기를 선택함으로써 자신의 회복탄력성을 지속시키고 생존하여 강력한 유산을 얻게 되었다. 아마는 끔찍한 환경에서 27년간 수감됐다가 살아남은 티베트 여성이다. 그녀는 굶주림과 고문에 시달렸고 다른 수감자들과 접촉할 수도 없었다. 함께 수감된 300명의 여성 중 4명만 살아남았다.

아마는 깊은 소속감 덕분에 굴하지 않는 정신력을 갖게 되었다. 회고록《그래도 내 마음은 티베트에 사네》에서 아마는 어떻게 자기 친구였던 죽은 수감자들의 옷으로 퀼트를 만들었는지 들려주었다. 아마는 천 조각들을 붙들고 견디는 것으로 친구들과의 관계를 이어 나갔다. 그녀의 목표는 집으로 돌아가 아들을 다시 만나는 것이었다. 또한 친구들에게 자기가 만난 사람들의 이야기를 들려주고 싶었다. 먼저 세상을 떠난 사람들의 품위와 특별함을 공유해 그들이 남은 사람들에게 영감을 주며 계속 살아 있도록 하고 싶었다.

우리는 아마에게서 무엇을 배울 수 있을까? 도전과 시험을 마주한 상황을 최대한 존중하며 최선을 다하는 자세를 배울 수 있을 것이다. 우리가 얻을 수 있는 가장 중요한 이득은 우리가 맞닥뜨리는 시련을 통해 목적을 달성할 힘을 얻는 것이다. 시험에 놓이면 목적에 집중하고 시야를 넓혀야 한다. 우리에게 일어나는 일보다 그 일을 어떻게 대처하느냐가 중요하다.

극복한 경험에서 무엇을 얻을 수 있었는가? 피해자가 아닌 학습자의 입장에서 자신이 겪은 시련의 이야기를 다른 사람들에게 들려줄 수 있는가?

뚜렷한 목적에 소속되기

회복탄력성이 높은 사람들은 한 가지 공통점을 갖고 있다. 바로 뚜렷한 목적의식이다. 내가 환경의 일부가 되어 환경에 더 좋은 영향을 미칠 수 있다는 사실을 받아들이고 소속감을 가질 때 회복탄력성은 더욱 커진다. 내가 직면하는 위기, 변화 또는 요구가 어떤 것이든 내 목적에 속해 있으면 변화를 겪어도 더 쉽게 균형을 유지할 수 있다.

앞으로 튀어 나가기 위한 출발 자세는 두 발을 땅에 단단히 딛고 시선은 여정의 방향, 즉 목적에 고정하는 것이다. 모든 특수부대원은 목적 추구를 중요한 도전과 시련을 극복할 수 있는 회복탄력성의 원동력이라고 설명한다. 가장 뛰어난 운동선수도 그렇다. 나는 올림픽 선수들, 패럴림픽 선수들과 함께 일해왔다. 그들도 주저 없이 깊은 목적의식에 속했기 때문에 비범한 성취를 이루고 좌절을 극복할 수 있었다고 주장한다. 나와 함께 일한 패럴림픽 선수 중 한 명은 이런 이야기를 해주었다.

경기를 앞두고 있는데 날씨가 점점 나빠졌어요. '이런 날씨를 대비해 연습을 한 적이 없구나'라는 생각이 문득 들더라고요. 하지만 날씨가 어떻든 장애가 있는 수천 명의 청소년들이 내 경기를 지켜볼 거라는 사실을 알았죠. 이런 날에도 경기를 치르는 내 모습을 단 일 초라도 보게 된다면 그 아이들도 자신의 가능성을 키울 수 있을 거라고 생각했어요. 내게 필요했던 전부가 바로 그 순간에 있었어요. 그 아이들을 위해 성공해야 했죠. 아이들 중 단 한 명이 볼 단 일 초를 위해서라도 말이에요.

뉴질랜드 럭비팀 올 블랙스**All Blacks** 선수들은 팀 유니폼을 위해 스스로를 한계까지 밀어붙이고 도전에 성공한다고 말한다. 이들이 모두 공유하는 한 가지 목적은 유니폼으로 대표되는 팀의 유산을 그들이 받은 것보다 더 나은 것으로 개선해 물려주는 것이다.

일종의 푸시풀**push-pull**(한쪽이 당기면 다른 쪽이 밀게 되는 것처럼 상반된 둘이 이루는 한 쌍을 가리킨다―옮긴이)이다. 고통과 불편함에서 멀어지거나 새로운 상황에 적응해야 할 때 회복탄력성이 필요해진다. 회복탄력성을 키우려면 목적의 힘을 느낄 수 있는 방향성도 필요하다.

지금까지 이야기한 내용을 듣고, 회복탄력성을 키우기 위해서는 당장 인생 전체에 해당하는 거창한 목적을 세워야 한다고 걱정하진 마라. 그 전에 우리 대부분은 이미 거대한 목적을 향하고 있는 중이라는 사실을 받아들여야 한다. 나와 함께 일한 회복탄력성이 높은 사람 중 상당수는 자신의 삶의 목적과 강력한 사명을 잘 정리해두기도 했지만, 회복탄력성은 그리 거창한 것을 요구하지 않는다. 요구, 변화, 불확실성, 상실의 맹공격을 경험할 때 회복탄력성을 유지하게 하는 목적은 오늘, 이 시간, 이 순간에만 적용될 수 있다.

목적은 당장, 삶의 아주 작은 틈새에서, 우연히 찾을 수 있다. 목적은 우리와 함께 진화하고 변화할 수도 있으며 우리를 변화시킬 수도 있다. 하지만 목적은 우리가 주의를 기울여 목적이 나타날 때 제공하는 기회를 붙잡을 것을 요구한다.

순간에 소속되기

할머니는 이렇게 말씀하시곤 했다.

"위기에 처하면 가장 중요한 것은 이웃, 식물, 그리고 아이들이야. 이 순서대로 말이야."

아이들을 마지막에 두신 건 웃자고 하신 말씀인 것 같지만, 여기서 중요한 점은 자신이 소중히 여기는 사람과 물건에 대해서 위기의 순간에 할 수 있는 행동을 생각한다는 것이다. 이는 회복탄력성의 조건을 제공하는 기본이 된다.

우리는 경험에 영향을 미치고 우리의 동기, 태도, 환경을 통제하는 행동을 취할 수 있다. 이런 행동을 더 자주 취할수록 우리에게 중요한 결과에 우리 자신이 영향을 미칠 수 있음을 스스로 증명하게 된다.

많은 사람이 자기가 아무것도 할 수 없는 일에 힘을 쏟아붓는 것으로 회복탄력성을 낭비한다. 자신을 다른 이들과 비교하면서 외부 요소가 자존감을 좌지우지하도록 내버려둘 때 특히 그렇다. 우리에 대한 정의는 우리가 갖고 있거나 갖지 못한 것으로 내려지지 않는다. 회복탄력성을 기준으로 삼는다면, 우리는 우리 자신과 환경에 더 나은 영향을 미치는 능력으로 정의될 수 있다.

어려운 시기를 지날 때 회복탄력성은 잠시 작동을 멈추고 이런 질문을 할 수 있다. 지금 가장 중요한 일을 어떻게 다룰 것인가? 지금은 어떤가? 지금 처한 상황에 영향을 미칠 수 있는, 내가 일으킬 만한 한 가지 긍정적인 변화는 무엇인가?

무엇이 가장 중요한가

회복탄력성은 타고난 능력이 아니라 연습해서 키우는 의지입니다. 중요한 것이 무엇인지 인식하고, 마음속으로 자신의 목적을 확인하고, 그것에 계속 집중하려고 애쓰는 것입니다.

회복탄력성에 관해 깊이 생각한 후 나온 이 말은 내가 상담을 지원하던 어느 훌륭한 올림픽 선수와의 대화 중에 듣게 되었다. 이 선수의 미션, 비전, 목적은 선수가 가진 소속감의 핵심이 되었다. 선수는 자신이 하는 모든 행동에서 이를 드러냈다. 그는 다른 사람들이 자신의 미션과 비전에 소속된 채로 스스로 상상할 수 있는 모든 것을 성취하도록 영감을 불어넣고 힘을 북돋우는 것을 자신의 목적으로 삼았다. 그는 이렇게 말했다.

"성공에는 2가지만 있으면 돼요. 비전과 땀이요."

나에게 가장 중요한 것과 나의 비전은 지금 중요한 것과 일치하지 않을 수도 있다. 반면 지금 중요한 것이 가장 중요한 것을 달성하는 일에 한 걸음 더 가까이 가게 해줄 수도 있다. 방금 언급한 선수의 예를 들자면, 이 선수에게 가장 중요한 것은 자신의 길을 따르는 다른 선수들의 잠재력을 격려하고 발산시키기 위해 올림픽에서 메달을 따는 것이었다. 이를 달성하려면 하루의 모든 순간을 경기를 준비하는 데 헌신하고 희생해야 했다.

선수의 가족이 보내준 지지로 그는 목표에 다가갈 수 있었다. 조부모와의 관계도 깊었다. 올림픽 경기가 시작되기 몇 주 전, 선수촌에 있던 선수는 할머니가 편찮으시다는 소식을 받았다. 선수촌에서 나와 할머니를 뵈러 간다면 준비에 차질이 생기리라는 것을 알고 있었지만 선수는 가족과 보내는 시간도 중요하다고 생각했다. 지금 중요한 것을 무시했더라면 가장 중요한 것에도 피해가 갔을 것이다. 할머니를 뵙지 않았다는 죄책감과 슬픔이 선수의 동기를 약화시켰을 테니 말이다.

가장 중요한 것이 무엇인지를 인식하고 난 후 지금 중요한 것을 위하는 행동을 취하는 과정은 이 선수에게 매일, 매시간, 매분 따라야 하는 규칙이 되었다. 그는 운동선수로서, 그리고 한 사람으로서 이 규칙을 실천하고 지켰다. 그에게 회복탄력성을 키우는 방법은 간단했다.

- 내게 가장 중요한 것이 무엇인지 결정한다.
- '가장' 중요한 것을 달성하기 위해 '지금' 중요한 것이 무엇인지 결정한다.
- 목적을 달성하려는 자세를 유지하고 목적을 위해 헌신한다.

가장 중요한 것을 명확하게 인식한 채 지금 중요한 것에 집중하는 능력은 이 선수의 성공을 이끌었다. 할머니에게서 받은 영감을 에너지 삼아 올림픽에서 메달을 딴 것이다.

나의 경우, 가장 중요한 것은 내 아들이 행복하게 자신의 열정과 재능을 키워 나가고, 세상이 제공하는 기회를 탐색하는 데 충실하고, 사랑과 안정감을 느끼며 사는 것이다. 그리고 지금 내게 중요한 것은 아들에게 더 폭넓은 기회를 제공하는 데 도움이 될 과제에 집중하고, 아이에게 직업윤리를 보여주면서 아이도 자신의 직업을 가질 깊은 열정을 발견할 수 있다고 알려주는 것이다.

회복탄력성은 실천하는 태도다. 따라서 그것을 개발하고 확장하고 유지하려면 회복탄력성을 뒷받침하는 새로운 습관을 들이고 발전시켜야 한다. 또 회복탄력성과 잠재력을 방해하거나 고갈시키는 오래된 습관은 깨야 한다.

5

우리는 우리 자신을
어떻게 볼까?

엘리자베스의 이야기

엘리자베스는 내가 아는 사람 중 가장 뛰어난 사람에 속한다. 젊고 강인한 고위 임원인 그녀는 늘 탁월한 모습을 보여왔다. 그녀가 하는 말을 들으면 나는 그녀가 자신과 타인을 얼마나 깊이 인식하는지 알 수 있다.

그처럼 성공한 사람이었지만 엘리자베스는 첫아이를 출산한 이후 혼란을 겪었다. 아이가 자라면서 아이를 향한 사랑도 커졌지만 그 사랑의 크기와 일치하는 깊은 슬픔 또한 생겨났고 때로는 자기의심도 품게 되었기 때문이다. 자신은 좋은 부모가 될 자질이 없다고 생각하게 하는 기억이 엘리자베스의 마음속에서 되살아나기 시작했다. 사실 그녀가 아들에게 주고 싶어 한 사랑, 안정감, 관심, 보살핌, 인내심은 그녀가 어렸을 때 한 번도 받지 못한 것들이었다.

엘리자베스는 엄마가 한번은 '그냥 두어 대 찰싹 때린 것일 뿐'이라고 말하는 폭력에 시달리면서 숨을 내쉬는 법을 익혔다. 가장 힘들었던 일은 욕설을 듣는 것이었다. 언어적, 정서적 폭력이 그칠 줄 모르자 엘리자베스는 자기는 그런 취급을 받아 마땅하고 근본적으로 문제가 있다고 믿게 되었다. 그런 공격은 다른 사람 앞에서 가해질 때 더 큰 상처를 주었다. 그녀는 어머니의 학대로 인한 고통이나 배신감보다 자신이 참아내는 학대를 목격한 이웃의 감정을 더 걱정하게 되었다.

몇 년 후 엘리자베스는 어린 시절에 겪은 일의 진실을 가족 앞에 드러내고자 했다. 하지만 가족들은 더 잔인하게, 이번에는 우회적으로 대응했다. 처음에는 엘리자베스를 비웃더니 이어서 그녀에게 책임을 떠넘기고 따돌리기까지 했다.

시간이 지나면서 엘리자베스는 자기 삶에 대해 가족과 최대한 적게 공유하기로 했다. 졸업이나 첫 출근, 승진 등의 소식은 절대로 알리지 않았다. 아들이 태어난 것도 일주일 후에야 알렸다. 누구도 자신과 같은 대우를 받을 수 없다는 것을 알면서도 엘리자베스는 깊은 수치심과 사랑받을 자격이 없다는 기분을 느꼈다. 그 결과 다른 사람들과 가장 가혹한 비판자인 자신에게 자기가 가치 있는 사람인 것을 증명하기 위해 계속 노력했다.

엘리자베스는 자신감 있는 것처럼 행동했지만 실은 사회적 불안으로 마비가 된 것이나 마찬가지였다. 그녀는 풍요롭고 가치 있다고 느끼는 훈련으로 회복탄력성을 키울 수 있다는 것을 알고 있었지만, 자신과 과거와의 관계는 그런 훈련을 거의 불가능에 가깝게 만들었다.

엘리자베스는 자기가 목표와 야망을 추구하는 이유는 세상을 더 나은 곳으로 바꾸기 위해서라고 생각했다. 하지만 그녀는 자신이 사람들로부터 인정을 받기 위해 그 모든 일을 해온 것을 나중에야 깨달았다.

다시 몇 년이 흐른 후 그녀는 자기 삶의 고통스러운 이야기를 이제는 통제했다고 생각했다. 다른 사람들을 위해 많은 선행을 베풀고 큰 성취를 이루었기 때문에 자신이 존경받을 가치가 있는 존재인 것처럼 느꼈다. 하지만 예상치 못한 순간에 난관에 부딪혔다. 그녀의 고위 경영팀에 새로 합류한 팀원을 위해 마오리족의 전통 환영식이 열렸을 때였다. 새로운 팀원의 가족도 그 행사에 초대받아 참석했다. 행사 전 회의실에서 신입 직원의 가족을 맞이한 엘리자베스는 전국 각지에서 직원을 응원하러 온 스무 명이 넘는 사람들을 보고 깜짝 놀랐다.

사랑과 온기, 진심이 가득했던 행사는 자연스러운 흐름에 따라 아름답게 진행됐다. 시간은 중요하지 않았다. 중요한 것은 새 직장으로 출근하기 시작한 가족 구성원을 향해 최고의 경의와 깊은 감사를 표하는 것이었다. 방문한 가족은 엘리자베스의 새 팀원을 자신들의 보물이라고 표현하며 소감을 전했다. 엘리자베스는 이 가족이 얼마나 서로를 깊이 알고 서로에게 감사하는지를 볼 수 있었다. 행사 후 나가는 길에 가족 중 한 명이 그녀에게 다가와 새 팀원을 어떻게 이끌어야 할지 조언해주었다.

"당신을 자기 팔 안으로 이끌면 그렇게 하게 두세요. 당신을 실망시키는 일은 절대로 없을 거예요."

엘리자베스는 양 볼 위로 흐르는 눈물을 부끄러워하지 않았다. 예전 같았으면 '나는 왜 내 가족으로부터 이런 사랑을 받지 못했을까?'라고 생각했을지 모른다. 하지만 그것은 자기가 답할 수 있는 질문이 아니라는 것을 이제는 알고 있다. 대신 그녀는 자신이 주변 사람들을 위해 보여줄 사랑을 생각하며 에너지와 기쁨을 느낀다.

"지도는 실제 영토와 다르다The map is not the territory"라는 말을 들어본 적 있는가? 엘리자베스처럼 우리는 모두 어려움을 경험한 적이 있다. 그런 경험 중 일부는 그냥 두면 회복탄력성의 범위를 제한하거나 우리를 고갈시킬 수 있다. 지도 위 표시보다 중요한 것은 그 표시가 가리키는 실제 지형을 우리가 어떻게 횡단하느냐다. 출발점이나 구불구불한 길 같은 지도 위의 표시들은 내가 선택한 탐색의 방식만큼 중요하지는 않다.

아울러 우리가 겪는 모든 경험은 우리 삶의 바탕으로 남게 된다. 경험이 귀중한 교훈이 될지, 더 나은 삶을 위한 디딤돌이 될지, 아니면 어설프게 숨긴 마음의 상처로 남을지는 우리에게 달렸다. 회복탄력성은 종종 선택의 문제이며, 선택을 하려면 참여, 신중한 결정, 질문과 탐구의 능력이 필요하다. 어떻게 행동할지 선택하고 그 결정을 유지해야 한다.

회복탄력성 있게 생각하고, 느끼고, 행동하라

다시 강조하지만 사건과 결과 사이에 가장 강력하게 개입하는 요소는 바로 나의 선택이다. 패턴을 바꾸고 이를 통해 삶의 경험을 바꾸려면 다르게 생각해야 한다. 좋지 않은 패턴에 빠져 있다면 다음 질문을 해본다.

• 지금 일어나고 있는 일을 다르게 생각할 수 있을까? 어떻게

생각하면 될까?

- 다르게 생각하면 다르게 느끼는 데 도움이 될 수 있을까? 어떻게 도움이 될까?
- 지금 일어나고 있는 일을 배경으로 다르게 행동할 수 있을까?

이 질문들에 '그렇다'고 답한다면 이제 해야 할 일은 삶의 이야기에 담을 만한 더 나은 대답을 생각해내는 것이다. 자신이 경험한 삶의 패턴에 의해 제약을 받는 느낌이 들 수 있다. 또 스스로 심사숙고하거나 시간에 고정되어 있다고 보는 결과에서 내 역할과 다른 사람의 역할이라고 여기는 것으로부터 제약을 받는 것 같기도 할 것이다.

바로 이때가 비난과 소유권이 끼어드는 시점이다. 자기 삶에서 일어난 일에 대해 감정적으로 얽힌 느낌이나 경직된 느낌을 받을 수 있다. 주변 장식이 바뀌고 배경막이 올라가 다음 배경막이 나타났는데 내게 영향을 미치는 인물은 전혀 변하지 않는 것처럼 보일 수도 있다.

이런 상황을 헤쳐 나가려면 스스로에게 질문을 던지고 내면에서 긍정적인 변화를 일으킬 만한 다양한 기회를 알아차리는 훈련을 해야 한다.

'인생'이라는 '책'은 새로 쓸 수 있다

기억은 미래에 할 행동에 영향을 미친다. 타인과의 관계와 관련된 기억은 더 그렇다. 특히 가족 관계나 큰 영향을 준 사람들과의 친밀한 관계에서 그렇다.

우리는 기억과 경험을 수집하는데 그중 일부를 선택해서 우리가 누구인지에 대한 기초로 삼는다. 그리고 나서 그 기억과 경험에 지울 수 없는 꼬리표를 붙인다. 한편 타인의 편견, 가치관, 견해에 의해 빈약하게 묘사된 우리 인생의 찰나의 순간이 그 타인이 생각하는 우리의 구겨진 모습이 될 수 있다.

우리의 이야기는 삶에서 비롯된 평탄하지 않은 문장 몇 개로 시작될지도 모른다. 인생에 대해 희망을 품기가 어려운 챕터를 가진 사람도 많을 것이다. 그렇게 되면 다른 사람이 전해준 이야기대로 살게 될 때가 있다. 하지만 꼭 그렇게 살 필요는 없다. 자신의 이야기를 선택하고 내용을 바꿔도 된다. 남은 인생을 제한할지 성장시킬지는 나에게 달려 있다. 인생이라는 책에 들어간 각 문장과 페이지를 어떻게 완성할지는 내 선택이다.

우리는 우리 인생의 서사에 소속돼 있다. 그러니 이 책에 쓸 단어를 신중하게 골라야 한다. 책 본문의 글꼴과 색깔을 선택하자. 여백도 설정하자.

두 명의 승려와 한 명의 여인

자기 가족과의 관계를 놓은 엘리자베스의 사연은 유일하지 않다. 무언가를 놓는 이야기는 사람들이 말을 하기 시작했을 때부터 전해져왔다. 다음은 놓는 것에 관해 알려주는 불교 우화다.

옛날 옛적 나이 든 승려와 젊은 승려가 함께 도보 여행을 하던 중 물살이 거센 강을 마주하게 되었다. 두 승려는 잠시 멈춰 서서 다음 행보를 고민하던 차에 강가에 홀로 서서 강을 건너지 못하고 있는 한 여인을 발견했다.

승려로서 여인과의 신체적 접촉을 절대로 하지 않겠다는 신성한 맹세를 했음에도 불구하고 나이 든 승려는 여인을 등에 업고 강을 건넜다. 강 건너편에 무사히 도착한 승려는 여인을 내려놓고 젊은 승려를 기다린 후 조용히 여행을 계속했다. 몇 시간 후 젊은 승려가 마침내 입을 열었다.

"여인과 절대로 접촉하지 않겠다는 맹세를 했는데 왜 그 여인을 업으셨습니까?"

나이 든 승려가 답했다.

"그 여인을 강가에 내려준 게 몇 시간 전 일이네. 그런데 자네는 왜 아직도 그 여인을 놓지 못하고 있는가?"

시련의 거센 물살을 건넌 지 이미 오랜 시간이 지났는데도 여전히 놓지 못하는 게 있다면 그게 무엇인지 스스로에게 물어야 한다.

놓아주기는 회복탄력성을 향한 핵심적인 여정의 시작이 될 수 있다. 그리고 내게 선택권이 있다는 것을 받아들이고 보다 나은 삶을 위해 삶의 방향을 어떻게 바꿀지 결정하는 것이 여정의 나머지를 이룬다. 어떤 방향이든 결정은 내가 하는 것이다! 지나간 일의 고통을 계속 견디면서 목표를 향해 다음 단계로 나아가는 데 주저할 것인지, 아니면 방해물을 뛰어넘고 인생으로부터 바랐던 모든 것을 경험할 것인지 선택할 수 있다.

얼마나 오래 함께했는지와 상관없이 기억은 우리가 그 기억을 어떻게 경험하고 해석하고 저장하느냐에 따라 우리 삶에 지속적으로 영향을 미칠 수 있다. 기억은 내가 지금 이곳에서 대응하는 방법과 미래 자신을 위해 선택하는 방향에 큰 영향력을 행사한다. 기억은 우리가 습관적으로 늘 걷는 길이다.

방해를 받지 않는다면 우리의 기억은 최적의 것 대신 익숙한 것을 선택하도록 요구할 수 있다. 두 선택지가 같은 거리에 있다고 해도 말이다. 익숙한 것을 선택함으로써 우리는 쉬운 길로 갈 수 있지만, 그 길로 가면서 관찰하거나 경험하게 되는 것이 우리가 바라는 것과 상반된다면 그 길을 계속 가는 것은 게으름의 문제가 된다.

논리적으로 판단하면 우리 대부분은 단 한 번의 사건이나 나쁜 하루, 심지어 연달아 겪게 된 나쁜 날들 때문에 남은 인생을 단축해서 살거나 우리가 누구인지에 대한 감각을 바꿔서는 안 된다는 것을 알고 있다. 마찬가지로 우리 대부분은 '내가 나쁜 짓을 했다'와 '나는 나쁜 사람이다', '나는 더 강해질 수 있다'와 '나는 약한 사람이다', '그는 더 이상 나를 사랑하지 않는다고 했다'와 '나는 사랑받지 못하는 사람이다'의 차이를 알고 있다. 그러나 뭔가에 압도당했을 때 논리적 판단은 온데간데없다.

재난이나 질병의 생존자들은 압도당하고 심지어 절망에 빠질 수 있다. 회복탄력성은 어떤 사건, 감정, 느낌이 인생 전체를 지배할 필요는 없다는 사실을 인식하고 받아들일 수 있게 해준다. 감정은 우리를 변화시키고, 진화시키고, 완전히 바꿔놓을 수 있다. 의지만 있다면 과거의 부정적인 사건에 대한 우리의 해석이나 관계를 확장하고 그 일을 통해 성장하는 데 도움을 받을 수도 있을 것이다. 우리가 품는 생각과 감정의 총합은 우리 삶의 대부분을 차지한다. 우리의 정체성은 우리가 처한 상황과 경험의 산물이라기보다는 우리가 스스로에게 들려주는 이야기와 우리 자신과 세상에 대한 신념의 결과물이다.

30초간 채워보는 특별한 페이지

이런 물음에 주목해보자. 현재 경험 중인 일을 바탕으로 나는 나에게 어떤 이야기를 들려주는가? 내가 속하기로 선택한 자아상은 무엇인가? 이 이야기들을 어떻게 만들어갈지 결정하는 것이 중요하다. 이야기들이 다시 나를 만들 수 있기 때문이다.

다음 빈칸을 가능한 한 빠르게 채워보자. 너무 오래 생각하지 않는다.

나는 늘 _____.	사람들은 _____.
나는 절대로 _____.	나는 _____ 해야 한다.
나는 _____ 할 수 없다.	나는 _____ 하겠다.
나는 _____ 할 수 있다.	삶은 _____.
나는 _____.	내 삶은 _____.

적은 내용을 확인해보자. 기분이 좋은 날에 적는다면 결과는 다음과 비슷할 것이다.

나는 늘 성공한다.	사람들은 정말이지 참 좋다!
나는 절대로 포기하지 않는다.	나는 나 자신과 하이파이브를 더 자주 해야 한다.
나는 내가 얼마나 멋진지 믿을 수 없다.	나는 다른 사람에게 멋진 사람이 되는 법을 가르쳐줘야겠다.
나는 무엇이든 할 수 있다.	삶은 항상 놀랍다.
나는 놀라운 사람이다.	내 삶은 특별하다.

하지만 기분이 좋지 않은 날에는 매우 다른 결과가 나올 것이다.

나는 늘 애쓴다.	사람들은 신뢰할 수 있는 대상이 아니다.
나는 절대로 성공하지 못한다.	나는 더욱 경계해야 한다.
나는 압박감을 견딜 수 없다.	나는 더 열심히 일하면서 나를 더 다그치겠다.
나는 내 꿈을 포기할 이유를 언제든 찾을 수 있다.	삶은 힘겹다.
나는 포기한다.	내 삶은 매우 힘들다.

나 자신에게 하는 이야기를 곰곰이 살펴보자. 내 삶을 형성하기를 바라는 서사는 무엇인가? 그 이야기를 유지해 나가자.

혼자 생각에 잠길 곳을 찾아라

라벤더 에센스 향은 내 어린 시절의 가장 안전하고 행복한 순
간을 떠올리게 해준다. 이 향을 맡으면 바로 나의 대모가 수십 년
간 사용한 깔끔하고 단정한 침대보가 머릿속에 그려진다. 대모
집은 우리 집에서 300미터밖에 떨어져 있지 않았지만 그 집에 가
면 완전히 다른 행성에 있는 것만 같았다.

대모의 작은 집을 채운 가구들은 대부분 오래 사용되고 사랑
받아온 것들이었다. 대모의 정원은 작았지만 늘 정성껏 관리되어
계절이 바뀔 때마다 자연이 주는 선물을 그대로 볼 수 있었다. 삐
거덕거리는 계단과 늘 바쁜 흰개미, 진한 나무 냄새는 대모의 집
이 하나의 생태계를 이루고 있음을 보여주었다.

특별한 날을 위해 차린 식사에는 '나누는 삶'을 기념하기 위해
신중히 고른 별미도 약간 포함되었다. 토론을 일으키는 관심과
시간과 공간은 늘 존재했고 그렇게 삶의 경험을 더 풍부하게 공
유할 수 있었다. 그런 대화는 대개 불쏘시개를 다듬거나 잼을 만
들거나 밭을 일구는 것 같은 일상생활에서 이루어졌다. 대모 집
에는 늘 할 일이 있었다. 안정감, 지속감, 목적의식, 통제감을 키
워주는 일들이었다. 막 수확한 배로 잼을 만든다든가, 이웃이 갖
다준 호두를 씻는다든가, 멋진 집 바닥에 10년은 더 깔 수 있도록

낡은 양탄자를 수선하는 일 말이다.

대모 집 구석구석에는 가족 역사에서 특별한 자리를 차지하는 물건들이 있었다. 각 물건의 가치는 금전적 값어치보다 그 물건에 얽힌 오래된 이야기로 결정되었다. 이 집에는 항상 대모와 나 뿐이었지만 나는 항상 세대를 아우르는 따뜻한 품에 안긴 듯한 느낌을 받았다. 이 집은 사랑, 추억, 소속감의 장소였다. 집 안 물건이 어디서 왔는지, 누가 사용했는지, 어떤 경로를 거쳐 여기까지 왔는지에 대한 이야기가 가족 간에 전해졌다.

이곳에서 나는 골동품의 의미를 배웠다. 나는 대모에게 왜 오래된 물건을 그토록 귀중히 여기는지 물었다.

"오래된 물건에는 역사가 있고 마음이 있기 때문이란다."

이 대답은 역사가 불러오는 감정에 집중하도록 해주었다. 내가 계속 지낸 집은 아니었지만 거기에는 내가 그곳의 일부가 되게 해주는 물건이 있었다. 긴 원피스 잠옷이 그중 하나였다. 대모가 열네 살 때 받은 잠옷으로 30년 후 내가 물려받았다. 내가 이 집에서 잘 때마다 잠옷은 늘 내 침대 위에 준비되어 있었다.

수년이 지난 후 나는 대모와 함께 가사 일을 하면서 나눈 깊은 대화는 대모가 선호하는 방식이 아니었다는 사실을 깨닫게 되었다. 그것은 대모가 나에게 있다고 여긴 상처를 치유해주기 위한 방법이었다. 대모는 내게 최대한 정성을 다해 새로운 경험을 마런해주었을 뿐만 아니라 내 생각과 성찰의 맥락을 바꿔주고 싶어 했다. 또 미래에 더 나은 곳을 찾을 수 있도록 내가 추억 속에서 평온을 느낄 공간을 마련해주고 내게 안정감을 주고 싶어 했다.

기억은 그 기억의 조각이 그 사람의 정체성의 일부로 자리 잡은 시절로 데려간다. 대모는 내가 잘 받아들일 수 있는 방식으로 조언을 해주려고 나를 당신 집의 일부가 되도록 했고, 그곳에서 쌓은 추억을 내 정체성의 일부로 삼아 앞으로 성장하는 데 활용하도록 나를 이끌어주었다. 대모는 자기 집을 내가 항상 소속감을 느끼는 곳으로 만들어주었고, 거기서 한 걸음 더 나아갔다.

대모의 집에서 나는 절대로 혼자가 아니었다. 그곳에서 내 마음은 추억의 복도를 따라 걸었고, 거기서 대화를 나누고 있으면 나는 가장 좋은 모습이 되었다. 대모는 내가 내 생각을 알아차리고 들을 수 있는 장소를 마련해주었다.

어느 날 대모는 내게 나만의 공간이라고 부를 수 있는 곳을 정하라는 숙제를 내주었다. 즉 내게 필요한 모든 것이 내 안에 있다는 것을 아는 상태로 혼자 앉아 생각에 잠길 수 있는 곳을 찾으라는 것이었다. 길 끝 두 강이 만나는 곳에는 버드나무 그늘에 선 큰 바위가 있었다. 그 바위를 거쳐간 여러 세대의 양치기와 아이들과 노인들이 버드나무 그늘에서 더위를 식혔을 모습이 떠올랐다. 나는 내 자리가 그 버드나무 아래 바위라고 생각했다.

다시 닻을 내리기

    의식의 기반이 되어주고 소속감을 불러일으키는 등 본능적 감각을 일깨우는 장소가 있다. 그곳과 연결될 때 우리는 다시 닻을 내릴 수 있다. 그러기 위해서는 우리를 능력 있고 가치 있는 존재로 바라보게 해주는 기억과 우리가 쉽게 사용할 수 있는 도구를 활용해야 한다. 중요한 시련을 겪는 동안이나 그 이후에 다시 닻을 내릴 수 있다면 더 온전하고 강하고 진정성 있는 모습으로 시련에 대응할 수 있을 것이다. 실제로 있는 장소에 관한 기억이나 명상과 시각화를 통해 마음속에 만든 장소를 이용해서 말이다.

    다시 닻을 내린다는 것은 수동적으로나 무의식적으로가 아니라 의도를 갖고 주변 환경에 관여하기 위해 기반을 다지는 것이다. 이를 통해 내가 불러일으키고자 하는 감정 상태로 현재에 참여할 수 있다.

    긍정적이거나 활성화된 소속감은 우리가 자신의 잠재력에 얼마나 효과적으로 몰두할 수 있는지를 예측한다. 이런 소속감은 우리의 잠재력을 최대한 끌어올릴 것이다. 소속감은 타고난 안정감을 제공하기 때문에 목적의식을 갖고 행동할 수 있게 해준다. 창의성을 뒷받침해주기도 한다. 다시 닻을 내리는 과정에서 얻은 인식은 두려움 대신 기회를 향해 효과적으로 방향을 잡게 한다.

나만의 장소를 떠올리기

나만의 버드나무 바위에 대한 기억을 불러내든, 마음속으로 그 바위와 같은 대상을 만들어내든, 다음의 시각화 기법은 긴장을 풀고 의식의 기반을 다지기 위해 고안된 것이다. 긴장을 풀고 의식의 기반을 다진 상태에서는 더 나은 결정을 내리고 감정을 더 잘 조절해서 회복탄력성을 원활하게 발휘할 수 있다.

- 방해받지 않는 안전하고 편안한 장소를 선택한다. 편한 자세로 눕거나 앉고 눈을 감는다.
- 마음속에서 천천히 조용한 곳으로 걷는다. 실제로 가본 곳도 좋고 마음속으로 상상한 곳도 좋다.
- 이곳에서 평화와 안정감을 누린다. 불안과 걱정은 내려놓는다. 지금 해야 할 유일한 일은 이 공간에 집중하는 것이다.
- 이곳에 있는 내 주변으로 무엇이 보이는가? 어떤 냄새와 소리, 장면이 느껴지는가? 멀리서는 뭐가 보이는가? 냄새를 맡고 소리를 듣고 느껴본다.
- 이 장소를 둘러보고 특별한 곳을 찾는다. 그곳으로 가는 최선의 길을 찾는다. 그 특별한 곳으로 향하는 동안 발밑에 느껴지는 바닥을 상상한다. 바닥은 어떤 느낌인가? 아름답고 따뜻한 모래 바닥인가, 이슬이 맺힌 잔디인가, 아니면 부드럽고 푹신한 카펫인가? 특별한 곳으로 가면서 무엇이 들리고 느

껴지고 맡아지는지 집중한다.

- 특별한 곳에 도착한다. 주변을 둘러본다. 이곳에 있으니 어떤 기분이 드는가? 무엇이 눈에 들어오는가? 이곳에 있는 무언가에 손을 뻗어 만진다. 어떤 느낌이 드는가?

- 이 특별한 장소에서 앉거나 눕는다. 완전히 편안해지는 데 필요한 것이 있다면 무엇이든 가져온다. 빛이 어떻게 달라지는지, 주변이 어떻게 변하는지 살피며 계속해서 편안하게 쉰다. 냄새와 소리를 느낀다. 나의 감정을 살핀다. 이곳은 나의 안전한 장소다. 이곳에 위험이 닥치면 나는 위험을 쫓아낼 수 있다. 3~5분간 안전하고 편안한 느낌을 살핀다. 풍경을 감상하고, 주변에 있는 것들을 만지고, 이 장소에서 나는 소리를 계속해서 흡수한다.

- 이 장소의 냄새, 모습, 소리, 느낌을 기억한다. 나는 언제든 이곳으로 돌아올 수 있다.

- 준비되었다면 들어온 길로 다시 나간다. 나가면서 이 공간이 나의 시각, 청각, 후각, 촉각에 제공한 모든 세밀한 특징에 주목한다.

- 이렇게 확언한다. "이곳은 내 장소이며 내가 원할 때 언제든 올 수 있다."

걱정하고 포기하기 전에

우리는 좋아지는 쪽으로든 나빠지는 쪽으로든 삶을 예측할 수 있다고 느끼게 해줄 패턴을 찾는다. 우리는 친숙한 패턴을 선택하기가 더 쉽다. 그것이 우리를 방해할 때조차도 말이다. 상황이 나아질 수 있다는 것을 알지만, 친숙한 패턴에 머무르기가 더 쉬울 때 우리 대부분은 능숙하게 믿음을 바꿔치기한다.

믿음을 바꿔치기하는 것은 절대로 의미 있는 결과를 만들어내지 않는다. '만약 ~한다면 ~할 것이다'라고 하는 것과 같기 때문이다. 우리가 매일 듣는 말이다.

"이건 마음에 들지 않지만 내가 아는 것이기 때문에 계속 대응해야 한다."

"만약 그가 변하면 나도 변하겠다고 맹세한다."

'~하면 ~하겠다'는 것은 단순하고 빈틈없이 통제된 조건에서만 해당한다. 예를 들어 이런 것이다.

"내가 토스트를 떨어뜨리면 버터를 바른 면이 땅에 닿을 것이다."

하지만 토스트가 떨어졌을 때 필연적으로 버터 바른 면이 땅에 닿는 것은 아니다. 그래도 그렇게 말하게 되는 이유는 우리가 보통 토스트를 버터 바른 면이 위로 향하게 들고 있다가 떨어뜨리며, 우리가 사용하는 식탁 높이가 서로 비슷하기 때문이다. 토스트가 떨어지는 높이와 토스트가 회전하는 속도를 바꾼다면 결과는 달라질 수 있다.

인생은 버터 바른 토스트처럼 단순하거나 쉽게 통제할 수 있는 조건에 놓이는 경우가 드물다. 우리는 대부분 회복탄력성을 시험해보기도 전에 회복탄력성을 소진한다. 잘못될 수 있는 일은 결국 잘못될 것이라는 머피의 법칙을 전제로 하기 때문이다. 이 법칙을 전제로 삼으면 우리는 이 등식을 방해할 수 있는 모든 요소를 무시하기로 선택하게 되는데, 그 요소들 중 가장 중요한 것은 우리 자신이다! 우리는 우리가 통제하거나 영향력을 행사할 수 없는 것에 대해 걱정하는 대신 성공에 필요한 조건을 갖출 수 있다. 기업가인 내 친구 칸은 이렇게 말했다.

"내게는 최고의 조건이 있어. 내가 최고의 조건을 만들었기 때문이지."

그리고 이렇게 덧붙였다.

"처지를 핑계 삼으면 안 돼. 자기한테 필요한 조건을 찾아야지. 그 조건을 찾을 수 없으면 만들어야 하고."

어떻게 하면 일상의 또 다른 그늘에서 벗어나 회복탄력성을 쌓고 넓힐 수 있을까?

소속감은 신뢰에 관한 것

특수부대원들이 인터뷰에서 전해준 메시지는 분명했다.

도전에 효과적으로 대처하고 불확실성 속에서 성공하려면 두려움, 박탈감, 부족함의 장소가 아닌 강인함의 장소에서 앞으로 나아갈 수 있는 자원을 확보해야 한다. 소속감은 이때 필수적인 소중한 자원이다.

특수부대원들은 자신을 믿고 상대적으로 고립된 상황에서 작업을 수행할 수 있도록 선택되고 훈련받지만, 이들의 회복탄력성을 세우는 결정적인 기둥 중 하나는 바로 소속감이다. 나는 이 사실이 놀라웠다.

특수부대원들이 보여야 하는 자기신뢰를 생각하면 머릿속에는 늘 뮌히하우젠 남작의 모습이 떠오른다. 뮌히하우젠은 소설 《허풍선이 남작의 모험》에 나오는 인물로, 때로는 덤벙거리며 자신의 목적을 위해 모험을 떠난다. 뮌히하우젠 남작은 자기신뢰가 대단했던 나머지 말을 타고 가다가 늪에 빠졌을 때 자기 머리카락을 들어 올려 늪에서 나올 수 있었다. 중력을 거스르는 것은 그렇다 쳐도 우리가 소속되지 않는다고 느낄 때 회복탄력성을 발휘하는 것은 거의 불가능하다고 할 수 있다.

소속감은 누구나 필요로 하는 회복탄력성의 기본적인 요소다. 하지만 회복탄력성을 키우는 소속감에는 주의할 점이 있다. 우리 자신과 우리를 진정으로 우리답게 만드는 요소에 대한 완전한 인식과 우리가 배운 교훈에서 비롯된 미묘한 차이가 있어야만 소속감을 위한 공간을 마련할 수 있다는 것이다.

재난과 질병의 생존자들은 종종 소속감을 언급하는데, 그 주된 이유는 소속감이 불확실성 속에서 성장하는 데 반드시 필요하기 때문이다. 그들은 유지할 만한 가치가 있는 소속감을 '가능성을 주는' 소속감이라고 부른다. 가능성을 주는 소속감은 그 원천이 물리적으로 가까운 곳에 있든, 지리상 또는 시간상으로 멀리 떨어져 있든 상관없이 우리를 채워주는 역할을 한다.

가능성을 주는 소속감은 가뭄 속 신념의 우물과도 같아요. 너무 오랫동안 압박이 쇄도하면 이런 생각이 들기 시작합니다. 내가 이 일을 해낼 수 있을까? 난 가치 있는 존재일까? 이때 신뢰하는 사람들에게 내가 어떤 존재인지, 그들은 나를 어떻게 판단하고 나에게서 무엇을 기대하고 바라는지 돌이켜봅니다. 그것만으로도 나는 추진력이 생기고 상상조차 하지 못할 꿈 너머로 회복탄력성을 유지하게 되죠.

또 다른 생존자는 모든 우물이 똑같이 만들어지는 것은 아니며 우리가 어디에 신뢰를 둘지 의식적으로 선택해야 한다고 조언한다. 소속감은 근본적으로 신뢰에 관한 것이다. 성장의 맥락에서 예측 가능성은 그 신뢰의 일부만 차지한다.

소속에 대한 신뢰는 우리가 소속되기로 선택한 '곳'의 역량과 온전함과 자비에 대한 냉철한 판단을 요구한다. 다음과 같은 질문으로 말이다.

- 이곳은 내 최고의 모습을 볼 수 있는가?
- 이곳은 내 최고의 모습을 보는 것을 목표로 하는가?
- 이곳은 내가 최선을 다해 기여할 수 있도록 나의 중요한 생명줄이자 기반이 되어줄 수 있는가?

누구와 함께할 것인가

우리는 곧 우리가 소속되기로 선택하는 집단이다. 그러니 듣기로 선택한 목소리에 주의를 기울여야 한다. 할머니가 이런 말씀을 하시는 것을 들은 사람이 있을 것이다.

"누구와 함께하는지를 신경 써야 한단다. 그들이 바로 네가 될 테니 말이야."

자신이 불법 조직이나 동네 커피 모임, 역기능 가정(기능이 정상적으로 작동하지 않는 가족으로 가난, 알코올 장애, 일 중독, 외도 등의 이유로 갈등이나 폭력 수준이 높으며 가족 일원이 학대와 방치 대상이 된다—옮긴이)에 속한다고 생각할 수 있다. 이런 그룹은 각각 자기 방식으로 얼마 동안 회복탄력성을 키우는 소속감을 줄 수 있다. 하지만 회복탄력성을 위한 소속감은 습관, 취미, 탈출에서 오는 스릴, 출생에 따라 지정된 가계도상의 위치에 관한 것이 아니다. 재난과 질병의 생존자들은 자신의 역량을 최대한 발휘하여 소속될 곳을 선택한다. 생존자들은 이런 소속감이 내가 인터뷰한 특수부대원 중 한 명이 말한 것처럼 "자신보다 더 크고, 혼자 있을 때보다 더 강하며, 초인적인 능력이 요구되는 일에 기여할 역량을 보호하고 성장시키기 위해 헌신하는" 모습으로 자신을 바라보게 한다는 것을 알고 있다.

강한 소속감은 시련이 닥쳤을 때, 심지어 물리적으로 소속감이나 지지로부터 멀어졌을 때도 회복탄력성을 위한 튼튼한 기둥 역할을 한다. 회복탄력성은 어떤 사람에게는 유기적인 가족의 소속감과 연결될 것이고, 어떤 사람에게는 가족을 넘어 문화적 또는 공동체적 소속감이나 공유된 믿음으로 확장될 것이다.

소속감을 줄 만한 대상을 생각해보기

소속감을 판단할 때 참고가 되는 대상을 곰곰이 생각해보고 가장 먼저 떠오르는 것을 나열하자. 직장, 직계 가족 및 확장 가족, 문화 집단 또는 사회 집단 등이 될 것이다. 내게 소속감을 자극하는 대상을 가능한 한 많이 떠올려본다. 그리고 하나씩 고려해본다. 이어서 내가 속한다고 생각하는 장소나 집단에 대해 다음 질문들을 해보자. 각 항목은 모두 소속감을 형성하는 데 중요하다.

- 나를 충족시키는가, 소진시키는가?
- 내 자신감을 높여주는가, 무너뜨리는가?
- 내 희망을 키우는가, 없애는가?
- 내 비전을 이끄는가, 마비시키는가?
- 내 성장을 촉진하는가, 방해하는가?

떠올려본 참고 대상이 당신을 격려하고, 성장시키고, 추진력을 주고, 발전시켜주기를 바란다. 그중 일부 혹은 전부가 그 반대 역할을 한다면 해당 집단이나 장소에 계속 속할지를 고려해야 한다. 엘리자베스가 회복탄력성을 갖기 위해 한 것처럼 말이다. 10년간 신중하게 고민하고 자신을 성찰하고 전문가의 도움을 받은 끝에 엘리자베스는 어머니와의 관계가 자신에게 해를 끼친다고 판단했고 그 관계에서 벗어나겠다고 결심했다. 하지만 소속감이 주는 긍정적인 면과 매번 맞지 않는다고 해서 가족과 관계를 끊거나 사회 집단에서 나올 필요는 없다.

실제로 사람이나 장소에 대한 소속감을 '한편으로는 이렇지만, 다른 한편으로는 저렇다'와 같은 표현으로 설명하게 되는 경우가 중간에 생길 수 있다. 예를 들어 내 예쁜 아들은 한편으로는 나에게 엄청난 기쁨을 채워주지만, 다른 한편으로는 힘이 넘치는 일곱 살짜리 아이답게 나를 소진시키기도 한다.

이런 순간에 있을 때 마주하는 도전 과제는 소속감을 느끼는 관계를 어떻게 신중하고 의미 있고 건설적으로 탐색할지 생각해보는 것이다. 즉 나에게 소속감을 제공해야 할 대상이 나를 힘들게 하는 상황에서도 회복탄력성을 유지할 수 있도록 소속감을 다루는 방식을 연구하고 적합하게 만들어가야 한다.

6

마음속에서 가능한 일은
삶에서도 가능하다

마리아의 이야기

마리아는 나의 스프링보드 다이빙 코치다. 불가리아의 수도 소피아에서 자란 그녀는 무서우면서도 동시에 사랑스러운, 무시 못 할 영향력을 가진 존재였다. 새로운 점프나 동작을 해야 할 때면 마리아는 어떻게 움직여야 가장 효과적일지 생각해보라면서 가능한 한 자세하게 마음으로 상상할 것을 주문했다. 그리고 물속에 들어가기 전에 그 과정을 마음속으로 계속해서 연습하라고 했다. 마리아는 늘 이렇게 말했다.

"마음으로 먼저 봐야 해요. 그렇게 명확하게 그리면 몸은 자연스레 따라올 거예요."

마리아가 시각화 이론에 관한 훈련을 받은 적이 있는지는 모르겠다. 어쩌면 직관적으로 시각화의 중요성을 알아차렸을 수도 있다. 그녀는 시각화가 미치는 영향을 적절한 시기에 실용적으로 보여주었다.

마리아는 마음속에 우리가 다이빙을 더 잘하는 모습을 상상하는 공간을 마련하라는 과제를 내주었다. 그녀는 몸을 움직여 복잡한 동작을 하기 전에 먼저 그 동작을 하는 것이 가능하다는 믿음을 품게 했다. 그리고 그 믿음은 결국 옳았다. 마음속으로 준비하지 않고 새로운 동작을 시도하거나, 두려움이나 실력 부족으로 당혹스러울 때마다 내 몸은 활동에 맞지 않는 움직임을 반복했다. 하지만 마음속으로 상당히 자세하게 여러 번 연습하면 어찌 된 일인지 근육은 더 잘 준비된 상태로 물속에서 같은 동작을 따라 하게 되었다.

마리아는 내 마음을 읽기도 했다. 내가 주어진 과제에 완전히 집중하고 있는지 아닌지를 단번에 알아보았다. 하루는 수영장에 고무줄을 가지고 와서 다이빙반 학생들에게 나눠 주었다. 처음에 나는 머리카락을 묶으라고 주는 줄 알았다. 하지만 머리카락 길이와 상관없이 모두에게 고무줄을 건넸다. 그리고는 고무줄을 우리 손목에 끼고 우리 뇌가 수영장에서 벗어나 있거나 우리가 하려는 동작과 멀어질 때 우리 몸이 어디에 있는지, 우리 발이 어디에 있는지를 확인하는 데 사용하라고 했다. 주어진 과제 앞에서 집중력이 흐트러질 때 손목 위 고무줄을 튕기라고 말이다. 그런 뒤에 의식의 기반을 다지고 목표와 도전에 임하는 방식에 온전히 집중하는 것이 다음 단계였다.

다이빙 훈련 초반에 나는 불안감으로 가득 찬 채 수영장에 도착하곤 했다. 하지만 곧 수영장에 있는 시간은 마리아가 아무리 힘들게 해도 하루 중 가장 기대되는 시간이 되었다. 최선을 다해서 고난도 점프를 해낼 때의 기쁨은 아주 큰 만족감을 주었다. 머지않아 나는 마리아의 훈련 방식이 내 삶의 다른 면, 즉 학업과 관계 맺기와 미래 계획 등에도 이어진다는 것을 깨달았다. 수영장에서 보낸 시간은 신체 동작을 연습하는 것보다 훨씬 많은 것을 가르쳐주었다. 다이빙은 내가 걱정한 대로 일어나지 않았다. 원하는 결과를 마음속으로 정하고 나면 내 몸은 그 계획을 어떻게 따라야 하는지 알게 되었다.

겨울에 나는 양말 위에 비닐봉지를 씌운 채로 다녔다. 우리 가족이 살던 아파트에서 수영장까지 걸어가는 동안 발이 어쩔 수 없이 젖는 속도를 늦추기 위해서였다. 마리아에게 수영장으로 걸어오는 동안 젖은 발가락이 아직도 얼어 있다고 말한 적도 있다. 한편 마리아는 언제나 깔끔한 운동복 차림을 하고서 수영장에 나왔다. 그런데 어느 날 마리아가 입은 바지가 젖어 있었다. 마리아의 집에는 세탁기가 없었고 얼마 전부터 수돗물이 나오지 않아 야외에 있는 싱크대에서 옷을 빨고 빨랫줄에 옷을 널어 세탁을 해결한다고 했다. 그날은 그만 옷을 건조하는 데 시간이 모자랐던 거였다.

이 모든 여건에도 불구하고 마리아는 미래의 스프링보드 다이빙 선수를 양성한다는 자신의 목적을 위해 발가락이 얼어버린 나의 하루와는 비교할 수 없는 희생을 감수하며 지내고 있었다. 마리아는 코치로서 크나큰 존경을 받을 자격이 있다. 선수로서 최고 수준에 올랐을 뿐만 아니라 이후 수십 년 동안 코치로서도 많은 희생을 치렀기 때문이다. 공산주의 정권 이후 불가리아에서는 스포츠를 위한 지원이 끊겼고 마리아는 자신이 한 일에 대한 보수를 받지 못했다. 따라서 우리를 훈련시킬 수 있으려면 일을 더 해야 했는데, 그중 하나가 훈련 시간 사이에 하는 수영장 청소였다. 마리아는 우리에게 늘 이렇게 말했다.

"마음속에서 가능한 일은 삶에서도 가능합니다."

삶이 아무리 힘들어도 마리아는 자신이 충만한 존재인 것을 의심하지 않았다.

부정적 생각을 떨쳐내고 '현재'에 속하기

스트레스, 걱정, 자기패배적인 생각, 불안 등은 내게서 지금 이 순간의 기회를 앗아갈 수 있다. 마치 내가 지금 있는 곳과 가고 싶은 곳 사이에 두꺼운 유리벽이 생긴 것과도 같다. 가고 싶은 곳이 보여도 도달하지는 못하는 상태다.

더 나은 곳을 향해 훌쩍 뛰어오르기 위해 얼마간 준비를 해왔어도 결정적인 순간에 부정적인 생각이 떠올라 나를 막을지도 모른다. 그런 순간에 통제력을 갖게 해주는 3가지 활동을 소개한다.

'그만!' 하고 외치기

마음속에 부정적인 생각이 들어오면 이렇게 외치는 자신을 상상해본다. '그만!' 권위와 자신감을 갖고 그렇게 말하는 나의 목소리를 떠올린다. 머릿속으로 '그만!'이라고 외쳐도 부정적인 생각이 멈추지 않는다면, 손목에 고무줄을 차고 '그만!' 하고 외치면서 고무줄을 튕긴다.

복식 호흡하기

호흡에 집중한다. 배로부터 길고 깊게 숨을 들이마시고 내쉰다. 한 손을 배 위에, 다른 손을 가슴 위에 얹고 숨의 흐름을 따른다. 숨을 들이마실 때 배가 부풀고, 내쉴 때 꺼지는 모습을 관찰한다.

숨을 내쉴 때 숫자를 센다. 마음을 비운다. 그렇게 깊은 숨을 네 번 비우고 나면 다시 하나부터 세기 시작한다. 긴장이 풀릴 때까지 계속한다. 마음속에서 부정적인 생각이 자리를 차지할 때마다 이 활동을 반복한다.

생각의 방향을 틀기

중요한 성취 혹은 긍정적인 사건을 떠올리거나, 앞으로 기대하는 상황이 펼쳐질 장소와 시간을 그려본다. 이 긍정적인 이미지나 기억과 연결된 감정을 마음속으로 명확하게 느껴본다. 이에 모든 감각을 동원한다.

시각화가 어렵다면 부정적인 흐름을 끊어보자. 달리기나 산책을 하러 나가거나, 좋아하는 사운드트랙을 듣거나, 삶에서 일어난 일 중에 기쁨을 주는 아끼는 장면을 떠올린다. 무엇을 하든 이때의 내 목적은 머릿속을 차지하는 것을 통제할 수 있다고 깨달으며 부정적인 생각의 흐름을 몰아내는 것이다.

'나는 할 수 있다', '나는 안전하다', '나는 유능하다', '나는 어려운 일을 할 줄 안다' 같은 주문을 되뇌어본다. 나만의 주문을 선택해 다시 한번 앞으로 나아가고자 하는 나를 발견할 때까지 몇 번이고 반복한다.

회복탄력성과 멀어지는 습관은 버리자

완전한 의지를 갖추고 목적에 충실하며 전념한다면 그 어떤 일도 능력 밖의 일이 되지 않을 것이다. 압박감은 나를 고갈시키는 것이 아니라 나에게 에너지를 주고, 나의 능력치를 높이고, 나를 성장시키고 재생시키는 것이어야 한다. 압박감은 몸의 언어다. 나를 고갈시키는 것은 압박감에 대한 나의 태도다.

우리는 대부분 시간을 물리적으로나 정신적으로나 익숙한 장소에서 보낸다. 심지어 그곳이 머물기에 가장 좋은 장소가 아니라는 사실을 알면서도 그곳을 다시 찾기도 한다. 가장 바람직한 행동이 아니라는 것을 알면서도 습관에 따라 행동하기도 한다. 우리의 뇌는 익숙한 것을 좋아하는데 압박을 받을 때 특히 더 그렇다. 우리는 더 나은 모습을 상상하기도 하지만 다시 습관적인 것에 이끌린다. 그래서 흔히 더 나은 습관을 선택하고 실천하기로 도전한다. 미국의 사업가이자 자선가인 워런 버핏은 1998년 플로리다 대학교에서 학생들을 대상으로 한 연설에서 이렇게 말했다.

습관의 사슬은 너무 가벼워서 느끼지도 못하지만, 나중에는 너무 무거워져서 끊을 수 없게 됩니다.

우리는 모두 습관에 기반한 스위치를 언제든 사용하는 데 익숙하다. 현 상태보다 좋게 행동하고, 느끼고, 생각할 수 있을 거라는 자각을 하게 되면 그 상황에서 빠져나가기 위해 습관을 찾는다. 가장 흔하게 찾는 스위치는 내가 '어쩌면 내일'이라고 부르는 스위치다.

- 어쩌면 내일 그 대화를 할 만큼 마음이 강해질지도 몰라.
- 어쩌면 내일 다음 단계에 필요한 능력을 발휘하기로 결심할 수 있을 거야.
- 어쩌면 내일 누군가가 나서서 내가 그 일을 하게 해줄지도 몰라.
- 어쩌면 내일 재정적으로 나아져서 건강/가족/열정에 집중할 수 있을지도 몰라.

이 모든 '어쩌면'은 우리가 눈과 정신과 마음을 활짝 연 채로 두 발을 굳게 딛고 서는 것을 가로막는 오래된 서사와 편견으로 가득하다. '어쩌면 내일'은 될지도 모르나 안 될 수도 있다. 회복탄력성은 현재에 가장 잘 발전하고 확장한다. '어쩌면 내일'은 우리가 다짐한 대로 행동하지 않는 한, 변하기 쉬운 모호한 일정이다.

회복탄력성은 새로운 습관을 만드는 데 따르는 불편함을 예상하더라도 변화하기로 결심할 때 이루어진다. 습관은 반복을 통해 습득되는 자동적이고 무의식적인 생각, 행동, 감정의 중복된 집합이다. 회복탄력성을 강화하는 것이든 고갈시키는 것이든 생각과 행동은 흔히 습관에 의해 생긴다. 우리 몸은 가장 일반적인 생각과 행동에 익숙해져 있다. 그 생각과 행동이 최적의 것이 아니더라도 더 쉽게 접근할 수 있기 때문이다. 우리 몸은 머리가 최적의 것을 선택하기 전에 습관적인 것을 더 빨리 작동시킨다.

기억은 마주할 것 같은 사람이나 경험에 대한 연상을 바탕으로 하루가 어떻게 전개될지 예측할 수 있는 단서를 제공한다. 그 결과 우리는 대부분 어제의 순간에서 이어지는 새로운 하루를 시작한다. 새로운 날을 시작하려 해도 끊임없이 과거를 되풀이한다. 미국 가수이자 작곡가, 밴드 리더였던 벅 오언스Buck Owens는 이렇게 말했다.

"나는 나라는 사람이고, 나라는 존재이며, 내가 하는 대로 하지 결코 다르게 하지 않을 것이다."

이 말은 회복탄력성에서 멀어지게 하는 습관의 목소리로 구분될 수 있다. 맥락을 모르는 상태에서 오언스의 말을 판단하지는 않겠다. 하지만 회복탄력성 관점에서 볼 때 이는 우리가 추구하는 것과는 정반대다. 고집과 어쩌면 근성을 강조하는 이런 태도는 회복탄력성과는 반대편에 있다.

회복탄력성은 더 나은 상태로 변하기 위한 열린 마음을 요구하는데, 내가 어제 누구였는지에 관한 기억은 때로 내가 오늘 될 수 있는 모습을 가로막는다. 내가 어떤 감정을 느끼는지는 보통 내가 떠올리는 기억과 그 기억에 관해 내가 습관적으로 선택하는 감정, 혹은 새로운 경험에 부여하는 감정의 영향을 받는다. 우리가 일부러 우리의 목표를 향해 선택하고 상상하고 움직이지 않는 한, 익숙한 과거는 머지않아 예측 가능한 미래가 될 것이다. 우리가 반복하는 모든 작은 행동은 생각과 감정을 습관화하고 이어서 우리의 다음 행동에도 영향을 미친다.

불안한 상태에서 새로운 것을 하고자 할 때 우리가 생각하고 느끼는 방식은 우리가 할 수 있는 행동을 결정짓는다. 나아지길 바라는 희망에도 불구하고 우리는 오늘부터 벗어나기를 바랐던 어제의 모습에 그대로 속하게 된다. 더 큰 회복탄력성을 쌓고 확장하고 유지하려면 행동과 일상이 목표와 뜻을 일치해야 한다.

명상과 마음챙김

우리는 종종 지나가는 인식의 순간에, 우리 삶을 위해 더 나은 선택을 고민하게 되는 꿈 같은 상태에 있을 때 회복탄력성이 더욱 필요하다는 것을 알아차린다. 우리는 자신을 다른 사람과 비교할 때, 혹은 우리가 존재하고 생각하고 느끼고 행동하는 것이 너무 무겁다는 것을 받아들일 때 더 나은 자신의 모습을 상상하게 된다.

생각만으로 습관적인 행동을 멈출 수는 없다. 행동이 필요하다. 앞에서 언급했던 어느 올림픽 선수의 말처럼 '비전과 땀'이 있어야 한다. 자신을 고갈시키는 습관보다 더 중요한 것이 무엇인지를 명확히 파악해서 그런 것들을 미래를 위한 흔들리지 않는 디딤돌로 삼고, 더 나은 습관을 강화해서 인생의 각본에 더하는 자신의 노력을 칭찬할 수 있어야 한다. 이럴 때 명상과 마음챙김이 도움이 될 수 있다.

명상과 마음챙김은 분석하려는 마음을 넘어서게 해준다. 순간에 집중하는 연습을 하면 지나가는 생각이나 기억, 예측에 일일이 영향을 받을 필요가 없다는 것을 깨닫게 된다. 또한 자신의 목표와 일치하는 생각, 느낌, 감정 외에는 관여할 필요가 없다는 것을 알게 되기 때문에 습관을 깨기도 한다.

명상과 마음챙김은 정말 중요한 변화를 시작할 수 있는 상태에 들어가도록 충분히 속도를 늦춰준다. 최적의 선택을 하도록 습관적인 일상의 속도를 늦추는 것은 회복탄력성을 위한 중요한 기술이다. 이를 통해 우리는 차분한 상태에 더 쉽게 접근할 수 있다.

시작은 작은 습관으로

　우리가 느끼는 감정의 강도는 우리 자신과 삶의 사건과 세상에 대한 예측에 화학적이고 신경학적으로 우리를 속박한다. 우리가 어떤 경험에 갇히게 되면 순간적인 감정은 기분이 되고, 기분은 기질이 되고, 기질은 성격 특성이 되어 삶의 다양한 상호작용에 적합하거나 부적합하게 작용할 수 있다. 생각과 감정은 같이 움직여서 세상과 그 안의 우리 위치에 대해 우리가 세우는 가정을 뒷받침해주는 경험들을 떠올리게 한다.

　생물학적으로 더 쉽게 접근할 수 있는 생각과 감정은 우리의 생존을 돕는 것처럼 보이는 것들로, 보통 경고 신호와 함께 찾아온다. 삶에 경고 메시지로 나타나는 이런 신호는 끈질기게 계속

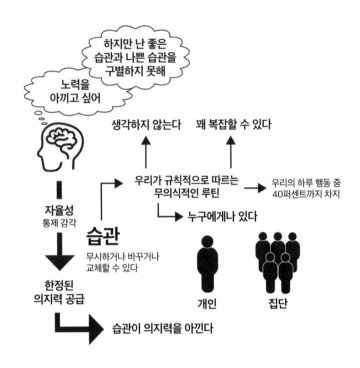

해서 등장한다. 이 경고는 우리가 걱정하고 되새기도록 이끌며,
걱정하고 되새길 이유를 찾아내기를 기대한다. 이 과정이 우리의
인식에 어떻게 작용하는지는 '미리미리 대처하는' 한 어머니의 말
을 통해 알 수 있다. 어머니는 아들에게 이런 메시지를 보낸다.

"아들아, 이제 걱정해야 할 때야. 자세한 내용은 나중에 다시
알려줄게."

회복탄력성을 키울 여건을 마련하려고 하는데 이런 경고가 나

타나는 것은 완벽한 스프링보드 다이빙을 하려는데 최악의 기억만 머릿속에서 재생되는 것과 마찬가지다. 우리 몸은 감정을 유발하는 경험과 생각에서 발생하는 감정의 차이를 알지 못한다.

변화에서 가장 어려운 부분은 이전에 그랬던 것처럼 같은 차선책을 선택하지 않는 것이다. 그리고 차선책보다 나은 선택을 습관이 될 때까지 반복해서 하는 것이다. 스스로에게 다음과 같은 질문을 던져보자.

- 마음속에 어떤 생각을 품고 간직하고 싶은가?
- 어떤 태도를 보이고 싶은가?

회복탄력성은 소속될 습관을 선택하고, 의식과 루틴을 선택하고, 더 나은 삶을 지원하는 생각, 행동, 감정을 습관화하는 데 있다. 회복탄력성은 매일 하는 행동으로 조절된다. 목표 달성에 도움이 되는 방식으로 행동할 때마다 회복탄력성을 습관화하는 것이다. 루틴과 습관을 맞추면 최적의 각본이 더 쉽게 따를 수 있는 각본이 될 것이고, 우리의 마음은 그 각본을 더 자신 있게 선택할 것이다.

Tool

나의 가치를 찾는 여정

이 도구는 강력한 훈련의 일부로, 나는 글로벌 최고 인재의 잠재력을 끌어내는 것을 목적으로 하는 훌륭한 단체와도 같은 활동을 진행한 바 있다. 산책하며 해도 좋다. 좋아하는 음악을 들으며 걷다가 잠시 멈춰 생각해보고 과제별로 기록해볼 것을 권한다. 순서대로 과제를 완수하며 당신의 여정을 즐기길 바란다.

과제 1. 나의 가치를 정의하기

다음 가치 목록 중 중요하다고 여기는 20가지에 동그라미를 치자. 중요하다고 생각하는 것이 목록에 없다면 추가한다.

독특함	가족	관대함	용기	의무	영성	열린 마음	겸손	협력	관계
신뢰	성취	공동체 지지	호기심	끈기	지식	투명성	사랑	신중함	목적
믿음	책임	자비	존엄	단순함	성장	융통성	성실	정의	평화
희망	자유	감사	인정	일과 삶의 균형	약속	정직	체력	번영	열의
반응성	기대	업적	유머	자기 통제	성공	행복	지지	진심	평등
충성	재미	보답	집중	자원의 풍족함	열정	영리함	지혜	우정	기타

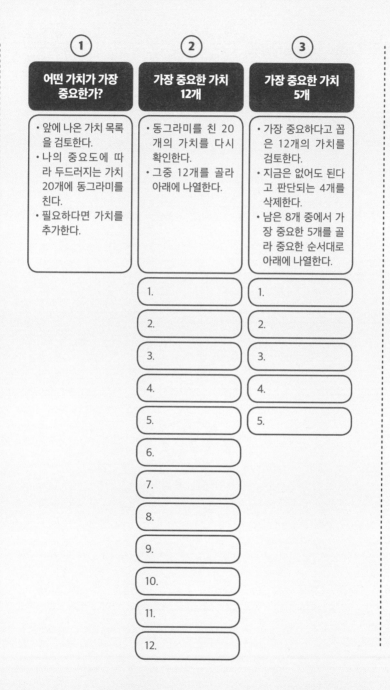

① 어떤 가치가 가장 중요한가?	② 가장 중요한 가치 12개	③ 가장 중요한 가치 5개
• 앞에 나온 가치 목록을 검토한다. • 나의 중요도에 따라 두드러지는 가치 20개에 동그라미를 친다. • 필요하다면 가치를 추가한다.	• 동그라미를 친 20개의 가치를 다시 확인한다. • 그중 12개를 골라 아래에 나열한다.	• 가장 중요하다고 꼽은 12개의 가치를 검토한다. • 지금은 없어도 된다고 판단되는 4개를 삭제한다. • 남은 8개 중에서 가장 중요한 5개를 골라 중요한 순서대로 아래에 나열한다.
	1.	1.
	2.	2.
	3.	3.
	4.	4.
	5.	5.
	6.	
	7.	
	8.	
	9.	
	10.	
	11.	
	12.	

과제 2. 생각하는 여정 1부

내가 지금 어디에 있고 어떻게 이곳에 있게 되었는지를 살핀 후 진심으로 감사한다. 다음 질문을 곰곰이 생각해보자.

- 내가 고른 가치들은 왜 내게 중요한가?
- 이 가치들은 나의 행동과 삶에 어떻게 영향을 미치는가?
- 내 삶에서 내가 현재 보여주는 가치들은 무엇인가?

과제 3. 내면의 나침반

5분간 조용히 앉아서 다음 질문을 생각해보자.

- 내 가치들의 발전에 영향을 미치는 것은 무엇인가?
- 내 가치들은 어디서 얻었는가?

이것은 나를 진정한 북쪽(나)으로 이끌어줄 내면의 나침반이다. 갖고 있는 가치들을 적고 그 가치들이 어디에서 왔는지 알아보기 위해 다음 질문에 답해보자.

- 이 가치들을 형성하는 데 누구의 도움을 받았는가?

- 가족으로부터 어떤 가치를 받았는가?

- 갖고 있는 가치 중 어떤 것을 사회나 타인이 준 영감에서 받았는가?

- 내가 발견한 가치 중에서 내게 중요했던 것은 무엇인가?

- 그 외에 가치를 얻게 된 곳이 있다면 어디인가?

과제 4. 생각하는 여정 2부

다음 페이지에 있는 빈 공간에 내 몸 전체의 윤곽을 그려보자. 그림 그리기 대회가 아니니 걱정할 필요는 없다! 얼굴과 머리카락 등 신체를 식별할 수 있는 특징도 넣는다. 나침반과 내가 그린 몸의 윤곽을 보고 솔직하게 물어본다. 나침반과 내 몸은 일치하는가? 내면의 나침반에 따라 인생을 여행하는 중인가?

우리 사회에는 '가치관 격차'라는 현상이 있다. 이는 때때로 사람들이 다른 목표를 달성하기 위해 자신의 개인적 가치를 타협하기를 요구받는(혹은 요구받는다고 생각하는) 것을 말한다. 사회에는 자신의 가치를 지키기 위해 종종 어려운 길을 가는 것에 대한 보상이 거의 없다(아예 없는 경우도 있다). 이 보상은 내적인 보상이다.

많은 사람이 매일 고민하는 논쟁적이고 어려운 문제다. 이 문제를 해결하려면 나의 가치관을 행동으로 실천하고 말하는 대로 실행해야 한다. 다음에 관해 생각해보자.

- 5개 주요 가치를 얼마나 따르며 살고 있는가?

- 나침반이 말하는 나라는 사람이 정말 나인가?

- 가치관대로 행동하며 살고 있는가?

- 가치관을 굽혀야 할 때 어떻게 하는가?

- 가치관을 굽히는 것이 나와 내 소중한 사람들에게 어떤 영향을 미치는가? 그럴 때 나는 무엇을 느끼는가? 어디에(머리, 가슴, 배, 등) 그런 느낌을 받는가?
- 내가 나침반에 충실하지 못하게 하는 것은 무엇인가?
- 가치관 격차는 어디에서 발생하는가?

어디에(머리, 가슴, 배, 등) 그런 느낌을 받는지를 조금 전에 그린 몸 윤곽에 적거나 표시한 후 다음에 관해 생각해보자.

- 때로 굽히게 되는 가치관은 무엇인가? 그렇게 하는 이유는?
- 가치관을 실천하는 데 있어 타협을 방해하는 요소는 어떤 역할을 하는가?
- 나의 가치관을 행동으로 실천하는 데 방해가 되는 장벽은 무엇인가?

과제 5. 새로운 지도
시간을 갖고 다음을 고민해보자.

- 나는 어떤 사람이 되고 싶은가?
- 내게 정말로 중요한 것은 무엇인가?

조용히 혼자 있을 수 있는 장소를 찾는다. 몸 그림과 나침반을 가이드 삼아 미래의 새로운 지도를 그려본다. 이는 내면의 나침반과 가치관에 맞게 살면서 목표를 어떻게 달성할지에 관한 계획의 시작이 될 것이다. 진정한 북쪽(나)을 향해 계속 나아갈 수 있도록 도와주는 도구가 되어줄 것이다. 다음 질문들을 생각해보자.

- 나는 어떤 사람이 되고 싶은가?
- 내게 정말로 중요한 것은 무엇인가?
- 둘 사이의 격차를 어떻게 메울 것인가?
- 현재 삶에서 충분히 적용하지 못하고 있는 가치에 초점을 맞추기 위해 취할 수 있는 중요한 행동 한두 가지는 무엇인가?

과제 6. 끝까지 이어가기

몸 그림으로 돌아가 그림에 적은 것을 이런 격차를 해소하겠다는 의지를 표현하는 문구로 바꿔 다시 써보자. 일부를 지워도 좋다. 자기에게 맞게 고쳐보자. 내가 선택한 5개의 가치는 자아감과 만족감 혹은 행복감의 핵심이 되는 가치들이다. 이 가치들을 굽혀야 하는 일은 반드시 없어야 한다. 그렇지 않으면 회복탄력성에 영향을 미치게 될 것이다.

우리가 누구인지, 무엇을 소중히 여기고 지지하는지를 알고 그것에 닻을 내려야 한다. 우리의 행동이 항상 우리의 깊은 신념을 반영하지는 않겠지만, 우리의 가치관이 분명하면 주변 상황이 무너지고 있는 것처럼 보여도 굳건히 우리의 자리를 지킬 수 있다. 우리의 나침반은 우리가 진정한 북쪽(나)으로 향하는 길에서 벗어나지 않도록 도와줄 것이다. 이 나침반을 통해 회복탄력적이며 책임감 있는 진정한 자아, 가장 중요하게는 되고 싶은 자아와 소통할 수 있다.

우리의 가치와 행동 사이에는 격차가 있을 것이다. 그 격차를 메우는 것은 모두에게 지속적인 고역이다. 그 격차를 알아차리지 못한 채, 가치와 행동에 더 잘 부합하는 방식으로 그 격차를 메우려고 노력하지 않는다면, 아무리 큰 외부 보상이 있더라도 지금 하는 일에서 의미를 찾지 못할 가능성이 크다.

진행 정도를 확인하며 진정한 북쪽(나)으로 가는 길을 계속해서 따라간다면 우리의 가치는 진화하고 성숙해질 것이다. 우리 역시 성장하고 그 성장에 만족할 것이다. 조용한 곳을 찾아 다음 내용을 곰곰이 생각해보자.

- 내가 가고 싶은 방향으로 가기 위해서는 앞으로 24시간 이내에 어떤 단계로 나아가야 할까?
- 누가 나를 지지해줄 수 있을까?
- 누가 나를 지지할 것인가?

충분히 생각한 후 다음 질문에 대한 답을 써보자.

- 현재 잘 따르고 있어서 만족하는 가치는 무엇인가?
- 만족도를 높이기 위해 어떤 가치에 더 맞춰 살고 싶은가?
- 내 가치에 맞춰 사는 데 방해하는 요소는 무엇인가?
- 그런 방해 요소에는 어떤 믿음이나 가정이 연결되어 있는가?
- 그 믿음이나 가정은 사실인가? 그걸 어떻게 아는가?
- 새로운 행동, 다른 행동을 취하려면 무엇을 믿어야 할까?

7

소속되어 더 나은
존재가 되기

장교 M의 이야기

장교 M은 국제 특수부대 단체의 부대원이다. 그는 대단히 겸
손한 반면 그 명성이 뛰어나다. 그에 대해서는 명백하게 초인적
인 능력과 흔들리지 않는 책임감, 그리고 부러운 회복탄력성에
관한 이야기가 들린다.

또래 세대 병사들과 달리 M은 민간인으로서나 군인으로서나
많은 일을 해왔다. 군 복무를 중단하고 전 세계 자선 단체와 활동
한 적도 여러 번 있다. 자신의 가족사에서 영향을 받아 어린이와
도움이 필요한 사람들을 돕기 위해 꾸준히 노력을 기울이고 있다.

M의 막강한 강점과 취약점은 같다. 바로 재난이 닥쳤을 때 국제단체가 나설 때까지 절대로 참을성 있게 기다리지 못하는 것이다. 가장 먼저 현장으로 달려가는 그는 자신을 가장 필요로 하는 사람을 위해 봉사하는 삶을 살기로 결심했다.

"어디선가 도움이 필요하다는 것을 알게 되면 내 마음은 즉시 가능한 한 많은 사람을 위해 조금이라도 변화를 줄 방법을 탐구하고 고민하는 데 몰두하게 됩니다. 변화시킬 무언가를 늘 찾을 수 있어요. 작은 변화라도 모든 것을 잃은 사람에게 희망의 순간이 된다면, 그것이야말로 내게는 가장 큰 보상이 되고 그 보상을 얻기 위해 어떤 대가도 기꺼이 치를 의향이 있습니다. 하나의 변화는 아무리 작거나 짧게 지속되더라도 기하급수적으로 영향을 미칠 수 있습니다."

희망과 결단력, 기쁨으로 가득 찬 그의 눈은 그의 나이보다 젊어 보인다. 그의 다리는 가만히 있지 못해서 이리저리 뛰어다닌다. 아무리 대화에 집중하고 있더라도 몸은 위기가 고조되는 것을 막을 수 있다는 듯 언제든 반응할 준비가 되어 있는 것 같다. 그의 명료한 감각은 늘 준비된 상태를 유지한다. M은 아무리 칙칙한 공간이라도 소중히 여기며 축하하고 존중할 만한 공간으로 바꾸는 존재감을 가졌다. 지금 이 순간에 대한 헌신을 보여주려는 듯 그는 항상 최선을 다하는 모습을 보인다.

특수부대 구성원 대부분이 그렇듯 M도 삶을 숭고하게 인식하는 듯하다. 따지고 보면 그들은 자신보다 더 큰 대의를 추구하다가 목숨을 잃을 수도 있는 일에 지원한 사람들이니 말이다. M은 가장 복합적인 도전들을 극복하기도 했지만 늘 기뻐하고 감사하며 생기와 희망에 가득 차 있기도 하다. 그는 과거에 겪은 고생에 대해 말하기보다 미래에 생길 기회와 나눔에 대해 이야기하는 것을 선호한다. 또 다른 사람의 이야기에 귀 기울이고 질문하는 데 관심이 많은데, M과 교류하는 모든 사람이 자신이 그 순간에 M과 함께하는 가장 가치 있는 사람이라고 느낄 정도다.

세상에서 가장 불안하고 위험한 곳에 있기로 선택했는데 어떻게 희망을 유지하고 기쁨을 누렸는지를 물어보니 그는 이렇게 답했다.

"간단해요. 나 혼자서는 근본적인 변화를 만들 수 없다는 사실을 인정하는 거죠. 내가 그곳에 있다고 해서 문제가 사라지지는 않겠죠. 혼자서 세계 분쟁이나 기근을 막을 수 없다는 걸 오래전에 받아들였어요. 하지만 혼란을 잠시나마 진정시킬 수 있는 작은 행동을 할 능력과 기회가 있다는 것은 알고 있죠. 내가 누군가의 고통을 아주 작은 순간이나마 줄여줄 수 있다면 그걸로 만족해요. 이런 일은 내게 엄청난 기쁨을 주고 삶의 목적을 발견하게 해줘요. 매일 행동할 수 있고 그렇게 행동하기로 선택하는 데서 기쁨을 느낍니다."

무엇이 M을 그렇게 살도록 지탱해주는지 묻자, 그는 주저 없이 답했다.

"우리가 마주치게 되는 복잡하고 불확실한 일들이 너무나 많아요. 그 일들은 우리를 빠르게 덮치죠. 이때 헤쳐 나갈 수 있게 도와주는 유일한 장비는 모험심, 탐구하는 마인드셋, 그리고 모든 미묘한 변수에 적응할 수 있는 준비성뿐입니다. 호기심은 모험심을 키웁니다. 인생을 잘 살다 보면 하나의 이정표를 달성하게 되고, 그 성취를 기념하기도 전에 달성해야 할 목표와 실행할 수 있는 선행이 더 많다는 것을 알게 될 거예요. 그래서 목표에 도달하면 항상 조금 더 나아가야 한다는 사실을 깨닫게 되는 거죠. 호기심이 없다면 이 끊임없는 성장과 배움의 과정을 감당할 수 없을 겁니다."

"하나의 변화는 아무리 작거나 짧게 지속되더라도 기하급수적으로 영향을 미칠 수 있습니다"라는 말과 "매일 행동할 수 있고 그렇게 행동하기로 선택하는 데서 기쁨을 느낍니다"라는 그의 두 마디가 특히 기억에 남는다. 우리는 매일 행동할 수 있고 그 행동을 선택한다. 특히 할 수 있다는 것을 알면서도 하지 않고 다른 길을 선택했을 때를 생각하게 된다. M의 길을 막지는 않지만 우리의 길은 막는 방해물은 무엇일까?

장교 M은 병사 A를 떠올리게 했다. 병사 A는 "막막하다고 느낄 땐 다른 사람의 삶을 개선하는 데 열중하는 것도 좋습니다"라고 말하며 장교 M과 비슷한 견해를 내비쳤다. "잠시일지라도 내가 다른 사람의 삶을 개선할 수 있을 뿐만 아니라 그렇게 누군가의 삶에 영향을 미치는 힘이 있다는 믿음을 되찾을 수 있을 테니까요"라고 말이다. 더 나은 존재가 되어 주변도 더 좋게 만들라는 조언이 바로 이것이다. 회복탄력성은 처한 상황을 개선하거나 주변 사람들을 도울 방법을 찾을 때 유지되고 성장한다.

구심점 되기

우리는 모두 서로에게 놀랍고 긍정적인 영향을 미치는 사람이 될 수 있다. 친절한 말 한마디, 상대를 위하는 몸짓이나 도움의 손길은 그것을 받는 사람에게 소속감을 주고 더 나은 여건을 제공하는 변화를 일으킬 수 있다. 또한 우리 자신의 회복탄력성에도 직접적으로 기여할 수 있다.

잠시 시간을 내어 주목해보자. 누구에게 지금 당장 더 나은 쪽으로 방향을 틀도록 도움을 줄 수 있을까? 이를 위해 내가 할 수 있는 일은 낯선 사람에게 미소를 보내거나 동료의 장점을 인정해주는 것 같은 사소한 행동일 수도 있다. 친구에게 뜻밖의 감사 문자를 보내는 것일 수도 있다. 큰 행동이든 작은 행동이든 해서 더 나은 방향으로 변화시키는 구심점이 되도록 하고, 자신의 강점과 개선될 잠재력에 집중해보자.

우리는 영웅

내가 인터뷰한 특수부대원 중 한 명은 이렇게 말했다.

"잠은 부족하고 몸은 쑤시고 배는 고플 때, 좋아하는 음악을 마음속에 틀어놓으면 장애물 코스를 더 쉽게 통과할 수 있어요."

물론 자기가 아끼는 음악이 담긴 실제 사운드트랙을 언급했을 수도 있지만, 그의 말은 그 이상을 의미한다. 인생의 장애물을 넘어서는 자신을 보기 위해서는 마음속에서 재생하는 사운드트랙에 과거에 성공한 이야기와 극복할 수 없을 것 같았던 일을 극복한 기억을 담아야 한다. 그 이야기를 마음속에서 재생하면 미소를 지은 채 장애물을 넘을 가능성도 커진다.

내 안의 영웅을 생각하기

우리는 우리 안의 영웅을, 우리의 강점과 특별함과 훌륭한 재능을 귀중하게 여기는 경우가 거의 없다. 우리는 모두 언제든 더 좋아지고 발전할 수 있다. 하지만 능력의 최고치를 발휘하고 성공하기 위해서는 강점이 있는 곳에서부터 시작해야 한다. 시간을 두고 나에게 진정으로 집중해보자. 다음 질문에 답하며 내 안에 있는 영웅에 대해 숙고해보자.

- 내 안에 있는 영웅은 누구인가?
- 나를 움직이는 것은 무엇이며 그것은 왜 나를 움직이는가?
- 내가 미치는 영향력을 어떻게 확장할 수 있을까?
- 가장 좋은 상태의 나는 어떤 사람이며, 어떻게 하면 나의 다른 모습을 약화 시키고 나의 가장 좋은 모습을 확장할 수 있을까?

3장

Curiosity

'호기심'은
가능성을 선사한다

8

'기회'의 문을 여는
호기심이라는 열쇠

한 사람의 호기심이 여럿의 목숨을 구하다

나는 호기심 덕에 이렇게 살아 있다. 2012년 유엔에서는 이스라엘, 레바논, 요르단, 시리아, 이집트에서 활동하는 120명의 국제 유엔군 옵서버를 선발했는데 나도 포함되었다. 파견 초반에 우리 팀은 이스라엘과 요르단 국경에 맞닿은 시리아의 알 잠라 마을 근처의 유엔 제58관측소에 배치되었다. 이 지역에서는 한동안 긴장이 격화되었기 때문에 우리는 분위기에 어느 정도 익숙해져 있었다. 그러던 중 봄이 절정이던 어느 날, 반군과 시리아군 간에 격렬한 교전이 일었고 그 사이에 갇힌 우리는 1960년대식 1.5

제곱미터 크기의 지하 벙커에 며칠간 몸을 숨겨야 했다.

벙커에서 할 수 있었던 일은 돌담을 통해 들리는 소리를 보고 하는 것뿐이었다. 한번은 우리가 주로 사용하던 건물에 포탄이 떨어져 주방 위 콘크리트 지붕이 무너지기도 했다. 우리는 탈출할 기회가 있을 때를 대비해 다양한 행동 계획을 세우는 데 집중했다. 그러다 지칠 때면 농담이나 터무니없었던 경험을 공유하며 기운을 차려보기도 했다. 사실 우리가 처한 상황이 얼마나 심각한지는 며칠 후 벙커에서 나오기 전까지는 드러나지 않았다.

알 잠라를 떠나는 길에서 우리는 황폐한 풍경을 마주했다. 불과 며칠 전까지만 해도 들판에서 풀을 뜯던 소들은 더 이상 온전하지 않았다. 소들은 가축을 키우는 가족의 주요 생계 수단이었고 절대로 버려서는 안 되는 친구이자 가족이었다. 마을은 전부 폐허가 되어 있었다. 그곳을 나오는 동안 흐르는 정적에 귀가 먹먹할 정도였다. 알 잠라에서 살아남은 사람이 있기는 했을까?

우리를 이 궁지에서 벗어나게 해줄 수 있는 통로는 유엔의 외교 창구가 아니었다. 우리는 만난 적이 없었지만, 근처 검문소에서 반군 조직원과 대화를 나눈 적이 있는 어느 유엔군 병사 한 명이 휴전 창구를 마련해주었다.

이 유엔군 병사는 몇 주 동안 이 검문소를 지나며, 어떻게 이곳까지 왔는지 콘크리트 건물 폐허에 피신해 있는 반군을 보게 됐다. 유엔군 병사는 그가 궁금했다. 춥고 비가 내리던 어느 날 그의 호기심이 이겼다. 이 유엔군 병사가 반군이 지키던 검문소에 들러 따뜻한 커피를 나눠 마시기로 마음먹은 것이다. 그는 비와 추위에 시달리고 있던 같은 처지인 사람에게 잠깐 휴식을 취하게 해주려는 마음 외에 다른 의도는 없었다. 이야기를 나누다 보니 둘은 나이도, 자녀 수도, 가족과 멀리 떨어져 있는 신세도 같다는 사실을 알게 되었다. 두 사람 모두 무사히 집으로 돌아가기를, 자신과 사랑하는 사람들이 더 나은 미래를 맞이하기를 바랐다.

일주일 후, 뜻밖의 우연으로 맺어진 두 사람의 관계를 통해 짧게 휴전한다는 타협이 이루어졌다. 이로써 우리는 초토화된 관측소에서 안전하게 철수할 수 있게 됐다. 한 사람의 순수한 호기심 덕에 우리는 목숨을 구할 수 있었다.

나를 구한 건 무엇이었을까?

몇 달 후, 유엔 제52관측소가 내 집이 되었다. 그렇게 나는 시리아군과 다른 모든 전쟁 당사자가 이스라엘과 접경한 마을을 소총탄, 수류탄, 포탄 사격으로 무자비하게 공격하는 것을 지켜보았다. 우리는 쌍안경으로 관찰한 이 끔찍한 일들을 보고하기 위해 언덕 위에서 몇 달을 보냈지만, 아무리 열심히 보고서를 작성해도 이 상황에 영향을 미칠 힘이 없었다.

그러던 어느 추운 날 밤, 우리 관측소에 침입한 사람들 소리에 나는 잠에서 깼다. 머릿속에 여러 가능성이 스치는 와중에 그날 밤 숙직을 서던 동료 F가 옆방 작전실에서 구조 요청을 하는 소리가 들렸다. 내가 처음 떠올린 생각은 '유엔이 훈련하고 있나 보네. 늘 해온 충격과 공포 전략으로 우리를 시험하는 게 분명해'였다.

그러나 훈련이 아니라는 게 바로 밝혀졌다. 중무장한 민병들이 우리 건물에 몰려들었다. 침입자들은 들키지 않으려고 걸어서 언덕을 올라왔다. 출구로 여러 군데가 있었는데 어느 것도 이용할 수 없었다. 구조 요청은 우리 초소에서 약 15킬로미터 떨어진 곳에 주둔하고 있던 유엔군에게 전해졌지만, 그들이 제시간에 와줄 가능성은 희박했다.

그날 저녁, 침입자 중 한 명이 창문으로 내 방을 들여다보았다. 그때 내가 제일 먼저 알아차린 것은 그가 방 안에 있는 여자를 보고 깜짝 놀랐다는 것이다. 그의 반응에 이상하게도 용기가 생겼다. 그가 옷을 입는 나를 가만히 쳐다봤다면 나는 더 불안했을 것이다. 그들이 우리를 얼마 동안 관찰했다면 이곳에 여자가 있다는 사실을 미리 알았을 거라는 생각이 들었다.

그 병사는 막판에 무작위로 합류한 것일까? 그들 간에 정보가 충분하게 공유되지 않았던 걸까? 침입자들이 누구든 간에 모두가 같은 정보를 갖고 있지 않은 것은 분명했다. 이는 그들이 더 위험할 수도 있지만, 우리가 그들에게 영향을 미칠 수도 있다는 의미였다. 그들 간의 관계가 밀접하지 않다면 우리는 그들 중 일부와 거래를 시도하거나 대화를 나누면서 쉽게 친밀감을 쌓을 수 있으니 말이다. 우리가 상황을 통제할 수 있다는 환상을 유지하기 위해 우리의 머릿속은 쉴 새 없이 여러 가정을 세우고 있었다.

총성이 울리고 그들이 건물 안으로 쳐들어왔다. 이제 새로운 국면이 시작되고 있었다. 침입자 중 한 명이 내 손목을 잡았는데 추운 밤이었음에도 그의 손은 축축했다. 나는 그의 손아귀에서 손을 빼낸 다음 나를 잡기 전에 손을 닦으라고 손짓했다. 그가 긴장하고 있을 거라는 생각이 들자 희망과 기회가 엿보였다.

침입자들은 통역사를 통해 우리에게 말을 걸었다. 수염은 길고 눈빛은 부드러운 통역사는 테러리스트라기보다 선생님처럼 보였다. 그는 강제로 이곳에 온 걸까? 이번이 이 조직과 함께하는 그의 첫 임무라면 그는 더 위험할까, 덜 위험할까?

나와 동료들은 침입자들을 주시하는 동안 다른 이들보다 훨씬 당당하게 명령을 내리는 한 명을 발견했다. 그는 나머지 침입자들이 어떻게 자기 명령에 응하는지 감시하는 듯했다. 침입자들의 지도자 같았다. 우리가 너무 많은 인력으로 제압된 것은 분명했다.

우리는 고작 세 명에 무기도 없는데 중무장한 민병 서른여덟 명이 우리를 인질로 잡았으니 말이다.

　매우 불안정한 상황에 처한 와중에도 우리는 계속해서 정보를 수집했다. 그들을 분석하고 있다는 사실만으로도 통제감을 느꼈다. 어쩌면 우리보다 더 큰 무리에 영향을 미치고 그들에 맞서 우리 자신을 방어할 기회가 있지 않을까 생각했다. 우리의 머리는 관찰하고, 예상하고, 가정하고, 이론을 세우고, 감정을 알아차리느라 바빴다.

　어떻게 전개되든 간에 나는 우리를 인질로 잡은 이들에 대한 자세한 정보를 수집해서 복귀 후에 공유하려고 했다. 살아서 돌아가지 못할 수도 있다는 생각은 한참 후에야 떠올랐다. 나는 자기인식, 대인관계 인식, 상황 인식에 초점을 맞추었다. 생존에 중점을 두다 보니 우리를 감금한 사람들의 동기가 궁금해졌다. 그들은 우리가 나오는 '나쁜 영상을 찍으려고' 한다고 했다. 당시 대립 중인 무리가 선전 수단으로 '적'의 목을 자르는 영상이 우려스러울 정도로 인터넷에 자주 올라왔다. 동영상의 목적은 권위와 타협하지 않겠다는 의지를 보여주고 당연하게도 협박을 위한 것이었다.

　우리가 침입자들이 표현한 대로 그들의 의도를 곰곰이 생각했다면, 우리는 그들의 계획을 의심할 이유가 없었을 것이고 우리가 곤경에 처했다고 완전히 믿었을 것이다!

한밤중에 총구의 협박을 받으며 밖으로 나오니 위협은 극심해졌다. 논리적으로 판단해보니 이 상황은 우리에게 좋지 않게 끝날 것이며 모든 면에서 해롭겠다는 결론에 도달하게 되었다. 바로 그날 아침 동료 F와 나는 그늘진 콘크리트 플랫폼에서 훈련을 했다. 근처 스피커에서 프로디지의 〈마인드필즈〉가 크게 흘러나오는 동안 우리는 이번 파견 임무에서 정신이 받는 긴장에 맞게 몸을 단련하기 위해 짧은 운동 세트를 했다. 북유럽 출신인 F와 불가리아 출신 뉴질랜드인인 나는 당시 노래 제목을 〈마인필즈Minefields〉라고 착각했는데 우리가 처한 상황을 볼 때 그 단어가 적절했기 때문이다(마인필즈'는 원래 제목 '마인드필즈Mindfields'와 발음은 비슷하나 '지뢰밭'이라는 뜻이다—옮긴이). 얼마 후 근처 지뢰밭으로 끌려가는 동안 F가 틈을 타 내게 이렇게 말했다.

"우리 정말로 지뢰밭으로 가고 있잖아!"

나는 피식 웃었다. 그리고 갑자기 이런 생각이 들었다.

'괜찮아. 우린 이겨낼 수 있어. 아주 짧은 순간이지만 이렇게 기분 전환도 할 수 있잖아.'

이렇게 통제력과 자기효능감을 느껴보니 공포가 있던 자리에 희망이 들어선 것을 알 수 있었다.

침입자들은 우리를 비르 알 아잠 마을로 데려가 버려진 어느 큰 집에 가두었다. 그 집에 살던 가족의 소중한 삶은 떠나지 못하고 파괴의 먼지로 뒤덮인 채 남아 있었다. 이 집과 전혀 어울리지 않는 종류의 먼지였다! 마을의 다른 모든 집과 마찬가지로 이 집 역시 서둘러 빠져나간 흔적이 보였다. 스스로 집을 나섰을까? 산 채로 나섰을까? 어느 쪽이든 이제 마을은 이 가족이 살았을 때의 모습과는 딴판이 되어 있었다.

버려진 집에서 우리가 보낸 밤은 이전 몇 개월간 우리가 지켜본 다른 밤들과 다를 게 없었다. 화염과 폭발 소리에 휩싸인 밤이었다. 다만 이제 우리의 감각에는 유엔군 장교에게 기대하는 공정성과 객관성이 들어설 자리가 없었다. 지금 우리는 그동안 우리가 '객관적으로' 관찰해온 먼지와 터무니없는 상황과 산만함의 중심에 들어와 있었다.

그들은 우리가 서로에게 말하지 못하게 했다. 어느 순간이든 그들 중 최소 여섯 명이 우리가 있는 방에 같이 있었고 열 명도 넘는 인원이 대기할 때도 있었다. 그들은 때때로 서로에게 손짓하며 다투기도 했다. 큰 소리와 폭발음이 들릴 때마다 우리 셋은 무의식적으로 몸을 움츠렸으나 평온한 침입자들에게 파괴의 소리는 그냥 지나가는 소음일 뿐이었다. 전쟁은 비인간적으로 그들의 일부가 되었다.

어느 순간 침입자 중 한 명이 우리에게 다가왔다. 화가 난 그는 지갑으로 보이는 물건에 있던 사진 하나를 가리켰다. 사진 속 그의 가족과 아이들이 전부 죽었다고 했다. 한참을 논쟁하고, 이의를 제기하고, 풀어달라고 애원했더니 그들 중 가장 나이가 많은 위엄 있는 70대 남성이 우리의 주목을 끌었다. 그들 사이에서도 갑작스러운 일인 듯했다. 그는 먼지 쌓인 낡은 아랍어—영어 사전에서 '겸허함'이라는 단어를 가리켰고 그렇게 상황은 종료됐다. 우리는 풀려났다!

우리의 포로 신세는 시작만큼이나 갑작스럽게 끝이 났다. 겸허함은 그들 사이에서만 퍼져 있던 게 아니라 우리에게도 마찬가지였다. 우리는 마을에 도착한 방법 그대로, 즉 지뢰밭을 가로질러 걸으며 안전한 곳으로 돌아갔다. 걷는 동안 우리의 마음은 희망과 존경과 호기심과 사랑으로 벅차올랐다. 우리는 침입자들이 제공해준 접대를 경험한 후 '집'으로 돌아갔다. 우리를 학대할 수도 있었을 사람들의 삶과 마음을 들여다보게 된 일이었다.

시리아에서는 회복탄력성에 관한 나의 연구를 형성하고 연구의 틀을 잡아준 동시에 인간의 본성에는 틀이 없다는 것을 증명해준 수많은 순간이 있었다. 그곳에서 우리는 사제 폭발물이 가득한 거리를 순찰하고, 활기차고 화려한 도시가 끔찍한 파괴의 공간으로 변하는 것을 지켜봤으며, 총격전이 도시를 갈기갈기 찢는 동안 아이들이 침착하게 걸어서 등교하는 것을 목격하고, 불길과 상상할 수 없는 고통에 휩싸인 밤을 지새웠다. 그런 뒤 절대 믿기지 않는 이런 일들을 객관적이고 공정하게 보고했다.

관측소로 돌아온 후 우리는 우리의 집이었던 곳을 되찾기로 결심했다. 우리는 경험에서 얻은 이런 교훈을 정리하고 싶었다.

- 내가 누구인지를 알고 내 강점을 굳건히 유지한다.
- 두려움에 휘둘리지 않는다.
- 의심, 두려움, 예상이 주는 고통은 희망과 비견할 수 없다. 이 중 무엇을 마음에 품을 것인지는 나한테 달렸다.
- 목표를 향하는 힘이 부족하다면 잠시 멈추고 다른 사람들을 위한 활동으로 전환한다.
- 마지막 순간까지 호기심과 경이감을 유지한다.
- 어떤 경험이든 의미가 없는 것처럼 보여도 거기서 배울 것을 찾는다. 그렇게 얻은 교훈이 언제 유용할지는 모르는 일이다.
- 탐험을 절대로 멈추지 않는다. 멀리 보이는 희망의 빛이 어두워지는 것 같아도 말이다.
- 계획을 포기하지 않고 목표에 완전히 몰입한다.

일 년 후 나는 뉴질랜드 명문 대학인 와이카토 대학교에서 전략경영, 기업가 정신, 지속가능성을 전문으로 연구하는 캐스린 파블로비치Kathryn Pavlovich 교수님의 사무실을 방문했다. 내 경험에 관해 이야기를 나누던 중 파블로비치 교수님은 나를 인생의 전환점이 될 통찰로 이끌었다. 교수님이 물었다.

"그렇다면 무엇이 당신을 구한 걸까요? 당신의 호기심이 도움을 주었을까요?"

그 순간 '호기심'이라는 단어가 내게 새로운 의미로 다가왔다.

회복탄력성 영웅들의 호기심

많은 사람이 회복탄력성을 잃었다고 느낄 때만 회복탄력성에 대해 관심을 갖는다. 회복탄력성이 심각하게 부족할 때만 도움이 되는 전략을 찾으려고 한다. 과정으로서의 회복탄력성에 대해 더 알아보려면 어려움을 극복한 사람들과 함께 회복탄력성을 탐구하고 그들에게서 회복탄력성을 키우는 데 필요한 것을 의도적으로 배우는 것이 좋다.

우리는 회복탄력성 영웅들이 일부러 도전을 찾았든, 원치 않는 도전을 마주했든 간에 모두 큰 호기심을 보였다는 사실을 발견했다. 그들의 성공에는 근본적으로 다른 마인드셋을 채택하고 '피해자가 아닌 승리자'가 되기로 한 선택이 밑바탕에 깔려 있었다.

나와 함께 일한 사람 중 기운을 가장 많이 북돋아준 사람은 패럴림픽 선수들이다. 한 선수는 내게 이렇게 말했다.

회복탄력성은 시련이나 좌절에 대해 승리를 주장하는 거예요. 시련보다 더 큰 자신을 보라고 다그치죠. 자기가 겪은 좌절 말고 그 좌절을 극복한 방법으로 자신을 정의해야 합니다. 승리를 주장하는 첫 단계는 도전과 마주하는 거예요. 매 순간 도전을 갈망하는 마음을 갖는 것만큼 회복탄력성에 좋은 건 없어요.

이는 언제나 우리와 주변 사람들과 바깥세상에 대한 호기심에서 시작된다. 회복탄력성에 대해서는 우리 모두 같은 재료로 구성되어 있다. 다만 어떤 사람은 이 재료를 활용하는 레시피를 배웠고, 그 레시피가 어떤 조건에서 어떻게 좀 더 잘 작동하는지 시험해보았을 뿐이다.

회복탄력성을 주어진 자질로 보지 말고, 중요한 방식으로 성장하기 위해 내릴 수 있는 일련의 결정들로 보면 좋겠다. 회복탄력성은 고정된 것이 아니라 유동적이다. 무엇에 어떻게 참여할지, 나와 주변을 위해 무엇을 구상할지, 무엇을 간직하고 버릴지, 그리고 가장 중요하게는 시련을 통해 성장할지 위축될지를 결정하는 것에 즉시, 점진적으로 이루어지는 피드백이다.

회복탄력성은 결국 선택의 문제다. 어떤 갈림길에서든 우리는 기회를 선택하거나 거부할 수 있다. 회복탄력적인 마인드셋을 갖추는 훈련을 해두지 않으면, 기회가 주어졌을 때 그 기회를 거절할 가능성이 크다. 하지만 호기심을 동력으로 삼는다면 회복탄력성을 사용할 기회가 생겼을 때 가급적 그 기회를 활용하려 할 것이다. 더 나아가 호기심이 많으면 감지할 수 없는 기회도 상상하고 만들어낼 수 있을 것이다.

도전을 받아들이고, 살피고, 그것에 착수할 때마다 우리는 적어도 눈앞의 일을 극복할 방법을 고민해볼 수 있다는 자신감을 얻는다. 결정의 폭을 넓히면서 생기는 자신감의 혜택은 즉시 나타나기도 하지만 시간이 지나면서 누적되는 형태로 나타나기도 한다. 기회를 받아들이는 결정을 계속해서 내림으로써 우리는 자신을 위한 진화되고 지속되고 누적되는 회복탄력성을 만들어내게 된다. 이런 결정에는 호기심이 작용한다. 호기심은 도전을 기회로 보게 한다. 즉 회복탄력성을 효과적으로 키우면 풍부한 기회를 만나게 된다. 그리고 호기심을 갖추는 것이 기회의 문을 여는 열쇠가 된다.

알렉산더 왓슨Alexander Watson이라는 심리학자는 제1차 세계대전 때 발생한 극도의 심리적 중압감을 연구했다. 그의 연구에 따르면 "전능한 전쟁으로 인한 마비"로 인해 회복탄력성이 무너진 병사들은 무언가에 대해 질문하기를 멈추었고 상황을 판단하는 해석도 그만두었다. 현대 전투에 관해서는 "병사들은 호기심을 자주 보였는데, 이는 그들이 처한 환경에 관한 정보를 수집하고 이에 대응하려는 시도를 나타낸 것"이며 새로운 대상에 대한 호기심을 유지하는 것은 목적이 뚜렷한 교전을 유지하고 궁극적으로 생존을 위해 중요했다고 밝혔다. 이 점은 기업가와 지도자부터 최고의 성과를 내는 운동선수, 군인, 재난 생존자까지 내가 회복탄력성에 관해 연구하고 작업해온 모든 대상에게서 공통적으로 본 모습이었다. 순간적으로 얼어붙거나 반응하기보다는 고민하고 대응책을 선택하는 능력이 회복탄력성의 핵심이다.

계속해서 질문하고 호기심을 갖는다면 우리는 모두 번영할 수 있다. 회복탄력성은 걱정하는 것보다 궁금해하고, 반추하는 것보다 곰곰이 생각하는 능력에 있다. 변화무쌍하고 불확실하고 예측 불가능한 환경에서 성공하는 사람들에게 호기심은 회복탄력성을 위한 수단이 아니라 그 자체로 목적이다. 호기심 상태에서는 해결하기보다 이해하려고 하고, 고치기보다 확장되려고 한다. 호기심은 해결책을 찾는 것이 아니라 가능성을 탐구하는 것이다.

이런 호기심은 불확실성 속에서 우리를 일으켜주는 초능력이 될 수 있다. 호기심은 회복탄력성의 역량을 뒷받침하고, 중대한 도전에 필요한 본질적인 생각으로 전환하는 기반이 된다. 이 마인드셋을 통해 우리는 도전을 피하기보다는 도전을 추구하고 즐기며, 상실에 집착하기보다는 기회를 탐색하고, 힘들었던 경험을 자꾸 되새기기보다는 배움을 추구하고, 위험을 걱정하기보다는 긍정적인 결과를 예상하는 역량을 발휘할 수 있다.

자기인식을 바탕으로 소속감에 의해 촉진되는 호기심은 도전과 시련, 좌절을 소중한 발전의 기회로 재구성하는 능력을 키우는 데 도움을 준다. 심지어 도전 욕구를 키우는 데도 도움을 줄 수 있다. 어느 회복탄력성 영웅의 말을 들어보자.

"호기심은 회복탄력성을 발휘할 기회를 제공함으로써 회복탄력성을 지원합니다."

그는 또 이렇게 덧붙였다.

"호기심을 보이면 기회의 창이 열려요. 예를 들어 특수부대 환경에서는 장애물을 통과하면 더 많은 불확실성과 압박감이 다가온다는 것만 아는 경우가 많죠. 호기심이 없다면 장애물을 보자마자 멈추고 벽에 부딪히게 될 겁니다."

나와 함께 일한 등산가, 기업가, 군인, 뛰어난 운동선수, 글로벌 리더에게 어떻게 호기심 역량을 키웠는지 물어보면 그들은 모두 "궁금해서…"라는 말로 대답을 시작한다.

높은 성과를 낸 사람들은 모두 다음에 일어날 일을 알고 있는 듯하다. 그들은 자신이나 주변에 일어나는 일에 영향을 받더라도 침착하고 평정심을 잃지 않는 것처럼 보인다. 이런 사람들은 현재 일어나고 있는 일에 대처하는 완벽한 도구, 상황이 어떻게 전개될지 상상하는 능력, 앞으로 무슨 일이 있어날지 알고 있다는 자신감, 그리고 무슨 일이 생기든 해결할 수 있는 적절한 기술을 가지고 있는 것 같다. 따라서 경험 많은 특수부대원들이 다음과 같은 말을 들려주었을 때 나는 크게 놀랄 수밖에 없었다.

우리는 그런 상황에 대해 간신히 알고 있을 뿐이에요. 우리가 전적으로 알고 헌신하는 부분은 우리가 보고자 하는 결과입니다. 호기심을 발휘한다면 목표를 향한 집중력을 잃지 않고도 모르는 영역에 도전하고, 갖고 있는 정보를 재정렬하고 조합해서 반대편으로 나아갈 수 있습니다.

인생을 잘 살면 언제나 가능성의 끝에 닿을 수 있을 거예요. 그곳에서는 모든 상황에 완전히 새로운, 적어도 자신에게는 새로운 요소를 발견할 겁니다. 따라서 그것에 맞춰 진화하고, 재조정하고, 다른 이들과 함께 창작하고, 새로운 것을 구축할 준비가 되어 있어야 합니다. 호기심은 실패나 위협에 대한 두려움으로 임무나 목표를 회피하는 대신, 계속 몰입하게 해줍니다. 호기심은 수단보다 결과에 집중할 수 있도록 빠르게 다시 초점을 맞추는 데 도움을 줍니다.

호기심을 가져야 하는 이유

호기심을 가지면 다음과 같은 이점이 있다.

- 긍정적인 결과를 추구하는 끈기가 생긴다.
- 기회에 열린 자세를 갖게 된다.
- 변화하는 일들에 맞춰 자원을 재배치한다.
- 지속적으로 학습할 수 있다.
- 자신의 능력에 대해 더 큰 자신감을 가지고 미지의 영역으로 들어서게 된다.
- 좌절 후에 더 빨리 회복할 수 있다.

호기심이 있으면 새로운 것을 탐구하고 싶어지는데 이는 큰 보람을 느끼게 한다. 잠재적인 보상을 생각하면 우리는 하는 일에 더욱 관여하게 되고, 따라서 무력해지거나 두렵거나 압도당할 위험이 줄어든다. 더 좋은 사람이 되거나, 더 많은 것을 배우거나, 도움을 구하는 방법을 배우는 등 많은 시련을 헤쳐 나갈 때 보상의 가능성에 집중할 수 있다면 어떨지 상상해보라.

호기심은 (탐험에) 집중하는 것과 (두려움 때문에) 집중하지 못하는 것의 차이를 의미할 수 있다. 해결책을 찾으려는 욕구 역시 버거운 여건 속에서도 정신적 방해물을 극복하는 데 도움이 될 수 있다.

호기심을 갖는 것은 자신을 증명하기보다 항상 자신을 개선할 방법을 찾는 것을 뜻한다. 호기심은 지식과 기술에서 부족한 부분을 인정하고 그 부분을 채우며 우발적인 위험과 계산된 위험을 구분하는 데 도움이 된다. 이런 것들이 함께 작용하여 자기 자신과 자기 능력을 더욱 신뢰하게 된다.

자아에 대한 감각이 더 명확해지면 타인에 대해 더 많은 호기심을 가질 수 있다. 타인을 판단하고 비판하는 대신 그 사람과 나 사이의 공통점이나 매력적인 차이점을 찾는 것이다. 타인을 이해하고 싶기 때문에 타인과 관계를 맺고 경험을 공유할 수 있게 된다.

호기심을 회복탄력성의 전제조건으로 여길 때 어떤 사람은 가상의 선 위에 자신의 호기심을 두고 낮거나 높은 수준으로 쉽게 표시할 것이다. 호기심은 우리 모두가 접근하고 개발할 수 있으며 계속해서 키워야 한다. 이를 위해 해야 할 일은 갖고 있는 호기심의 틀에서 더 자주 벗어나고, 호기심을 방해하는 사고, 감정, 행동 방식을 이해하며 변화하는 것이다.

Tool

내 호기심 평가하기

다음의 선에서 내 호기심 수준이 속하는 곳을 표시하자.

낮음   높음

낮음: 틀에 박힌 안전한 상태다. 내 관점을 신뢰하고 바꾸지 않는다.
높음: 새로운 생각에 열려 있다. 내 관점을 바꿀 마음이 있고 기꺼이 그 변화를
　　　받아들인다.

호기심 등급 선에 표시할 때 무엇을 고려했는가? 모든 것에 동시에 호기심을
보이는 것은 어려운 일이다. 특히 복잡하고 당혹스러운 요구나 중요한 도전에
대응해야 한다면 말이다. 호기심은 우리가 지치고 압박감을 느낄 때 줄어든다.
주변 사람이나 사건을 고정된 시각으로 본다고 느낄 때도 그렇다.

변화와 불확실성에 어떻게 대처하느냐에 따라 성장과 발전을 이끌어낼 수 있
다. 나를 발전시키기보다 내 영역을 증명하려는 욕구, 어제보다 잘하기보다 남
보다 잘하려는 욕구가 생길 수도 있다. 다음 질문을 스스로에게 던져보자.

• 호기심이 높거나 낮다고 평가했을 때 그렇게 평가한 기준은 무엇인가?
• 살아가는 방식과 환경에 대처하는 방식을 살펴보면 나는 호기심이 얼마나
　있다고 생각하는가?

- 내가 호기심을 갖는 대상은 무엇인가?

- 내가 호기심을 갖지 않는 대상은 무엇인가?

- 호기심이 없는 편이라면 어떤 관점과 아이디어, 방해물이 호기심을 막는다고 생각하는가?

- 호기심을 어떻게 활용하는가?

- 호기심이 나를 어떻게 고갈시키는가?

- 어떻게 하면 호기심을 더 잘 활용할 수 있을까?

호기심은 회복탄력성의 비밀 병기

회복탄력성을 연구하기 시작했을 때 나는 호기심을 피터 팬이나 잭 스패로와 같은 가상 인물의 모습, 즉 장난기에 영감, 경솔함, 신비로움이 섞인 모습으로 보았다. 따라서 특수부대원들에게 호기심에 대해 물어보는 게 껄끄러웠다. 병사 R을 인터뷰하는 도중에 나는 망설이다가 이렇게 물었다.

"호기심이 회복탄력성을 지지해준다고 생각하나요?"

R이 웃으며 말했다.

"당연하죠! 호기심은 회복탄력성에 매우 중요해요. 회복탄력성을 보일 기회에서 호기심이 어느 정도 요구됩니다. 매번 그래요."

그러면서 R은 자기 동료들을 묘사했다.

"우리는 각자 다를지 몰라도 모두 즐거운 기운이 넘치는 사람들이에요. 이런 우리가 다른 사람들과 다른 점은 우리는 상자 밖에서 생각하고 질문하는 능력이 있다는 거예요. 회복탄력성을 높이려면 적응할 준비, 더 나은 방법으로 행동하고 더 좋은 사람이 되려는 준비가 늘 되어 있어야 해요. 탈출구가 보이지 않는 듯할 때도 '이렇게 하면 어떨까?' 하고 질문할 수 있어야 하죠. 우리에게 강력한 힘이 있다면 그건 호기심에서 생겼을 거예요. 여기 배지에 적혀 있는 것처럼요."

그는 자신의 베레모를 가리켰다.

"이런 말이 수로 놓여 있죠. '위험을 무릅쓰고 도전하는 자가 승리한다.' 호기심은 그 핵심이 되고요. 우리 자체가 호기심입니다."

연구를 더 깊이 진행하게 되면서 정예 군인들은 생존을 위해 호기심을 일부러, 그리고 열심히 활용한다는 점이 분명해졌다. 호기심은 사소한 취향이 아니라 군인의 성취를 위한 필수 요소였다. 호기심을 통해 그들은 도전에 맞설 준비와 학습할 자세를 갖추었다. 다른 병사는 이렇게 말했다.

"때로는 목표를 향해 한 걸음 더 다가가면 어떻게 될지 알고 싶은 것만으로도 충분해요. 그렇게 하려면 호기심을 택하고 두려움을 버릴 줄 알아야 하죠."

호기심이 우리가 연습하고 실행하는 우리 존재의 일부가 되면, 우리는 주변의 변화나 자극, 사건에 반응하기 전에 잠시 행동을 멈출 수 있다. 또 비관적으로든 습관적으로든 우리가 쉽게 하게 되는 부정적인 예측도 중단할 수 있다.

9

호기심이란
목적을 품고 질문하는 것

병사 Y의 이야기

"호기심은 목적을 가지고 질문하는 것입니다. 살면서 도전할 것이 생기면 호기심은 내가 최선의 대응을 하도록 도와주죠."

자기가 겪어낸 가장 힘겨웠던 일을 내게 공유해준 병사 Y의 말이다.

반군은 자기들의 공격이 전투부대에게, 길에서 흙 묻은 공을 가지고 즐거움을 좇는 여섯 살짜리 아이에게, 시장에서 서성이는 이 아이의 불안한 어머니에게 어떤 영향을 미칠지를 전혀 고려하지 않는다. 아직 살아남은 가족에게 오늘은 건빵이 아닌 다른 음식을 줄 수 있기를 바라는 이 어머니의 희망은 반군에게는 아무런 의미가 없다.

땅거미가 진다. 지배하고 위협하려는 적의 의도가 본격적으로 드러난다. 그들이 민간인 지역에 발포하자 여름 폭우처럼 퍼붓는 총알은 안전을 찾아 달리는 모든 이들에게 고통을 준다. 고통을 멈추기 위해 신속히 출동한 소규모 군사 팀이 현장에 도착한다. 그들은 불규칙하게 움직이며 반군의 위치를 빠르게 찾아낸다. 반군 체포 임무를 맡은 병사 X가 갑자기 바닥에 쓰러진다.

고도의 훈련을 받은 의무병인 병사 Y는 서둘러 친구에게 달려가 그의 마지막 가쁜 숨소리를 듣는다. 고작 몇 시간 전에도 Y는 X의 가쁜 숨소리를 똑같이 들었었다. 다만 그때는 X가 복무 후의 별난 인생 계획을 말해놓고 그런 자기 말에 웃느라 컵에 담긴 인스턴트커피가 탁자 위에 쏟아지는 걸 가까스로 막아내며 숨을 헐떡였던 거였다. 그런 X에게 이제 자신의 별난 인생 계획을 실행할 시간은 사라졌다.

Y는 X를 도울 방법이 없다는 것을 안다. 이 절친한 친구가 마지막 긴 몇 초를 보내는 사이에 Y는 그의 친구를 쏜 살해범을 쳐다본다. 살해범 역시 부상을 입어서 살아 있기는 하지만 고통에 시달리고 있다. Y는 살해범에게 달려가 치료하기 시작한다. 살해범은 이제 Y의 환자가 되었다. 살해범을 평가하는 것은 Y의 역할

이 아니다. 그의 역할은 같은 인간을 돕는 것이다.

전쟁의 또 다른 피해자인 살해범의 상처에 붕대를 감으면서 Y는 자신의 가장 친한 친구와 이 환자의 유사점을 발견한다. 이 환자 역시 누군가의 아들이자 어쩌면 누군가의 부모이며, 이웃이자 전쟁의 공포에 시달리는 인간이다. Y는 여전히 고통스러웠지만 그럼에도 자기가 취해야 할 행동을 선택한다. 그의 목적은 무엇보다도 생명을 구하는 것이다. 이 목적을 뒷받침하는 것은 한 생명을 다른 생명보다 더 가치 있다고 판단해서는 안 된다는 가치관이다.

또한 군인으로서 그는 정의를 전하는 매체가 존재하며 자기 행동을 통해 정의를 어떻게 전하는지 보여줄 수 있다고 믿어야 했다. 그는 자신이 분노로 반응하면 자신도 증오 서사의 일부가 된다는 것을 알고 있었다. 그는 그의 환자가 살아서 정의와 과정이라는 체계가 존재한다는 것을 이해하기를 바랐다. 그는 환자의 삶이 이어져서 인류애를 증명하지 못했던 사람이 인류애의 본보기로 남기를 바랐다. 그래서 군인의 목숨이나 무고한 민간인의 생명을 빼앗기 위해 돌진하는 다음 테러리스트가 한순간이라도 머뭇거리게 된다면, 그 순간 그 1초의 망설임이 많은 사람의 생명을 구할 수 있는 잠재력이 될 터였다.

병사 Y가 이런 영웅다운 행동을 할 수 있었던 것은 그 일이 일어나기 훨씬 전에 분명하게 자기 목적을 인식했기 때문이다. 그의 목적이 명백했기 때문에 그 상황에서 그렇게 관여할 수 있었다. 그는 상황에 반응하지 않았다. 그는 상황에 관여했다.

친구를 잃은 비통함이 Y를 압도한 것은 맞다. 매해 8월이면 그는 그 친구가 죽지 않았다면 어디에서 무엇을 하고 있을지를 생각한다. 'X가 살아 있다면 지금 무엇을 하고 있을까?'라는 상상은 Y로 하여금 가능성으로 가득 찬 세상을 그릴 수 있게 했다.

Y는 자신이 그 일에 관여한 방식이 자신의 회복탄력성을 더 강하게 만들었다고 주장할 것이다. 그는 그 순간에 자신의 가치관과 목적을 시험받는 기회를 얻었고 이후 가치관과 목적을 깊게 발전시켜왔다. 제대한 후 그는 유엔과 다른 비영리 단체에 들어가 국제 무대에서 일했다. 그는 사업체와 공동체를 구축하는 작업에 참여했고, 무엇보다도 목적이 회복탄력성을 강화하는 방식을 더 이해할 수 있었다.

당시 상황을 처리하는 데는 호기심이 도움을 주었지만 그때 우연히 호기심을 활용하게 된 것은 아니다. 그는 호기심이 회복탄력성에 필수라는 사실을 알고 있었으며 그 일이 있기 전부터 키워온 호기심이 그때 증명된 것일 뿐이다. Y는 이렇게 말한다.

"호기심은 선택권을 마련하고 자기인식과 상황 인식이라는 결정적인 조치, 즉 '언제 어떻게 대처할 것인가'라는 생각에 접근하도록 도움을 줍니다. 호기심은 운명이 정해져 있는 것처럼 보이거나, 잘못된 선택이나 습관적인 반응이 정당해 보일 때도 비전을 위한 공간을 마련하고 비전을 확장할 여지를 제공하죠."

Y의 대응을 통해 우리는 언제나 주어진 상황을 개선할 방법이 있다는 것을 알 수 있다. 곤경은 시작점일 뿐이며, 호기심을 발휘하면 성장할 기회를, 호기심을 갖지 못하면 퇴보할 기회를 만나게 될 것이다.

회복탄력성은 반응이 아니다

어떤 상황에서는 반응하는 것만으로 충분하다. 실수로 뜨거운 무언가를 만지면 그것에서 손을 떼면 되고, 아이가 다가오는 차를 향해 가면 위험을 피하도록 확 끌어당기면 된다. 우리가 반응하도록 설계된 이런 단순한 상황에서는 선택지란 이것 아니면 저것이다. 가만히 있다가 다치거나, 움직여서 다가올 고통을 줄일 수 있다. 하지만 이런 양자택일 상황은 회복탄력성을 평가하는 자리가 아니다.

회복탄력성에 이르려면 반응 가지고는 안 된다. 회복탄력적이 되려면 우리의 뇌가 뜨거운 물건이나 달려오는 차 같은 상황을 많이 읽어내야 한다는 점을 받아들여야 한다. 회복탄력성은 반응이 아니라 우리가 내린 결정들이 기반이 된 과정이다. 눈앞에서 밝게 번쩍이는 불빛을 보고 단 하나의 중요한 결정을 내리면 될 때도 있지만, 그보다는 작게 시작해서 점점 커지는 일련의 핵심적인 결정들이 모여 회복탄력성을 이룰 때가 더 많다. 이런 결정들은 각각 우리 인생의 각본을 현저히 개선하는 데 기여한다.

이런 식으로 결정을 반복하면 깊은 인식과 자신감, 대응 능력으로 형성된 단단한 발판이자 디딤돌이 갖춰진다. 변화와 불확실성과 예측 불가능성 때문에 우리가 통제 불능 상태에 빠졌다고 느낄 때 이런 발판은 우리의 삶을 구할 수도 있다. 이 발판 위에서 우리는 성장을 위한 새로운 기회를 향해 도약할 수 있다.

회복탄력성을 충분히 훈련한다면 승진, 좌절, 해로운 인간관계, 짜증 내는 상사, 자기파괴적 행동, 골치 아픈 업무와 같은 일도 상황을 제대로 관찰하고 수용하고 탐색하고 학습하고 전환할 기회로 삼으려고 회복탄력성을 활용하게 될 것이다. 그런 기회는 뜨거운 물건이나 달려오는 차량처럼 단순한 반응의 대상이 아니다. 어느 특수부대원은 이렇게 말했다.

"두려움 때문에 처음에는 몸이 굳지만 이내 우리는 긴장을 풀게 됩니다. 두려움이 생기기 한참 전부터 제자리에서 동요하지 않고 선수 쳐서 최악의 상황을 예상하는 법을 배우죠."

가만히 있는 선택보다 움직이기로 하는 도전에 더 큰 장점이 있을 때 회복탄력성은 기회가 된다. 뜨거운 물건을 만지는 선택이 아니라면, 행동하는 것은 가만히 있는 것보다 언제나 더 나은 도전이다. 압박감을 피하려는 우리의 본능은 긍정적인 결과가 보장되지 않을 때 더욱 발휘한다. 원하는 결과가 달성 불가능한 것처럼 보일 때 우리는 그 압박감을 피하려고만 한다. 우리는 익숙한 것에 머무는 경향이 있다. 그게 최선이 아닐지라도 말이다. 문제는 성장과 치유는 압박감을 이겨내야 얻게 된다는 것이다.

한계에 도달했다고 느끼거나, 막다른 길에 다다른 것처럼 보이거나, 더는 앞으로 나아갈 수 없는 듯할 때도 회복탄력성을 발휘하는 것은 가능하다. 그런데도 우리는 가만히 서서 절망에 대처하려 한다. 압박감을 막연히 참아내는 것은 회복탄력성이 아니다. 근성일 뿐이다!

회복탄력성은 압박감을 더 효과적으로 확보해서 딛고 일어서는 발판으로 바꿀 수 있도록, 방해물 너머에서 기다리는 풍부한 잠재력을 알아챌 만큼 충분히 방해물 주변을 살필 수 있도록 시간의 흐름을 늦추고 우리의 관점을 바꿔준다. 관점의 변화는 길을 가로막은 바위도 무한한 기회의 땅으로 가는 디딤돌이 될 수 있음을 보여준다.

우리 뇌는 익숙함을 좋아하지만, 우리는 익숙하지 않은 길을 갈 때 성장한다는 것을 기억하자. 회복탄력성은 우리가 스스로에게 더 자주 제공해야 하는 가능성이며 이를 위해서는 호기심이라는 결정적인 요소가 작용해야 한다. 캐나다의 신경과학자 리사 펠드먼 배럿Lisa Feldman Barrett은 테드TED 강연에서 이렇게 말했다.

"우리가 특정 감정을 느끼는 것은 본능이라고 생각하겠지만 실은 그렇지 않습니다. 우리는 생각하는 것보다 우리 감정을 더 통제할 수 있어요. 감정은 본능이라서 특정 감정을 촉발하는 상황이 생기면 그 감정이 발생한다고 느낄지 모르지만 사실은 그렇지 않습니다."

배럿은 또 이렇게 언급했다.

"감정은 어떤 순간에 수십억의 뇌세포가 함께 작업해 구축하는 추측입니다. 이런 추측은 생각보다 통제하기가 수월하죠. 우리가 하는 예측은 기본적으로 두뇌가 평소에 작동하는 방식입니다. 예측은 우리가 겪는 모든 경험의 기초가 됩니다. 우리가 하는 모든 행동의 기초이고요. 예측은 본능입니다. 예측 덕분에 우리는 신속하고 효율적으로 세상을 이해할 수 있어요."

배럿은 감정을 다르게 구축하는 법을 배운다면 상황을 다르게 바라보고 경험할 수 있을 거라고 주장한다. 예측에 기반해 판단해서 뇌가 다른 결과를 예측하게 할 수도 있다. 스트레스, 불안, 정서적 고통의 측면에서 볼 때 뇌가 감정을 조절하는 것을 배럿은 "나비가 대형에 따라 날게 하는 일"이라고 부른다. 배럿은 이어서 이렇게 말했다.

"우리에게 일어난 것으로 보이는 감정은 사실 우리가 만들어낸 것입니다. 우리가 변하면 뇌가 감정을 만드는 데 사용하는 재료는 우리의 삶을 변화시키게 되어 있어요. 경험을 다르게 구성하는 방법을 배우면 정서적 고통과 그 고통이 삶에 미치는 영향을 줄일 수 있는 능력이 생긴다고 말씀드리고 싶네요."

호기심을 이용하면 투쟁/도피/경직 반응을 보이고 싶은 유혹은 줄어들고 그 자리에 침착함이 들어설 수 있다. 이 침착함은 마음과 존재 상태를 선택하고 자신의 최선의 모습에 부합하는 방식으로 경험의 결과를 형성하는 능력이다. 회복탄력성을 발휘할 기회를 받아들이면 이 상태에 도달할 수 있다.

10

중요한 일에
노력을 쏟는다

재닛의 이야기

심리학자인 나는 이 분야의 놀라운 종사자들과 함께 일하는 기회를 얻었다. 재닛도 그런 동료 중 하나다. 재닛은 유럽에서 임상심리사 자격을 받아 호주에서 근무한 후 고향인 남아프리카공화국으로 돌아갔다. 자기는 '구식'이라고 하지만, 재닛은 새롭거나 최첨단인 무언가를 대할 때 남보다 늘 열 걸음은 앞서 나가 있다. 다른 종사자들이 자신의 최상의 모습을 어느 정도까지 알고 있는지, 그리고 그 모습을 유지하기 위한 의지가 있는지를 정말로 시험함으로써 그들을 감독한 것으로도 유명했다. 재닛은 '온순한 종사자들', 즉 지위와 훈련, 영향력을 갖추었지만 '가장자리에서 우유부단하게 꾸물거리는' 사람들을 용납하지 않았다.

재닛은 타협하지 않는 자세로 업무에 임했다. 그녀의 작업은 수십 년간 세심하게 선별한 기법, 심도 있는 연구, 자비, 공감, 세대 간 트라우마 치유를 위한 헌신의 산물이었다. 그녀는 자기 일의 목적에 충실했으며 인종차별, 성차별, 연령차별, 또는 개인과 공동체의 번영을 저해하는 그 어떤 것도 참지 않았다. 생존자들의 마음을 치유하고, 강화하고, 해방함으로써 재닛은 자신이 아는 가장 영향력 있는 방법으로 개인과 공동체의 번영을 방해하거나 제한하는 모든 방해물과 싸우는 일을 자신의 사명으로 삼았다. 재닛은 자신이 관찰한 진실에 관해서는 무서울 정도로 솔직했다. 하지만 상대가 안전하고 보살핌을 받는다고 느끼는 방식으로 자신의 지혜를 전달하기도 했다.

내가 심리학자들의 수련회에서 재닛과 함께했을 때 재닛은 수년간 암과 싸워오다 생의 마지막 몇 개월을 보내고 있었다. 그곳에서 재닛은 사례 연구만큼이나 사례 연구를 발표한 우리에게도 집중했다. 그녀의 작업 속도는 따라잡기 힘들 정도였지만 열정은 전염성이 있었다. 그녀와 함께 일하고 싶은 마음이 계속 생겨났다.

우리는 극복하기만 한다면 우리 삶에 기하급수적인 변화를 불러올 수 있는 한 가지 도전 과제를 찾아서 수련회에 오라는 요청을 받았다. 그리고 그 도전 과제가 우리에게 왜 어려운지를 판단해야 했다. 우리가 각자 자기소개를 하고 사례를 발표하는 동안 재닛은 우리 말을 주의 깊게 듣는 것처럼 보였다. 우리의 발표가 끝나자 재닛은 환영 연설을 했다. 그녀는 정중하게 말했지만 메시지는 추궁하는 내용이었다.

"내 역할은 이 버스 정류장에서 여러분과 함께 앉아 있다가 여러분이 내일의 버스에 올라타는 것을 바라보는 것입니다. 그런데 솔직히 여러분이 신경 쓰는 것은 여러분이 현재 위치에 남은 이유를 들어줄 사람을 찾는 것뿐인 듯하네요. 난 그런 역할을 오래하지 않을 거예요. 다른 곳을 향하고 있나요, 아니면 힘들다고 내게 하소연하며 빈둥거릴 건가요? 어떻게 머릿속에 패배주의적인 이야기 덩어리를 담은 채 일어나 발표를 하는 건지 이해할 수가 없네요. 자의적으로 만든 불행의 원인을 해석하기 위해 두툼한 핑곗거리를 빌려와 계속 붙잡고 있으면 버스 문을 통과하지 못할 겁니다. 여러분 각자가 현재 어떤 상황인지까지 발표하는 것을 들으니 지루하고 지치네요. 이야기를 듣기만 했는데도요. 여러분이 들려준 이야기는 서로 다를 게 없어서 다 듣지 않아도 각 이야기의 기승전결을 쉽게 알 수 있을 정도였어요. 무슨 일이 있었는지는 난 관심 없어요. 일어날 일들은 일어나고, 사람들은 자기가 배우는 교훈을 선택하기 마련이죠. 난 여러분이 무엇을 배웠는지, 배운 것을 어떻게 여러분의 연료로 삼았는지, 내일로 가는 길에 다른 무엇을 더 확보해야 한다고 생각하는지에 관심이 있어요. 바로 그런 것에요! 그래서, 다음 장소로 향하는 중인가요? 그곳에 갈 때 무엇을 가지고 갈 건가요? 그리고 어떻게 하면 목표를 향해 수월하게 이동할 수 있을까요?"

재닛의 가르침은 이해하기 쉬웠다. 우리 모두가 생각하고, 느끼고, 행동해야 하는 내용이었다. 하지만 적어도 수련회를 시작하는 시점에서는 우리에게 가르침이 부족하다는 것을 우리는 모두 알고 있었다. 우리는 우리가 인식한 도전을 문제 삼고 있었고, 우리가 느끼는 긴장의 원인에 빠져들면서, 우리의 삶과 업무에서 더 나은 곳으로 이동하는 것을 스스로 막고 있었다. 우리에게는 신념과 상상력과 대안을 모색하는 호기심이 없었고, 따라서 더 나은 방향으로의 전환이 불가능했다. 재닛은 덧붙였다.

"이제 쉬는 시간을 드릴게요. 그리고 축하드립니다. 더 나은 방안이 있다는 것을 알고 느끼는 것만으로도 여러분은 예측하고, 탐구하고, 대안을 발견하고 있으니까요. 어렵게 들려서 두려워하고 있겠지만 여러분은 분명히 발전하고 있고 그 점이 가장 중요한 부분입니다. 또한 이동하는 방향에 출발점이 있을 수 있다는 것을 알 만큼 충분히 관찰하거나 상상하거나 지식을 축적했을 것입니다."

어려운 일은 중요하다

"선로가 어디로 향하는지 모르는 상태로는 절대로 기차에 타지 마라"라는 격언이 있다. 목적이라는 맥락에서 이 격언을 이해하면 좋겠다. 요즘엔 결정 자체를 못 해서 가만히 있는 사람이 많아지고 있다. 주저함은 나쁜 결정으로 이어진다.

더 나아져야 한다는 인식은 나아질 수 있음을 의미한다. 하지만 '더 나은' 상태로 가기 위해 양자 도약을 해서 도달하는 평행 우주는 존재하지 않는다. 중요한 일, 어려운 일은 항상 노력이 필요하다. 어떤 일이 어렵다면 그것은 회복탄력성을 쌓는 데 중요하다는 신호일 뿐이다.

이제 물어야 하는 질문은 더 나은 방향으로 일관된 행동을 취하기가 왜 그렇게 어려운가다. 그 이유는 현재 상태를 바꾸려면 노력을 들여야 하기 때문이다. 그러기 위해 상상력을 발휘하여 더 나은 상태가 어떤 모습일지 상상해야 한다. 상상할수록 현재 상태가 더 견디기 힘들게 느껴질 것이다. 변화를 일으키고 싶지만 힘들게 느껴진다면 꾸준함과 호기심이 현재 상태에서 이동하는 것을 도와줄 것이다.

우리가 스스로에게 주는 가장 큰 고통은 더 잘할 수 있다는 것을 알면서도, 현재 자신의 위치가 어디인지를 충분히 알면서도,

가만히 있는 것이 쉽다는 이유로 아무런 행동을 하지 않는 것이다. 우리에게 필요한 것은 이동 방향이다. 나머지는 우리가 시작하면 따라올 것이다. 그러니 가기로 정한 방향을 바라보며 이동을 시작하고, 되도록 멈추지 말자. 재닛의 말처럼 "이제 더 잘 알았으니 더 잘해야" 한다. 더 잘할 줄 알면서도 우리가 더 잘하는 것을 종종 방해하는 것은 미루는 태도다. 미루기와 관련해서도 잠재력을 발휘할 수 있는 비결이 있다.

미루기에 관하여

미루는 태도는 내가 있는 위치와 내가 있어야 한다고 생각하는 위치의 간격을 벌린다. 오늘 당장 해야 할 일이 있는가? 아니라고? 미루기 패턴을 깨지 못한다면 이 패턴과의 관계를 바꿀 수는 있다. 미루기의 목적은 뇌가 전소되는 것을 막는 것임을 이해하는 것으로 말이다. 미루기를 다루는 가장 지속 가능한 방법은 미루기와의 관계를 바꾸는 것이다.

미루는 태도가 나의 어떤 욕구를 충족시켜주는지 한번 생각해 볼 필요가 있다. 어떤 욕구를 충족시켜주는가? 미루는 습관을 바꾸고 그 습관에서 벗어나려면 몸과 뇌가 흥미를 보이고, 평정을 유지하고, 자신감을 챙겨야 한다. 그렇게 되기 위해 더 좋은 방법은 무엇이 있을까? 그 방법을 매일 실천하면서 충족되어야 하는 욕구에 유의해야 한다. 미루는 습관에서 벗어나고 싶다면 이 욕구를 확인해야 한다. 스스로에게 귀를 기울여보자.

'너무 피곤해. 이 일을 한다는 생각조차 하기 싫지만 어쨌든 해야겠지. 그러니까 뭔가 의미 있는 일이 일어나길 바라면서 의자에 앉아 일단 모니터나 쳐다봐야겠어.'

미루기는 내가 스스로에게 잔인하게 굴고 있다는 신호일 때가 있다. 앉아서 모니터만 멍하니 쳐다보는 대신, 잠시 멈춰서 실제로 원하는 것이 무엇인지 생각해보자. 선택의 폭을 넓혀보자.

배가 고픈데 눈앞에 감자칩 한 봉지가 있다면 그것을 먹겠는가? 당연히 먹을 것이다. 하지만 행동을 잠시 멈추고 무엇이 나에게 영양을 공급해주는지 생각한다면, 그리고 그렇게 해줄 음식이 부엌에도 있는 것을 안다면, 그래도 감자칩을 먹겠는가? 미루는 것도 마찬가지다. 잠시 시간을 내어 나를 최상의 상태에 있게 해주는 선택지로 어떤 것이 있는지 생각해본다. 내가 원하는 것은 가만히 앉아 있는 것인가, 아니면 창의력을 발휘하는 것인가? 피곤하다면 휴식을 취하는 것도 좋다.

나의 미루기 이야기

나의 미루기에 관한 이야기를 적어보자. 내가 무엇을 어떻게 피하는지를 묘사한다. 가급적 판단은 멈추고 객관적인 관찰자의 입장에서 단순히 내 태도를 서술해보자. 다음 사항을 참고하면 좋다.

• 무언가를 미룬 경험을 내가 생각하는 끔찍한 일이 아니라 신기하고 특이한 작은 버릇인 것처럼 적는다.

• 매우 세심하고 존중하는 자세로 임한다. 미루는 태도는 어떤 욕구를 충족시켜주는가? 미루기가 나를 무엇으로부터 보호해주려고 하는지 곰곰이 생각하고 탐구한다.

자기 이야기를 다시 쓰기

자신의 서사, 즉 자기가 사는 이야기를 바꾸고 싶다면 우선 이미 일어난 일을 받아들여야 한다. 받아들이는 것은 한 사건이 어떻게 끝이 났는지 기록하고, 어떤 교훈으로 앞으로 나아갈지 신중히 선택하는 것이다. 그 교훈이 사건의 결승선에서 항상 준비된 상태로 우리를 기다리는 것은 아니다. 종종 우리가 통제할 수 없을 것 같은 방식으로 우리와 함께 변하기도 한다. 끝난 사건에 대해 생각하지 않으려는 사람도 있지만, 사건을 자주 떠올리고 회상하는 사람도 있다.

나는 상담을 하면서 내담자들에게 종종 자기 이야기를 다시 써볼 것을 권한다. 이때 일어난 일을 통해 무엇을 배웠는지 스스로에게 물어야 한다고 조언한다. 회복탄력성을 가지려면 자신의 최상의 자세를 발견해서, 새로운 경험 때문에 균형을 잃을 때마다 그 자세를 되찾을 준비를 해야 한다. 단 한 번의 깨달음이 행복과 목적이 있는 다음 단계로 데려가주는 것은 절대 아니다. 발을 헛디디는 경우는 반드시 있다. 우리의 뇌, 삶, 기억은 우리가 내버려두면 반복해서 흘러간다.

R의 이야기

R은 응급 구조대원이며 전직 군인이다. 그의 아내와 아이는 10년도 더 전에 차 사고로 세상을 떠났다. 그는 가족의 죽음에 대해 자신과 주변 사람을 탓한다. 그의 삶은 만성적인 죄책감, 분노, 비판으로 가득한 음울한 황무지가 되었다. 그는 신앙에서 멀어졌고, 그렇게 그가 속했던 공동체에서도 나왔다.

"차 사고로 아이와 아내를 잃었어요. 10년도 넘은 일이지만 난 여전히 엉망이네요. 죄책감이 계속해서 나를 갉아먹고 있어요. 바쁜 일이 없으면 짙고 어두운 안개처럼 죄책감이 바로 밀려와요. 그런 기분을 없애려고 뭐든 해보죠. 아이가 있는 주위 가족을 보면 질투와 분노에 휩싸이게 돼요. 자기들이 뭘 누리는지 그들은 알까요? 그들처럼 될 수 있다면 뭐든 줄 수 있을 것 같아요. 수년간 슬픔과 죄책감으로 자기파괴적 행동도 하게 되었어요. 술도 지나치게 많이 마시고, 괜히 싸움을 걸고, 더 나은 상태로 나를 변화시켜주려는 친구와 가족도 피했죠. 고립된 생활을 하면서 다른 사람과 친밀한 관계를 맺을 수 있는 모든 가능성으로부터 도망쳤어요. 내 세상을 최소한으로만 남기고 닫아버렸습니다."

나는 R에게 자기 이야기를 다시 써보라고 했다. 그가 자기 이야기를 다시 쓴 내용은 다음과 같았다.

■ 이야기: 나는 차 사고로 아내와 아이를 잃었다.

이야기를 다시 쓰기 전	이야기를 다시 쓴 후
10년도 넘은 일이지만 난 여전히 엉망이다.	10년 넘게 나는 내가 한때 사랑을 많이 받았다는 사실에 깊이 감사하며 엉망이 된 내 삶을 변화시키려고 노력했다.
죄책감이 계속해서 나를 갉아먹고 있다.	내가 느낀 죄책감은 이미 일어난 일을 통제하려는 나의 방식이다. 이미 일어난 일은 바꾸지 못한다는 사실을 나는 받아들였다. 대신에 삶의 풍요로움과 복잡함에 깊이 감사하는 마음을 키웠다. 통제하려는 욕구를 내 앞에 있는 모든 것에 긍정적인 영향을 미치려는 노력으로 대체했다.
바쁜 일이 없으면 짙고 어두운 안개처럼 죄책감이 바로 밀려온다. 그런 기분을 없애려고 뭐든 해본다.	슬픔은 늘 내 안에 있을 것이다. 슬픔을 피하는 대신 슬픔이 오는 것을 느끼면 슬픔이 있을 공간을 마련해주고 사랑하는 가족과의 추억을 소중히 여긴다.
아이가 있는 주위 가족을 보면 질투와 분노에 휩싸인다. 자기들이 뭘 누리는지 그들은 알까? 그들처럼 될 수 있다면 뭐든 줄 수 있을 것 같다.	다른 이들을 질투하는 대신, 다른 이들의 아름다움을 보고 삶과 사랑의 마법을 감탄할 수 있는 강인함을 쌓았다. 이제 행복한 가족을 보면 조금의 강인함을 느낀다. 내게도 이런 선물 같은 감정이 있었다. 강인함을 느낄 수 있다는 사실에 감사하며 내 마음은 기쁨으로 가득 찬다.
수년간 슬픔과 죄책감으로 자기파괴적 행동도 하게 되었다. 술도 지나치게 많이 마시고, 괜히 싸움을 걸고, 더 나은 상태로 나를 변화시켜주려는 친구와 가족도 피했다.	다른 이들이 내가 어떻게 지내는지 연락해오고 내게 도움을 주려고 하면, 비록 그 시도가 어설프더라도 감사하게 받아들인다. 나는 보살핌과 사랑을 받을 만한 사람이다. 이런 치유가 내게 중요한 만큼 그들에게도 중요하다는 것을 안다. 나도 사랑과 관심으로 답하고 에너지를 얻는다. 주변 사람들이 날 돕게 함으로써 난 그들에게 힘을 준다.
친밀한 관계를 맺을 수 있는 모든 가능성으로부터 도망쳤다. 내 세상을 최소한으로만 남기고 닫아버렸다.	내가 이룬 가장 큰 전환은 주변에 세운 벽을 허문 것이다. 나는 숨을 이유가 없었다. 내 세상의 문을 열었고 그렇게 많은 사람들도 내가 느낀 감정을 느꼈다는 것을 알게 되었다. 이로써 나는 다른 이들에게 희망을 줄 수 있게 되었다.

비엔나의 이야기

비엔나는 연애에 연달아 실패했다. 그리고 자기도 모르게 연애 상대였던 남자와 오래전에 나눈 대화를 머릿속으로 되풀이하곤 했다.

'그래서 그가 이렇게 말했고 나는 저렇게 답했는데 내가 덧붙이기를….'

그간 있었던 모든 일은 그렇게 되어서는 안 됐다는 것을 확인시켜주었다고 비엔나는 생각했다. 정확하게 재료를 측정해서 제대로 순서를 따르면 모든 것이 올바르게 이루어지는 믿을 만한 요리 레시피처럼 연애 관계에도 정확한 레시피가 있을 거라고 생각했다.

"3년 전에 약혼자가 헤어지자고 했어요. 처음에는 내가 생각했던 인생의 '수준'을 유지하려고 애를 쓰며 무리하게 버텼어요. 그런데 이별과 이별을 불러온 배신이 인생의 모든 면에 영향을 미치더라고요. 그와의 관계에서 나는 주 소득원이 되려고 했어요. 우리가 함께 살면서 원하는 것은 다 가질 수 있도록 열과 성을 다해 일에 매진했죠. 우리는 첫 집도 장만했어요. 내가 계약금을 전부 부담할 수 있다는 게 매우 뿌듯했어요. 자녀 계획도 세웠죠. 10년 후에는 별장도 마련하고, 그때쯤이면 회사의 공동 경영자 자리까지 올라갔을 테니 우리 가족이 가게 될 여행도 미리 머릿속에 그려두었어요. 약혼자와 헤어지고 나서는 집을 팔아야 했어요. 이어서 서둘러 수많은 상대와 데이트를 했어요. 내 미래 계획에 알맞은 상대를 찾아야 했으니까요. 그렇게 하지 않으면 삶에 무슨 의미가 있겠어요. 임신할 수 있는 기간이 얼마 남지 않기도 했고요. 그렇게 내가 관계를 잃어버린 원인을 증오하고 탓하기 시작했어요. 계속 그 사람만 탓할 수는 없었으니까요. 그러다 보니 실적도 떨어지고 조직 내 지위도 내려갔어요. 그래서 그다음으로 내가 자란 방식과 성공해야만 가치 있는 사람이 되는 거라고 말하던 욕심 많은 부모를 원망하게 되었어요."

어느새 비엔나는 탓하고 비난할 대상이 남지 않았다는 사실을 깨달았다. 자신이 절망에 빠져 있다는 것도 알아차렸다. 완벽한 인생 계획이 무산된 것은 자기 잘못이 아니라고 해주는 증거라면 어떤 것이든 부여잡았다. 비엔나는 이렇게 말했다.

"어느 순간, 뭐가 됐든 책임을 돌릴 대상은 계속 찾을 수 있겠더라고요. 미국 정치든, 팬데믹이든, 소셜미디어든, 기후 위기든 간에 말이죠. 뭐든 상관없었어요. 그 무엇도 내 삶을 바꿀 수는 없었죠."

그렇다면 비엔나는 자기 이야기를 어떻게 다시 썼을까? 그 내용을 함께 읽어보자.

■ 이야기: 3년 전에 약혼자가 헤어지자고 했다.

이야기를 다시 쓰기 전	이야기를 다시 쓴 후
처음에는 내가 생각했던 인생의 '수준'을 유지하려고 애를 쓰며 무리하게 버텼다.	상실을 소화해낼 수 있을 만큼 충분히 슬픔에 잠겨 있어도 괜찮다는 것을 인정했다. 나를 위해 세운 미래를 떠나보내야 하는 고통을 받아들였다. 내가 지은 꿈에 작별 인사를 할 필요가 있었다. 그렇게 나는 내 계획을 잃어버린 사실이 내 행복이나 목적을 정의할 수는 없다는 사실을 수용했다! 그것은 하나의 계획이었을 뿐이니 말이다. 나는 앞으로 일어날 일이나 과거에 있었던 일 때문이 아니라, 상처가 있든 없든 지금 이 순간에 있는 내 모습 그대로 가치 있는 사람이다.
이별과 이별을 불러온 배신이 내 인생의 모든 면에 영향을 미쳤다. 그와의 관계에서 나는 주 소득원이 되려고 했다. 우리가 함께 살면서 원하는 것은 다 가질 수 있도록 열과 성을 다해 일에 매진했다. 우리는 첫 집도 장만했다. 내가 계약금을 전부 부담할 수 있다는 게 매우 뿌듯했다.	생각을 잠시 멈추고 나의 강점, 능력, 근성을 인식했다. 그리고 내가 나와 다른 이들을 부양할 수 있다는 사실을 받아들였다. 내 관대함과 의지력을 인정했다. 세상의 모든 책임을 짊어질 필요가 없다는 점도 깨달았다. 내가 다른 사람을 보살피려 하는 만큼 나도 보살핌을 받을 자격이 있다.
자녀 계획도 세웠다. 10년 후에는 별장도 마련하고, 그때쯤이면 회사의 공동 경영자 자리까지 올라갔을 테니 우리 가족이 가게 될 여행도 미리 머릿속에 그려두었다. 약혼자와 헤어지고 나서는 집을 팔아야 했다. 이어서 서둘러 수많은 상대와 데이트를 했다. 내 미래 계획에 알맞은 상대를 찾아야 했으니 말이다. 그렇게 하지 않으면 삶에 무슨 의미가 있겠는가. 임신할 수 있는 기간이 얼마 남지 않기도 했다.	가족에 대해 이토록 튼튼한 가치관을 세울 수 있어서 감사하게 생각한다. 아이를 갖고 싶은 나의 욕망은 남았지만 생물학적인 자식을 갖지 않아도 내가 가진 자원과 사랑을 나눌 방법은 수없이 많다는 사실을 알게 되었다. 중요한 것은 내 계획에 맞추기 위해 누군가를 쫓아다니지 않겠다고 결심한 것이다. 서두르지 않기로 마음먹은 이유는 나 자신과 함께하는 것을 진정으로 즐기는 법을 배웠기 때문이다.

내가 관계를 잃어버린 원인을 증오하고 탓하기 시작했다. 계속 그 사람만 탓할 수는 없었다. 그렇게 실적도 떨어지고 조직 내 지위도 내려갔다.	일감을 잃게 되면서 겸손함을 크게 얻었다. 세상은 이제 성공한 이들과 성공하지 못한 이들로 나뉘어 있지 않다. 우리는 모두 복잡한 삶을 헤쳐 나가는 인간이다. 내 마음을 솔직히 들여다보았고 나만 이런 경험을 한 게 아니라는 사실을 알게 되었다. 다들 때로는 힘들어하고 발을 헛딛기도 한다. 이런 순간을 통해 배울 수 있다면 그것으로 충분하다.
내가 자란 방식과 성공해야만 가치 있는 사람이라고 말하던 욕심 많은 부모를 원망했다.	잠시 멈추고 부모님으로부터 큰 사랑을 받은 것을 감사하게 생각했다. 부모님은 다른 시대를 사셨다. 내가 홀로 서서 최고의 삶을 경험할 수 있도록 가능한 한 높은 회복탄력성과 능력을 갖추기를 바라셨을 것이다. 부모님의 인정을 좇을 필요는 없다는 점도 깨달았다. 나만의 규칙을 세우고 따르면 된다. 이런 생각으로 부모님과의 관계도 깊어졌다.

내 이야기를 다시 써보는 연습

내가 인생에서 쌓아오거나 붙들어온 나를 고갈시키는 표현들을 떠올려보자. 그런 서술을 R과 비엔나처럼 어떻게 다시 써볼 수 있을까?

이 활동을 통해 관점을 바꿔본다. 관점을 바꿔 다른 결과를 내본다. 그 결과를 가능성으로 간주한다. 다른 방식으로 생각하거나 행동하거나 느껴야 하는 것은 아니다. 단순히 대안을 살펴보자는 것이다. 대안이 존재한다는 것을 깨닫고 그 대안을 실천하는 것을 그릴수록 회복탄력성을 키우고 유지할 수 있다.

갇혀 있다고 느낄 때 다른 방식으로 생각하고 느끼고 행동하는 법을 탐색한다면 회복탄력성에 접근할 수 있다. 대안이 모두 나 자신에게 맞는 것은 아니며, 그중 일부는 모든 익숙한 절망이나 과거의 압박감이나 미래에 대한 걱정으로부터 잠시 숨을 돌리게 해줄 뿐일 수도 있다는 점에 대비해야 한다. 중요한 것은 대안을 모색하는 습관을 기르는 것이다. 오늘의 기회에 빛을 비추지 않은 채 어제의 고통만 견디기보다는 대안을 떠올리고 탐색하는 것이다.

11

호기심과
배우는 자세

시련의 순간에 성장하는 법

시련의 순간은 우리 삶에서 결정적인 역할을 하는 순간이다. 우리가 생각하고 느끼고 행동하는 방식을 변화시키기 때문에 변화의 경험이기도 하다. 이때 경험하는 변화는 우리를 바꾸고 우리의 정체성을 바꾼다. 새로운 정체성은 결정적인 순간이 일어나기 전보다 더 좋거나 더 나쁠 수 있다. 더 좋은 방향으로 전환하려면 호기심이 필요하다.

내가 목격한 놀라운 회복탄력성의 사례마다 예사롭지 않은 회복탄력성의 면면을 볼 수 있었다. 내가 연구한 모든 사람은 자신의 회복탄력성이 근본적으로 자신의 생각, 감정, 행동을 관찰하고, 선택하고, 영향을 미치는 능력에 달려 있음을 보여주었다. 그들은 모두 우연히 귀중한 사실을 발견했다. 심각한 압박감을 느낄 때 우리가 가장 쉽게 보이는 반응은 종종 부정적인 기운으로 가득하다는 사실 말이다. 데이비드 도킨스**David Dawkins** 박사는 이렇게 말했다.

"방해를 받지 않는다면 보통 하루에 우리가 하는 생각 중 80퍼센트는 부정적인 생각이며, 70~80퍼센트는 매일 반복해서 하는 생각이다."

2015년 미국 국립과학재단**National Science Foundation**에서 발표한 연구 내용은 우리가 하는 생각 중 95퍼센트가 반복해서 이루어진다고 이 수치를 더 높였다. 보통 사람이 하루에 1만 2,000~6만 가지 생각을 한다고 했을 때 떠올리는 부정적인 잡담의 양이 엄청나다는 말이다.

이 정도가 보통의 날에 하는 생각이라면 당혹스럽고 힘겹고 예상치 못한 일을 겪는 날에는 어떻겠는가. 다행히도, 반복해서 하는 부정적인 생각이 우리가 부정적이거나 비관적이라는 증거는 아니다. 우리의 바쁜 마음이 모퉁이를 돌 때마다 있을지도 모를 위험에 대비해 우리를 보호하려는 것을 보여줄 뿐이다. 우리의 삶은 그 어느 때보다 복잡하게 뒤얽혀 있다. 하지만 위험을 감지하는 역할을 하는 우리 뇌의 아주 작은 부분인 편도체는 마치 야생 곰이 우리를 공격할 때처럼 위험에 대한 인식을 키우게 되어 있다. 상사 때문에 짜증이 날 때 상사를 때리거나(투쟁) 도망가거나(도피) 죽은 척하는(경직) 것은 업무에 대한 적절한 반응이 아닐 수 있으나, 그래도 여전히 우리는 반응하게 된다.

시련의 순간을 통해 성장한 사람들은 상황과 관계없이 자신이 경험하는 상태가 일시적이고 무의식적이라는 사실과, 내버려두면 때로는 최선의 결과를 낼 수 없다는 사실을 배운다. 그들은 이런 상태에 휩쓸리지 않고 관찰하는 법을 배웠으며, 자신의 감정과 사고방식을 재조정하여 자신의 행동이 목표에 더 부합하도록 했다. 생각과 감정을 관찰하는 법을 배웠고, 느끼고 생각하고 행동하는 방식을 선택함으로써 자신이 원하는 방식으로 삶을 구성할 힘을 찾았다. 이 과정의 핵심은 습관적인 사고 패턴을 '중단'하고, 최적의 사고 패턴을 '선택'하는 것이다.

실패를 두려워하지 말 것

호기심을 받아들이면 우리가 마주치는 방해물 너머를 볼 수 있을 만큼 투쟁/도피/경직 모드에서 벗어나 있을 수 있다. 우리는 둘 중 한 가지만 고를 수 있다. 부정적인 감정에 머물거나, 뇌 전체를 활성화해서 '더 나은 상태'를 의식적으로 선택할 수 있다. 호기심을 선택하면 다룰 수 있는 선택권은 더 많아진다.

단순한 반응이나 습관적인 대응에 그치는 대신, 더 궁금해하기로 선택하면 그 호기심이 두려움, 불안, 고통, 슬픔을 목적이 뚜렷한 긍정적인 행동으로 바꿔줄 것이다. 왜냐하면 호기심은 다음과 같은 효과를 내기 때문이다.

- 역경을 경이로운 일로 전환한다.
- 불가능한 일을 해볼 만한 일로 만들어준다.
- 불안한 일을 신나는 일로 바꾼다.
- 도전을 피하기보다 오히려 찾도록 도와준다.

호기심을 가지면 어려움을 극복할 방법을 찾는 일이 훨씬 보람차게 느껴진다. 자연스럽게 난관은 극복할 수 있는 일이 된다. 미지의 세계는 더 이상 압도적이지 않고 '단지 그 상태로' 존재하며, 좌절이나 도전을 두려워하거나 불안해할 필요가 없다는 것을 알게 된다.

모든 경험에서 우리는 배움을 통해 무언가를 얻는다. 시험을 치러야 하는데 상황을 개선하려는 시도를 하지 않는다면 패배주의에 빠지게 되며 치명적인 길로 갈 수도 있다. 실패에 대비하는 것은 더 나은 것을 추구하려고 노력할 때 지불해야 하는 대가다. 내가 연구한 모든 이들이 일관되게 해준 조언은 이것이다.

"실패하는 것을 두려워하지 마라."

얻을 수 있는 것에 더 집중하고 실패에 대해서는 무덤덤한 자세를 취한다면, 시험을 치른다는 느낌이 강하게 들더라도 성공과 배움과 발견을 향한 가능성을 발휘하는 데 더 초점을 맞출 수 있을 것이다.

활성화된 호기심을 키운다면 실패하더라도 다시 일어서려 할 때 호기심의 도움을 받을 것이며 계속 배워 나가는 힘을 얻게 될 것이다. 중단하거나 더 나쁘게는 시도조차 하지 않는 대신, 호기심을 통해 해결책을 계속해서 구하려고 할 것이다. 호기심은 '지금 큰일 났네'라는 생각에서 '이 문제에 대처할 수 있어'라는 생각으로 태도를 바꾸게 한다.

힘든 시기에 호기심은 부정적인 감정을 조절하는 중요한 역할을 맡는다. 호기심을 활용하면 아이디어를 탐구하는 우리의 능력을 제한하는 두려움을 무력화시킬 수 있다. 두려움은 어떤 문제에도 절대로 해결책이 될 수 없다. 두려움은 우리에게 중요한 무언가가 있다는 표시일 뿐이며, 집중해서 생각하고 활동하는 상태로 돌입해야 한다는 신호일 뿐이다.

호기심은 해결할 수 없을 것 같은 상황에서도 성공의 방향으로 이끌어준다. 한계점에 다다랐다고 느낄 때도 호기심은 우리가 회복하는 데, 한계점은 단지 마음의 상태일 뿐임을 받아들이는 데, 우리의 잠재력을 진정으로 완전히 발휘하는 것이 불가능하다는 것을 믿는 데 도움을 준다. 호기심은 우리가 마음을 먹으면 인생이 가치 있는 모험이 될 수 있음을 상기시켜주는 마인드셋을 갖추게 해준다. 도전할 기회에 대한 탐색과 더 나은 사람이 되려는 노력을 멈추는 순간 우리는 실패한다.

호기심이 없으면 첫 방해물 앞에서 포기하게 된다. 생존하고 발전하려면 놀라워하고 발견하고 적응할 공간을 자신에게 마련해줘야 한다. 결국 삶의 불확실성이 우리가 가질 수 있는 유일하게 확실한 것이니 말이다.

부정적인 감정들은 함께 붙어 다닌다. 그 감정들은 자신의 존재와 중요도를 내세우며 우리 앞에서 커지기 일쑤이고, 우리의 의식과 무의식에 은근슬쩍 들어서기 마련이다. 두려움은 다른 두려움을 먹으며 자라고 또 다른 두려움의 먹이가 된다. 망설임도 마찬가지다. 회복탄력성도 그렇지만 부정적인 감정들 역시 우리 삶의 모든 면을 형성하는 몸에 밴 태도다.

신발 속 작은 자갈을 그냥 두지 말자

회복탄력성을 가장 많이 소진시키는 요소는 결정적인 순간이나 급박한 사건의 결과로 나타나지 않는다. 그 대신 회복탄력성을 소진시키는 수많은 사소한 생각, 감정, 경험이 쌓여서 무거운 짐이 되는 것이다.

누군가가 내게 이런 말을 한 적이 있다.

"신발 속에 들어간 작은 자갈을 신경 써라. 그냥 두면 궁극적인 실패의 원인이 될 수 있으니 말이다."

직면하고 싶지 않아 피하고 있는 문제가 '신발 속 자갈'이 되었다는 사실을 인정한다면 왜 그렇게 되도록 두었는지 헤아려보자. 아울러 그 문제를 제대로 마주함으로써 잃을 수 있는 것과 얻을 수 있는 것이 무엇인지 생각해보자.

'신발 속 자갈'에는 여러 가지가 포함된다. 참아내기는 하지만 완전히 받아들이거나 이해하려면 애를 써야 하는 주변 사람들을 향한 나의 태도, 과거에 누군가에 대해 해소하지 못했던 분노, 내가 감추려고 하는 후회나 실패했다고 인식한 일 등이 포함되기도 한다.

앞에서 엘리자베스가 자기 어머니와 어린 시절 경험에 대한 분노를 어떻게 극복했는지 설명했다. 그녀는 자신의 회복탄력성을 가장 많이 고갈시킨 것은 어린 시절의 기억이 아니라 과거에 대한 분노를 너무 많이 품고 있다는 수치심임을 깨달았다. 이에 대한 해결책은 간단했지만 해방감을 주었다.

과거를 비난했다고 나를 평가하는 대신에 공감, 자비, 그리고 가장 중요하게는 나 자신과 타인을 향한 호기심을 활용하기로 했습니다.

자신이 옳다거나 가치가 있다고 증명하려 애쓰는 대신 자신과 타인에 대한 호기심을 활용함으로써 엘리자베스는 모든 사람이 자신에게 진실하다고 느끼는 마음을 가질 수 있었다. 남들의 의견이 자신이나 자신의 경험을 규정하는 것도 아니라는 것을 깨달았다. 엘리자베스는 이렇게 말했다.

"이렇게 적힌 티셔츠를 입고 다니는 걸 상상해요. '다른 사람이 나를 어떻게 생각하는지는 내 알 바 아니다.' 오만하게 구는 건 아니에요. 다른 사람이 내게 너무 많은 시간을 집중한다고 생각하는 것은 적절하지 않다는 깨달음에서 나온 말이죠. 내게는 다른 사람의 의견 때문에 걱정하는 것보다 더 중요한 일이 있다는 것을 상기시켜주는 말이기도 해요. 나는 이 상상의 티셔츠를 매일 입어요."

이제 엘리자베스의 아픈 과거는 그녀가 참아야 하는 신발 속 자갈이 아니다. 대신에 그녀는 '왜 고통을 받은 사람은 남에게 고통을 주는가'에 초점을 맞췄다. "남에게 고통을 주고 싶을 만큼 무엇이 그 사람에게 고통을 주었을까요?"가 엘리자베스가 묻는 질문이다.

그녀의 접근 방식을 통해 얻을 수 있는 교훈이 있다. 호기심을 동원하면 사람 간의 차이에 더 잘 대응하고 그 차이를 더 잘 다룰 수 있으며, 갈등을 완화하고, 신발 속에 자갈을 넣고 다닐 위험을 최소화할 수 있다. 우리는 종종 사람들이 세상을 바라보고 세상과 교류하는 방식에 영향을 미치는 강력한 저류를 인식하지 못한다. 그 저류는 무의식적으로 가진 가치관, 신념, 가정, 성장 과정에서 물려받은 패턴, 우리가 거의 이해하지 못하는 성격인 경우가 많다. 그러나 그 저류에 대해 반응하거나 그것을 흡수하는 대신 우리는 그것을 관찰하고 탐구해볼 수 있다.

우리가 마주하는 차이점이나 예기치 않게 충격을 주는 경험은 기대치가 무너져서 생기는 경우가 잦다. 우리는 모두 자신만의 각본에 따라 인생을 살아가지만 때로는 서로 다른 각본이 충돌하기도 한다. 호기심을 활용함으로써 우리는 우리의 가정과 기대에 도전할 가능성을 만들고 성장의 기회를 엿볼 수 있다. 엘리자베스가 그랬듯이, 걱정하기보다 궁금해하기를 택할 수 있다. 다음과 같은 질문을 던지는 것으로 말이다.

- 다른 사람들은 어떤 교훈을 얻었는가?
- 다른 사람과 더 너그럽게 교류하는 방식을 익히면 어떤 기회가 생기는가?
- 나를(다른 사람들을) 볼모로 잡아 이해를 가로막는 두려움은 무엇인가?
- 충족하지 못한 나의(다른 사람들의) 욕구는 무엇인가?

소문을 옮기는 대신 타인을 궁금해하기

커피숍에서 소음의 물결을 가만히 들어본 적이 있는가? "걔가… 쟤가… 내가… 그가…"라는 식으로 테이블마다 두세 명이 앉아 있을 때 가장 크게 들리는 소리 말이다. 이 소리는 바로 소문이 내는 소리다. "걔가 그렇게 말해 가지고, 쟤가 저렇게 얘기했는데, 그래서 내가 이렇게 말했거든. 그랬더니 그가 그렇게 하더라"라고 옮길 수 있다.

들어보면 예전에 있었던 일을 말하는 것 같지만 실제로는 말하는 도중에 말하는 사람의 머릿속에서 일어나는 일이다. 그리고 듣는 사람의 반응에 따라 그 방향이 바뀌고 내용이 흔들리게 된다. 소설이 바로 눈앞에서 쓰이는 느낌이다. 커피숍에서는 테이블마다 이런 소문이 흘러나오고 있다고 볼 수 있는데, 소문을 누가 만들어내고 있느냐에 따라 주제가 살짝 다를 뿐이다.

이런 소음을 처음 경험했을 때 나는 문화적인 현상이라고 여겼다. 서양 사람들이 자신보다 남에 관해 말하는 경향이 있다고 말이다. 하지만 서양, 동양의 문제가 아니었다. 전 세계 사람들이 소문을 낸다. 다만 영어로 말하는 소문이 내게 새롭게 들렸을 뿐이다. 나는 무엇이 이 사람들을 연결하는지 궁금해졌다. 자신에게 무슨 일이 있었는지도 말하긴 하는지 궁금했다.

왜 다른 사람에 대해 얘기하는 걸까? 그것이 서로 더 잘 어울리고 관계를 맺고 이해하는 방식인 걸까? 우리는 다른 사람들과 소문을 주고받거나 혼자 속으로 떠들면서 다른 사람들이 우리가 감당할 수 있는 것보다 훨씬 오래 우리 마음속에 자유롭게 머물도록 내버려둔다. 우리는 온갖 잘못된 방식으로 센스메이킹sense-making(어떤 대상, 특히 새롭거나 예상치 못한 변화나 경험에 의미를 부여하는 과정이다—옮긴이)을 하고 있다.

소문은 우리를 고립시킨다. 우리를 다른 사람들로부터, 학습 및 성장으로부터 극단적으로 나누고 분리시킨다. 소문은 이런 식으로 우리를 얽매려고 한다.

"나는 옳고 저들은 틀렸어."

"나는 착한데 저들은 그렇지 않아."

"나는 괜찮고 저들은 별로야."

"나는 포함돼도 저들은 제외되어야 해."

회복탄력적인 사람은 차이를 비판하기보다 차이를 통해 배우는 데 관심이 있다. 증명하기보다 이해하고, 멀어지기보다 연결되고 싶어 한다. 호기심은 다른 사람을 선의와 공감으로 존중하고 이해하는 특수부대원들의 능력을 유지시켜주었다. 어느 특수부대원의 말을 빌려본다.

"수많은 차이를 넘어 상대를 바라보려면 호기심이 필요합니다. 호기심이 있으면 편견과 악감정마저 극복할 수 있어요. 호기심을 얼마나 불러일으킬 수 있느냐에 따라 어떻게 적응하고 어떻게 다른 사람을 대할지를 알 수 있고, 궁극적으로는 현재와 그 이후의 결과가 결정되죠."

호기심은 특수부대원들이 주어진 상황에 적응하고 '주변 사람들을 진정으로 이해하는' 데 매우 중요한 요소였다. 이는 '두려움과 불확실성이 서로 간에 양극화된 견해를 불러일으키는' 상황에서 특히 중요했다.

내가 만난 또 다른 특수부대원은 부대에서의 성공과 생존은 "다름을 인정하고 존중하는 것뿐만 아니라 왜 그런 차이가 존재하는지 자신에게 질문하는 것에 달려 있습니다"라고 말했다. 그러면서 이렇게 덧붙였다.

"신중하고 존중하는 자세로 자신이 속한 공간을 형성하는 속마음에 관해 연구해야 합니다."

그는 호기심이 다른 문화권의 사람들과 '진정한 공통점'을 찾는 방향으로 이끌어주었으며, 잠재적으로 치명적인 상황을 완화하는 데 도움을 주었다고도 말했다.

소문과 같은 주제를 알아보는 것이 회복탄력성에 왜 중요할까? 회복탄력성은 집중력을 어디로 향하고 에너지를 어떻게 투자할지를 관리하는 능력과 관련 있기 때문이다. 소문은 되새김질과 약간 비슷해서 종종 제멋대로 하는 이야기를 강조하는 폐쇄된 고리와도 같다. 우리는 이해의 폭을 넓히는 것으로 회복탄력성을 작동시킬 수 있다. 회복탄력성을 위한 기본 규칙은 발걸음과 마음을 가볍게 유지하는 것이다.

호기심, 자비, 공감을 품는 일이 비판을 품는 것보다 훨씬 가볍다. 소문을 옮기는 사람이 되는 대신에 궁금해하는 사람이 되자. 도전하는 것을 선택하자. 특히 누군가를 바라보는 시각이 거의 고정되어 있다고 생각될 때 이런 마음가짐을 갖도록 한다. 일부 극단적인 상황에서는 타인과의 관계를 바꿀 수 없어도 자신과의 관계는 더욱 나아질 것이다. 회복탄력성을 키우고 싶다면, 타인의 마음을 탐구하지 않고 자기 마음속에서만 회복탄력성을 키우는 것은 한계가 있다는 점을 금방 알아차려야 한다.

성장 마인드셋 vs. 고정 마인드셋

특수부대원들을 보고 있으면 몸과 정신을 극한으로 몰아붙이는 그 힘든 일에 왜 지원하게 됐는지 궁금해질 때가 있다. 내가 특수부대에 지원하게 된 동기를 묻자, 한 특수부대원은 이렇게 말했다.

"매 도전을 완수하고 나면 바로 '좋아. 다음 도전은 뭐지?'라고 나에게 물어보게 될 것이고, 다음 도전은 가장 최근에 완수한 도전만큼이나 좋으리라는 것을 알기 때문이죠."

이는 우리 모두가 더 많이 실행해야 하는 중요한 회복탄력성의 특징인 성장 마인드셋의 예다. 성장 마인드셋은 회복탄력성이 뛰어난 사람들이 많이 갖추고 있다. 그들은 도전을 피하기보다 추구하고 즐기는 법을 배웠다. 도전을 극복할 수 있는 것으로 여기는 훈련도 해왔다. 또 변화와 불확실성을 당연한 것으로 받아들일 줄 안다.

캐롤 드웩Carol Dweck 박사는 미국 심리학자로 동기 부여와 마인

고정 마인드셋	성장 마인드셋
나는 나를 증명하고 싶다.	나는 나를 개선하고 싶다.
나는 다른 사람보다 나아지려고 노력한다.	나는 어제보다 나아지려고 노력한다.
나는 도전을 피한다.	나는 도전을 찾는다. 도전은 기회다.
나는 어려운 일을 피한다.	나는 어려운 일을 한다. / 나는 어려운 일을 할 때면 끈기 있게 노력한다.
내 실력과 능력은 정해져 있다.	나는 실력과 능력을 키울 수 있다.
실패하면 노력은 의미가 없다.	실패하면 실패로부터 배우고 다시 하면 된다.
나는 긍정적인 피드백만 원한다.	나는 내가 성장할 수 있도록 모든 피드백을 원한다.
나는 다른 사람의 성공에서 위협을 느낀다.	나는 다른 사람의 성공에서 영감을 얻는다.
나는 반성을 피한다.	나는 반성한다.
나는 나와 같은 생각을 하는 사람을 찾는다.	나는 다양한 관점과 아이디어를 환영한다.

드셋을 연구했다. 드웩 박사는 수십 년에 걸친 연구를 다음과 같은 강력한 메시지로 압축했다.

"우리의 성공과 실패는 타고난 능력이나 지성보다는 우리가 도전을 성장 마인드셋으로 접근하는지, 고정 마인드셋으로 접근하는지에 달려 있다."

성장 마인드셋의 중요성에 관해 묻자, 내가 인터뷰한 누군가는 이렇게 답했다.

"도전을 통해 누적되는 성장을 기다리고 준비하는 태도는 생존과 성공에 꼭 필요합니다. 진정한 도전과 시련은 대부분 예측 불가능하고 알려져 있지도 않아요. 익숙한 영역에서 나가지 않으면 내가 무엇을 할 수 있고 경험할 수 있는지 절대로 알 수 없을 거예요. '만약 ~한다면 어떨까?'라는 질문은 우리가 도전하려고 할 때 늘 우리 마음 깊숙한 곳에 자리하고 있을 거예요. 호기심을 담은 기본적인 질문이죠."

고통과 긴장을 인내하는 일부터 즉시 적용 가능한 해결책을 구상하고 실행하는 역량을 기르는 일까지, 호기심이 없다면 우리에게 주어진 과제를 해결할 방법을 찾는 것은 가장 무거운 걸림돌이 될 수 있다.

나는 회복탄력성이 가장 뛰어난 사람들에게 자기 삶에 지속적으로 부담을 주는 변화, 불확실성, 예측 불가능성을 어떻게 관리하는지 질문하기 시작했다. 그들은 간단한 답을 내놓았다. 바꾸거나, 버리거나였다. 한 회복탄력성 영웅은 이렇게 설명했다.

상황은 상황 자체로 존재하는 것이 아니라 우리가 만들어가는 것입니다. 우리가 불필요한 짐을 짊어지고 갈 때 회복탄력성은 포기합니다. 방치되었거나, 고갈되었거나, 관련 없는 내용으로 가득한 먼지 쌓인 폴더를 쉬지 않고 들고 다닌다면 좋은 성과를 내고, 생존하고, 성장하기를 기대해서는 안 됩니다. 내가 바꿀 수 없는 것이나 나를 고갈시키는 것을 버리는 훈련을 해야 합니다. 그것을 버릴 수 없다면 마인드셋을 바꿔서 내게 활력을 주거나 적어도 활력을 빼앗지는 않는 것으로 보는 훈련을 해야 합니다.

'바꾸거나 버리는' 간단한 방법으로 걱정을 줄이고 회복탄력성을 키운다는 생각은 매우 매력적으로 보인다.

최고의 모습에 이르도록 나를 훈련하기

군대에서는 중대한 도전 상황에서 인내하고 효과적으로 작전을 수행하는 능력을 훈련한다. 군인은 마음속 백색 소음을 없애고 인내, 적응력, 집중력, 지구력을 발휘하는 여러 단계의 훈련을 거친다. 이때 개발되는 중요한 자질은 일반적으로 도전을 잘 극복했을 때 얻게 되는 자기효능감을 구축하기 위한 몰입이다.

마찬가지로 주변에 거의 아무것도 없는 상황에서도 자신의 최고 모습에 이르고 의지할 수 있도록 훈련할 수 있다. 곤경에서 벗어나야 할 때 필요한 모든 것을 작은 가방에 보관하듯 말이다. 그 가방에는 유용하고 필수적인 것만 넣어야 한다!

그렇게 했을 때 강렬한 해방감을 느낄 수 있다. 그러나 이 훈련에는 실용적인 것 이상의 의미가 있다. 무엇을 가지고 다닐 것인지를 훈련하면 앞으로 나아가기 위해 마음속에 무엇을 간직해야 하는지도 배우게 된다. 필요에 따라 나를 짓누르는 백색 소음과 압박감을 제거하는 방법을 배우는 것이다.

버린다

인생의 큰 도전과 나를 고갈시키는 원인 옆에 서 있다고 상상해본다. 내가 성장으로 가는 길을 가로막기 때문에 '바위'라고 이름 붙인 것들이다.

무언가를 변화시키거나 이해하려고 노력하느라 똑같은 탐색의 고리를 따라 달리는 데 지쳤다는 것을 인정하자. 이런 도전 중 일부로부터 배울 것도 있지만 애착을 갖게 된 바위 주변을 끊임없이 도는 것을 이제는 멈춰야 한다. 버려야 할 때가 왔다. 어떻게 버려야 할까?

내가 통제하거나 영향을 미칠 수 있는 일이라면, 무엇이 내가 나서서 해결하는 것을 막고 있을까? 이 질문에 대한 답은 대개 시간, 에너지, 자원과 관련이 있다. 이 경우 2가지 선택권이 있다.

1. 이 문제에 대처하고 의미 있는 변화를 만드는 데 투자할 수 있도록 자원을 재분배하고 지원을 요청한다.
2. '이게 가장 중요한 문제일까? 이게 지금 중요한 문제일까?'라고 자신에게 질문한다. 지금 당장 중요한 일이 아니라면 옆으로 치워둔다. 이 문제가 계속 중요하다면 염두에 두고 있다가 더 적절한 때에 자원을 활용해 문제에 대응하면 된다. 만약 가장 중요한 문제라면 문제에 접근하는 방식을 다시 살핀다. 접근 방식을 다시 계획해야 하는 것은 아닐까?

문제가 나의 통제 범위 밖에 있다면, 그 범위의 주변을 도는 것은 생산적이지 않을 수 있다는 사실을 받아들인다. 판단하려는 의도 없이 자신에게 물어보자.

'내가 아무것도 할 수 없는 일인데 왜 이토록 내게 큰 영향을 미칠까?'

그리고 이 도전에 전념하라는 요구를 더 잘 해결할 방법은 무엇인지 생각해본다.

도전의 난이도를 최소화하는 데 대응해야 할 이유를 찾을 수 없다면, 이를 한쪽으로 치워두고 대신 내가 통제하고 영향을 미칠 수 있는 것에 집중한다. 이 통제할 수 없는 도전이 그토록 중요하다면 나중에 또다시 기회가 주어질 테니 말이다. 현재로서

할 수 있는 최선은 내가 영향을 미치고 변화시킬 수 있는 일을 하며 자신감과 에너지를 회복하는 것이다.

바꾼다

버릴 수 없는 일이 있다면 그 일을 대하는 방식을 바꿔본다. 예를 들어 내가 버릴 수 없는 것들은 다음과 같다.

- 출퇴근길 교통 체증
- 줄어들지 않는 빨랫감
- 아이를 키우면 저절로 생기는 난장판
- 남편이 "오늘 저녁 메뉴는 뭐야?"라고 물을 때 느끼는 짜증

"와! 난 정말 운이 좋아!"라고 말하면서 이렇게 상황을 다르게 볼 수 있다.

- 차가 막힌다고? 이동의 자유가 있고 날 목적지까지 데려다 줄 차도 있네. 난 운이 좋아!
- 빨래를 할 수 있다고? 선진국에 살아서 집에 세탁기가 있고

수도와 전기를 쓸 수 있다니 운이 좋네. 게다가 세탁기에 넣을 옷도 있잖아. 잠깐, 나와 가족은 갈아입을 옷도 있어. 난 운이 좋아!

- 난장판이 일어났는데 그 난장판이 일어난 공간도 있단 말이야? 그렇다면 머리 위에 지붕이 있고, 같은 지붕이 내일도 내 위에 있겠지. 아이에게 옷과 장난감이 있다고? 축복받았다!
- 뭘 먹을지 선택할 수 있다고? 생활을 이어 나갈 준비가 되어 있다는 말이잖아. 정말 운이 좋다!

쉽지 않은가? 하지만 매일 실천해야 습관이 될 것이다. 우리의 뇌는 습관과 규칙에 편안함을 느낀다. 우리가 규칙에 맞게 지낸다고 느끼면 더더욱 그렇다.

그러나 신발 속 자갈과 마음속 바위를 느끼더라도 기대감이 줄어드는 것을 멈추고, 우리의 사연을 정렬하고 또 정렬하면서, 성장하려는 우리의 영역을 넓히려면 계획성 있게 행동하고 인지하고 인내해야 한다. 자기파괴적이거나 에너지를 고갈시키는 것으로 인식되는 행동 패턴은 반드시 버리고 바꿔 나가야 한다. 마음을 바꾸는 과정에 약간의 호기심을 투자하면 버리기도 조금 더 쉬워진다. 방해되는 행동을 버리면 더 많은 회복탄력성을 유지할 수 있다.

Tool

5번까지 연결하기

회복탄력성을 고갈시키는 촉발 요인에 대한 우리의 접근 방식을 어떻게 적응시키고 발전시킬지 연습해보자. 회복탄력성을 줄이는 요인 중 하나를 떠올려본다. 어떤 사건일 수도 있고, 반복되는 생각이나 계속해서 싸워야 하는 특정한 상황 아니면 어떤 사람일 수도 있다.

다음 예시를 활용해서 순서대로 활동을 완료한다.

1. 회복탄력성을 줄이는 요인을 나열하고 첫 번째 그림의 점선을 따라 ①부터 ⑤까지 이동한다.
2. 최상의 시나리오, 궁극의 긍정적 결과를 떠올린다. 단숨에 세 번째 그림으로 건너뛰어 마지막 내용(⑤)을 생각한다. 이 최상의 시나리오를 고려한다.
3. 세 번째 그림의 ①로 간다. 문제 상황을 어떻게 하면 긍정적인 기회로 볼 수 있을까? 세 번째 그림의 ①에서 ④까지 간다.
4. 세 번째 그림을 따라가는 게 부담이 된다면 굵은 실선이 있는 두 번째 그림을 따라간다. 문제 상황을 회복탄력성 있는 중립적 관점으로 바라본다면 어떻게 보일까? 이 요인이 더는 내게 영향을 미치지 못한다면 어떻게 보일까?
5. 끝(⑤)을 염두에 둔 채 이 결과를 묘사하는 것으로 시작한다. 그리고 차례대로 ①부터 ④까지 이어 나간다.

① 해석(위협인가, 기회인가, 혹은 관찰할 상황인가?)

② 생리적 영향: 몸 어디에 어떤 느낌을 받는가?

③ 반응: 어떤 생각이 드는가? 어떤 느낌이 드는가? 어떻게 행동하는가?

④ 반응의 결과는?

⑤ 최종 결과는?

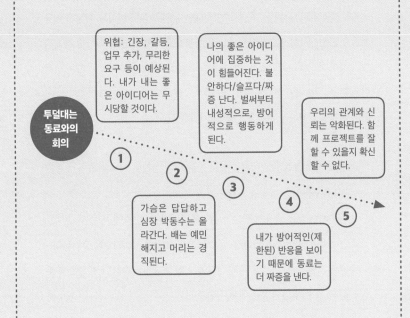

① 해석(위협인가, 기회인가, 혹은 관찰할 상황인가?)

② 생리적 영향: 몸 어디에 어떤 느낌을 받는가?

③ 반응: 어떤 생각이 드는가? 어떤 느낌이 드는가? 어떻게 행동하는가?

④ 반응의 결과는?

⑤ 최종 결과는?

투덜대는 동료와의 회의

1 관찰: 예전에도 많이 맞닥뜨려본 적 있는 상황이다. 긴장에 끌려다닐 필요는 없다. 내 목표는 가능한 한 최선을 다해 프로젝트에 기여하고 침착한 상태를 유지하는 것이다.

2 난 침착하다. 이 상황은 내게 어떤 영향도 미치지 않는다. 다른 사람들이 어떻게 행동하느냐는 내가 통제할 수 있는 부분이 아니다.

3 내 생각은 명확하고 난 달성하고 싶은 목표에 집중한다. 신중하게 행동하지만 오늘 우리가 논의해야 할 부분에 관해서는 열린 태도로 임한다.

4 우리는 계획대로 일을 진행했고 긴장감을 높이지 않았다. 마침내 지지를 얻었고 우리가 다루어야 했던 쟁점에 집중했으며 사적인 공격은 하지 않았다.

5 나는 프로젝트에 집중하겠다는 태도를 분명히 보였다. 내 아이디어를 공유함으로써 프로젝트에 큰 영향력을 행사했다.

① 해석(위협인가, 기회인가, 혹은 관찰할 상황인가?)

② 생리적 영향: 몸 어디에 어떤 느낌을 받는가?

③ 반응: 어떤 생각이 드는가? 어떤 느낌이 드는가? 어떻게 행동하는가?

④ 반응의 결과는?

⑤ 최종 결과는?

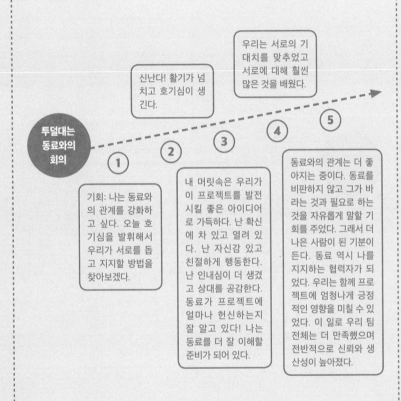

투덜대는 동료와의 회의

① 기회: 나는 동료와의 관계를 강화하고 싶다. 오늘 호기심을 발휘해서 우리가 서로를 돕고 지지할 방법을 찾아보겠다.

신난다! 활기가 넘치고 호기심이 생긴다.

② 내 머릿속은 우리가 이 프로젝트를 발전시킬 좋은 아이디어로 가득하다. 난 확신에 차 있고 열려 있다. 난 자신감 있고 친절하게 행동한다. 난 인내심이 더 생겼고 상대를 공감한다. 동료가 프로젝트에 얼마나 헌신하는지 잘 알고 있다! 나는 동료를 더 잘 이해할 준비가 되어 있다.

우리는 서로의 기대치를 맞추었고 서로에 대해 훨씬 많은 것을 배웠다.

⑤ 동료와의 관계는 더 좋아지는 중이다. 동료를 비판하지 않고 그가 바라는 것과 필요로 하는 것을 자유롭게 말할 기회를 주었다. 그래서 더 나은 사람이 된 기분이 든다. 동료 역시 나를 지지하는 협력자가 되었다. 우리는 함께 프로젝트에 엄청나게 긍정적인 영향을 미칠 수 있었다. 이 일로 우리 팀 전체는 더 만족했으며 전반적으로 신뢰와 생산성이 높아졌다.

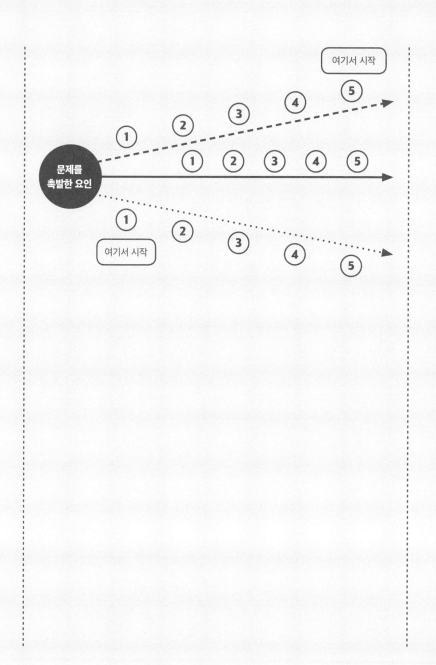

문제를
촉발한 요인

여기서 시작

여기서 시작

방향 전환을 위해

호기심은 긍정적인 쪽으로 방향을 틀 수 있게 해준다. 스트레스, 좌절, 시련, 상실을 겪을 때 우리는 많은 경우 어떤 전환점이나 사건과 우리의 관계는 시간이 지나거나 기억과 물리적 거리가 생겨야 변한다는 것을 알게 된다.

시간이 지난다 해도 우리가 허락할 때만 시간은 약이 된다. 우리가 어디를 가든 촉발 요인과 관련된 기억과 자아감은 우리와 함께한다. 회복탄력성 있게 행동하려면 가볍게 이동해야 하니 앞으로의 여정에 필요한 필수품만 챙겨야 한다. 회복탄력적이려면 우리가 경험에 부여하는 의미를 염두에 두어야 하고, 여정에 무엇을 가져갈지 심사숙고해서 선택해야 한다. 늘 쉽거나 간단하지는 않지만 반드시 해야 하는 일이다.

회복탄력성은 우리가 제대로 이해한다면 일이 일어나는 순간에는 효과적인 반응을 하게 해주고, 일이 일어난 후에는 치유 이상의 것을 제공해준다. 단순히 어떤 사건이나 전환점과 관련해서 생기는 것이 아니다. 사건과 전환점은 회복탄력성을 설명하는 데 활용되는 기준점일 뿐이다. 제대로 이해한다면 회복탄력성은 좋은 일이든, 나쁜 일이든, 추한 일이든, 아직 뭐라고 부를지 모르는 일이든 우리 삶의 모든 만남에서 얻은 이득에서 나온다.

효과적으로 방향을 틀려면 기준점이 필요하다. 스나이퍼는 "내 눈이 향하는 곳으로 나머지 내가 따라가는 겁니다"라고 말할 것이다. 그는 무엇을 겨냥하는지 명확하게 알아야 하며 표적을 맞히는 데 필요한 각도로 조정할 준비를 하고 있어야 한다. 회전해 방향을 바꾸는 일을 생각할 때 우리는 완전히 다른 방향으로 우리를 이동시켜줄 과감한 변화를 떠올린다. 하지만 방향을 전환하는 것은 그런 것이 아니다. 그저 한 곳에서 다음 곳으로 이동하는 것이다.

생존과 회복탄력성 사이에는 큰 차이가 있다. 근성은 회복탄력성을 이루는 요소 중 하나에 불과하며, 때로는 이롭기보다 해로울 수 있다. 한편 곤경에서 벗어나 곤경의 반대편에 서는 것이 때로는 가장 회복탄력적인 일이 될 수 있으나, 마찬가지로 가장 회복탄력적이지 않은 일이 될 수도 있다.

4장

Drive

'추진력'으로
계속 나아가라

12

나아가기 전에
목적부터 명확하게

추진력에는 노력이 필요하다

자기인식은 눈과 정신과 마음을 크게 뜬 채 굳게 서게 함으로써 회복탄력성을 쌓게 해준다. 소속감은 나를 다잡아준다. 그리고 호기심은 방해물을 넘을 수 있는 여러 방법을 탐색하게 해준다. 이제 이야기할 추진력은 회복탄력성 과정의 마지막 단계다. 추진력은 건강한 회복탄력성의 기준을 유지하며 원하는 것에 계속 전념하도록 한다.

회복탄력성이 높은 사람들은 동기를 유지하기 위해, 그리고 시련을 연달아 겪으면서도 매일 계속 나아가기 위해 추진력에 의지한다. 이들은 실패하거나 넘어져도 추진력을 활용해서 곤경에 처했을 때보다 앞으로 더 잘 나아간다. 다른 사람들은 습관처럼 포기할 때, 회복탄력성이 높은 사람들은 항상 더 나은 사람이 되려고 노력하는 이유가 바로 추진력 때문이다. 추진력이 없는 사람이 상실을 겪으면 기쁨과 잠재력을 망각하고 위축될 수 있다. 반대로 회복탄력성이 강한 사람은 자비와 관대함을 키운다.

그렇다면 추진력은 누구에게는 있고 누구에게는 없는 타고난 자질일까? 추진력이 키울 수 있는 것이라면, 우리는 무엇으로 추진력을 키우고 어떻게 추진력을 더 많이 얻을 수 있을까?

우리는 모두 내킬 때마다 추진력의 스위치를 작동할 수 있다. 그러나 추진력은 켜기만 하면 되는 스위치가 아니다. 노력을 쏟아야 하는 대상이다.

치유, 학습, 성장의 방향으로 끈기 있게 나아가려면 추진력이 필요하다. 추진력과 관련해서 알아야 할 2가지 핵심 기준이 있다. 첫째, 목적이 추진력보다 먼저다. 앞에 있는 목적이 명확하지 않거나 내 마음을 사로잡지 못하면 추진력을 발휘할 수 없다. 둘째, 추진력이 내 에너지를 소진하지 않고 나를 지지하게 하려면 균형을 유지하는 일에 힘써야 한다.

사초의 이야기

불가리아에서 자란 사초는 다른 각도로 세상을 바라보는 법을 배웠다. 그의 가족은 수도 소피아 바로 옆 마을에서 다섯 명이 작은 방 하나에서 지냈다.

사초의 어린 시절은 모험으로 가득했다. 사초와 동생은 과학과 물리를 향한 열정이 있었다. 마을 도서관에서 빌려볼 수 있는 책이 과학과 물리 책뿐이었기 때문이다. 여름이면 마을에 이동식 야외 영화관이 세워졌다. 이 영화관에서 상영하는 정치 선전 광고 사이에는 늘 과학의 진보에 관한 짧은 영화가 나왔다. 사초의 가족은 영화관 입장권을 살 형편이 되지 않았지만 사초와 동생은 포기하지 않았다.

스크린이 학교 건물 앞에 걸렸고 돈을 낸 관람객은 앞마당 여기저기에 자리를 잡았다. 그러나 학교 건물 지붕 위에는 사초와 동생이 공짜로 영화를 볼 자리가 있었다. 둘은 영화를 보는 데 재빨리 적응했다. 건물 꼭대기까지 오르는 위험을 감수하다 보니 그 정도로 사고하는 속도가 빨라졌고 영화에서 소개하는 지식을 흡수할 준비도 되었다.

과학을 향한 사초의 사랑은 결국 그를 스타 시티, 즉 모스크바 근처 즈뵤즈드니 고로도크로 이끌었다. 그곳에 있는 러시아 우주

비행사 훈련 센터에서 사초는 훈련을 받았다. 그의 가족 내력이 러시아의 이상적인 기준에 부합하지 못해 최종 선발에서는 떨어졌다. 하지만 하늘을 날고자 하는 그의 열정은 사그라지지 않았고 불가리아로 돌아가 20년간 전투기 조종사로 근무했다.

전투기 비행을 하지 않을 때는 행글라이딩에 열정을 쏟았다. 행글라이더를 수입하는 데 드는 비용 때문에 불가리아 사람들이 행글라이더를 구매할 수 없다는 사실을 안 사초는 대신 저렴한 현지 브랜드를 개발해 많은 일자리를 창출했고 더 많은 조종사가 그의 뒤를 따를 수 있도록 하늘의 문을 열었다.

항공기를 시험하는 비행 조종사로 근무하며 사초는 셀 수 없을 정도로 많은 사고를 당했다. 그중 한 사고로 오른쪽 팔이 심하게 부러졌다. 의사들은 그가 오랫동안 해온 체조를 이제는 절대로 즐길 수 없을 거라고 말했다. 이 말에 절망하는 대신 사초는 이후 병실에서 보낸 3개월 동안 이동 훈련을 받으며 차근차근 힘을 길렀다. 사고가 일어난 지 8개월 후에는 혼자 힘으로 진료실에 들어갔다. 사초는 미소를 지은 채 의사에게 이렇게 말했다.

"절대로 할 수 없을 거라는 말은 절대로 하지 마세요!"

사초는 어렸을 때부터 확률에 맞서는 법을 배웠다. 그가 자란 여건에서 학습적으로 성과를 내고 직업적으로 성공할 확률, 몸이 부서지는 사고를 겪은 후 체력을 회복할 확률, 죽을 뻔한 시험

비행 후에도 다시 하늘을 날 확률에 맞섰다. 사초는 확률 걱정을 한 적이 한 번도 없다. 자기 꿈과 목적을 좇느라 너무 바빴기 때문이다.

사초는 원래 인간이란 자기 주변에 널린 기회를 보지 못한다는 것을 깨달았다. 또한 가능성을 한정 짓는 것은 목표를 향한 접근법을 재고하고 조정하면서 숨을 돌리게 해줄 뿐이라는 것도 알았다. 그렇기 때문에 사초는 마흔이 훌쩍 넘어서 뉴질랜드로 이민하기로 결정했을 때도 성공 확률을 전혀 고려하지 않았다.

불가리아 내 부패와 정치적 격변에 넌더리가 난 사초는 가족의 저축액 대부분을 비행기 표를 사는 데 썼다. 불가리아로 다시 돌아오는 표는 사용하지 않겠다고 마음먹었다. 그는 행글라이더와 청바지 여벌, 윗도리 두어 벌과 엄청난 양의 호기심을 챙겼다. 그의 계획은 행글라이딩 대회에 참가한 후 뉴질랜드를 절대로 떠나지 않는 거였다. 이제 그의 목적은 자유롭게 꿈을 따를 수 있는 곳에서 아이들을 위한 안전한 새 보금자리를 확보하는 것이었다.

하지만 이번에는 확률에 당할 뻔했다. 수 개월간 구직 활동을 했지만 일자리를 구하지 못한 것이다. 그의 전문 지식과 능력과 잠재력에 맞는 자리를 찾기는 어려웠다. 그의 열의는 결코 흔들리지 않았지만 새 나라가 자신을 받아들이지 않을 수도 있다는 걱정이 들었다.

사초는 자기 생각을 영어로 어떻게 옮길지 고민하면서 면접관들의 얼굴에 무의식적으로 스치는 아주 작은 표정과 움찔거림을 목격했다. 면접관들의 뇌가 자신을 스캔하는 게 보였다. 그의 억양과 미숙한 언어 실력 때문에 면접관들은 몸을 앞으로 숙인 채 그가 하는 말을 이해하려고 애를 썼다. 그러다가 몸을 뒤로 젖혀 멀찍이 물러났다. 서툰 말로 전하는 사초의 메시지는 들을 만하지 않다고 면접관들은 생각했을지도 모른다. 불가리아를 당시 전쟁 중이던 보스니아로 착각하고는 그를 위험한 인물이라고 여겼을지도 모른다. 어쩌면 그가 이루었다고 말하는 일들 중 일부는 거의 불가능해 보였기 때문에 그가 거짓말을 한다고 생각했을지도 모른다.

사초가 살던 세상은 그가 저항할 이유, 남들이 불가능하다고 생각하는 것을 뛰어넘을 이유로 넘쳐났다. 하지만 그가 그토록 간절히 속하고 싶었던 세상에서는 그런 이유가 잘 보이지 않았다. 사실 같은 이유가 이곳에 존재하는지 확신하지 못했다. 적어도 자신이 쉽게 알아볼 수 있는 형태로는 존재하지 않는 듯했다. 지금 그의 주변에 있는 사람들은 정말 좋은 사람들로 보였다. 사초가 떠난 세상에는 '좋은 사람'은 흔하지 않았다. 좋다는 말은 약하다는 말이었기 때문이다. 그곳에서는 뒤를 조심해야 했다. 이곳은 좋은 사람이 흔했다.

사초는 사람들이 새롭거나 다른 것에 노출되면 잠시 멈추고 새로운 것에 관해 알려고 하기보다 보통 자신이 이미 아는 것으로 서둘러 돌아가는 경향이 있음을 깨달았다. 발견의 기회에서 벗어나 편견을 확인하는 방향으로의 전환이 서로를 발견하고 배울 기회를 놓치게 한다는 것에 사초는 분노했다. 그간의 모든 경험을 통해 사초는 배우고 연결되고 변화하고 성장하는 가장 훌륭한 기회는 흔히 잘 보이지 않는 곳에 숨겨져 있다는 것을 알 수 있었다. 편견과 선입견을 넘어서기만 하면 대단함을 이끌어낼 가능성이 있다. 사초의 삶 전체가 이를 증명해준다.

사초는 면접에 실패할 때마다 자신의 존재로 인해 면접관들의 편도체가 잠시 두려워하는 것 같은 인상을 받았다. 면접관들은 사초에게 잠재적인 위협이 있는지 스캔한 후 그와 교류할 가치가 있는지를 평가했다. 그런 다음에는 '다음 기회에 봅시다'와 '안녕히 가세요' 중 어떤 인사말로 면접을 끝낼지 결정했다.

그런데 어느 날 사초에게 건넨 인사말은 '다음 기회에 봅시다'가 아니었다. 비자가 만료되기 고작 며칠 전 사초는 취업에 성공했다. 그가 느낀 안도감은 강렬했다. 그토록 압도적인 안도감과 감사함을 느껴본 적은 없었다. 마침내 뉴질랜드에서 일자리를 얻게 되었다. 가족에게는 안전한 미래를 마련해주고 아이들에게는 자신의 꿈을 좇을 수 있는 엄청난 자유를 주는 일자리였다.

내 목적이 왜 중요한지부터 알기

무엇에 도전하든 사초의 회복탄력성은 그의 목적만큼 탄탄했다. 그는 자기 앞에 있는 도전의 크기를 한 번도 무시하지 않았다. 그리고 아무리 힘들어도 그것은 현재의 상태일 뿐이었다. 이 깨달음만으로 그는 자신감을 얻었다. 상황이 곤혹스러워도 현재 상황은 이상적인 상황에 비해 훨씬 덜 중요했다.

사초는 자신이 그리는 이상적인 상황을 분명히 알고 회복탄력성을 항상 유지했다. 그는 자기 시선을 늘 미래의 비전에 두고, 자신이 그리는 이상적인 상황이 의미 있고, 자신과 진정으로 일치하며, 자기 마음을 사로잡도록 설정했다. 기회의 문이 눈앞에서 닫히는 것 같아도 대비책을 찾고, 불편함을 견디고, 낙관주의를 유지할 수 있었던 것은 그가 목적을 추구했기 때문이다.

나는 추진력이 회복탄력성에 필수적이지만 추진력보다 목적이 먼저라는 깨달음을 연구를 통해 만난 이들과 공유했다. 예를 들어 특수부대에서 회복탄력성을 유지하는 데 있어 목적의 역할이 무엇인지 조사할 때 이런 반응을 계속 접하게 되었다.

자신에게 물어야 합니다. 내 '이유의 숲 forest of reasons'이 얼마나 건강하냐고요.

끈기 있는 목적을 하나의 깔끔한 문장으로 요약할 수 있다고 해도, 그것이 나의 진정한 자아와 얼마나 일치하는지, 그리고 그 목적을 얼마나 잘 실천하는지에 따라 회복탄력성의 강도가 결정된다. 회복탄력성을 활성화하고 유지하려면 나의 내면에 목적이 깊고 건강한 뿌리를 내려야 한다.

회복탄력성을 유지하려면 자신이 추구하는 목적이 왜 중요한지를 알아야 한다. 이것이 바로 '이유의 숲'이다. 이유의 숲이 나를 지탱하게 하려면 이 숲을 잘 가꾸고 해를 입지 않도록 보호해야 한다. 그러기 위해서는 피할 수 없는 의욕 가뭄으로부터 이유의 숲이 최대한 취약해지지 않도록 해야 하는데, 의욕 가뭄은 인내할 에너지를 잃거나, 혹은 미지의 세계를 횡단하는 와중에 경험하는 상반된 우선순위, 의심, 요구, 에너지 소모가 쏟아질 때 발생한다.

이 과정의 간단한 출발점은 목적을 정의하는 것이다. 현재 상황의 흔들림과 변화에 영향을 덜 받도록 나를 사로잡는 대담한 꿈을 목적으로 삼아야 한다. 되고 싶은 것, 즉 대담한 꿈을 정의할 때는 그 끝을 염두에 두고 시작해야 한다. 꿈은 나보다 더 커야 한다. 나를 사로잡고 아침에 침대에서 일어나고 싶게 할 정도로 크게 만들어야 한다. 이어서 현재로 돌아가게 해주는 다리를 짓고, 다리 위에는 목적지까지 도달하기 위해 꼭 필요한 전환점을 표시한다.

나의 대담한 꿈

> 1. 나의 머나먼 꿈

> 2. 머나먼 꿈을 실현하기까지 중간에 어떤 꿈들을 구체적으로 그려야 하는가?

> 3. 꿈을 이루려면 오늘, 이번 주, 이번 달, 올해에 내가 밟아야 할 단계는 무엇인가?

목적의 조건 3가지

목적이 추진력과 회복탄력성을 뒷받침하려면 대담한 꿈에 관한 아이디어를 조금 더 발전시켜야 한다. 나만의 '왜'를 알아야 한다. '왜' 혹은 목적을 명확하게 알고 있고 그것이 마음과 일치할 때 회복탄력성은 지속되거나 확장된다. 나의 목적은 일상적이고 사소한 것을 넘어서야 한다. 여기에는 3가지 하위 주제가 있다. 목적을 달성할 기회를 얻으려면 에이스ACE 시험을 통과해야 한다.

- **진정성**Authenticity: 나의 목적은 내 가치관과 신념과 얼마나 일치하는가?
- **명확성**Clarity: 나는 나의 목적을 얼마나 잘 이해하고 있으며 그 목적은 내 삶에 얼마나 잘 통합되어 있는가?
- **향상**Elevation: 나의 목적은 얼마나 광범위하고 지속적인가?

목적의 조건 1. 진정성

진정성은 우리가 전념하거나 종사하는 일이 얼마나 의미 있고, 그것이 개인적인 가치관, 동기, 자아에 대한 비전 및 신념과 얼마나 일치하는지로 측정된다. 진정성 있는 목적은 개인적으로 의미가 있으며 잘 구상되어 있다. 또한 '시련과 좌절을 견딜 수 있도록' 명확하게 표현되어야 한다.

나만의 목적을 만들자. 내 것이어야 하므로 내게 중요한 것에 근거를 두자. 다른 사람의 목적을 빌려와서 시련이 닥쳤을 때 그 목적이 나의 회복탄력성과 추진력을 받쳐주기를 기대해서는 안 된다. 예를 들어 내 몸에 필요했던 것을 소홀히 해서 심각한 질병에 걸렸거나 건강을 잃은 뒤에는 건강을 되찾는 것이 목적이 될지도 모른다. 건강을 되찾겠다는 목적이 추진력을 불어넣어주고 어려움에 직면했을 때 회복탄력성을 유지하게 하려면, 세부 사항을 포함시켜 이 목적을 나에게 맞추어야 한다.

내가 인터뷰한 누군가가 공유해준 것처럼 각자의 목적은 각자의 삶에서 에너지를 공급받아야만 실현될 수 있다. 긍정적이고 건설적인 내 고유의 것으로 목적을 갖자. 건강과 관련한 목적을 예로 들자면 건강과 체력을 회복하기 위한 근본적인 동기를 포함시켜야 한다. 사랑하는 사람의 삶에 더 오래 머물거나 주변 사람에게 영감을 주는 것이 동기가 될 수 있다. 또는 건강 때문에 경험하지 못했던 특정한 일을 하고 싶다는 욕구에 맞춰 목적을 가질 수도 있다. 나만의 유일한 동기로 넓게 짠 목적의 그물망을 마련하자.

동기가 무엇이 되었든 앞으로 나아가고자 하는 미래의 상태나 경험을 상상해본다. 비평가에게 깊은 인상을 남기거나 다른 사람이 틀린 것을 증명하겠다는 것은 시작은 좋지만 항상 자신을 갉아먹고 결국에는 실패로 이끌 것이다. 부정적인 출발점에서 이런 유형의 도전을 해결하려고 하면 의심하는 자, 비판하는 자의 목소리가 자신의 목소리가 될 수 있다. 다른 사람에게 잘 보이고 싶거나 전 애인에게 질투를 일으키고 싶은 것과 같은 외부적인 동기는 종종 자기의심에서 비롯되지만, 내부적인 동기는 자기신뢰와 자기인식에서 비롯된다.

목적의 조건 2. 명확성

우리는 목적을 상세하게 잡아야 한다. 목적을 명확하게 표현하지 못하거나 이해하지 못하면, 현실과 희망 사이에 괴리가 생기고 직면한 도전에 끈기 있게 맞설 수 없다. 필요할 때 목적을 재설정하는 것도 어려워진다.

동기를 명확하게 표현하지 않았거나 충분히 고려하지 않은 상태에서 도전에 나서면 책임감과 동기를 잃게 되어 목적으로 향하는 데 제약이 생길 수 있다. 한 특수부대원은 이렇게 말했다.

"나의 이유를 자세히 알고 진정으로 소유하지 않으면 바깥세상에서 맞서야 하는 도전은 내 능력을 뛰어넘을 것입니다."

목적을 명확하게 세우면 좌절에 대응할 때뿐만 아니라 목적을 향해 노력하는 동안에도 회복탄력성을 발휘하는 데 도움이 된다.

스스로 목적을 분명하게 이해하면 목적에 대한 의지를 유지하는 것도 훨씬 쉬워진다. 명확한 목적은 방해물을 만나더라도 목적을 향해 계속 나아가도록 적절히 적응하고 변화하도록 해준다.

목적의 조건 3. 향상

향상은 산만함이 내는 백색 소음 너머로 목적을 끌어올려서 그 목적이 실패하지 않을 만큼 넓고 견고하게 만드는 능력이다. '이유'를 들어 올려서 빼앗기지 않도록 하는 것이다. 어느 인터뷰이는 이렇게 설명했다.

"이유를 높이지 않으면 나는 목적을 달성할 수 있는 사람이라는 자신감, 믿음, 능력을 좌절감에게 빼앗길 수 있습니다."

내가 만난 한 사람은 자기 가족에게 영향을 미쳤던 강렬한 경험을 되돌아보며 말했다.

"나는 내 뇌를 진정시키고 중요하지 않은 모든 것이 내는 백색 소음을 의식적으로 차단했어요. 그러지 않으면 아무것도 할 수 없었으니까요. 우리가 버틸 수 있으려면 우리의 목적이 그 모든 것을 뛰어넘어야 했어요. 목적을 그냥 포기하거나 목적 달성을 방해하는 것들을 그렇게 내버려두는 것이 더 쉬웠겠죠. 하지만 그런 식으로 포기하면 지독한 결과를 얻었을 거예요. 우리만의 큰 그림에 명확하게 집중하고 그 그림을 실현할 다양한 방법을 만든 것이 도움이 많이 되었습니다."

또 다른 사람은 이렇게 말했다.

"인생은 나를 위해 세운 비전과 내가 누구인지 또는 무엇이 되고 싶은지에 대한 생각을 흔들고 의문을 제기하기 십상이에요. 그럴 때마다 우리는 금방 깨닫게 됩니다. 중요한 것은 '무엇'이 아니라 '왜'라는 것을 말이에요. 이유를 명확하게 알고 있다면 목적을 실현할 많은 방법이 떠오를 겁니다. 지역사회를 위해 더 노력하고 싶다면 자선 활동가나 군인이나 간호사, 혹은 단순하게는 좋은 이웃이 될 수 있겠죠. 이유를 알면 내가 배를 타고 있지 않아도 내 배가 목적지에 도달하도록 상황을 바꿀 수 있어요. 그 힘이 바로 회복탄력성입니다."

목적에 집중하려면

목적에 가까워지기 위한 에이스 전략을 요약해보자. 목적이 회복탄력성을 유지하고 지탱하게 하려면 "목적에 집중하면서, 목적 주변에서 어슬렁거리고, 목적에 대해 이야기해야" 한다. 이 표현은 내가 인터뷰한 어느 특수부대원이 알려준 것이지만, 회복탄력성이 높은 사람들이 어떻게 목적을 설계하고 실천하는지를 관찰하는 동안 나는 이런 표현을 계속 들을 수 있었다.

우리는 목적을 가장 중시해야 한다. 목적에는 내가 얻은 지혜, 나의 무한한 잠재력, 나의 꿈 등 나에 대한 모든 것이 반영되어야 한다. 즉 나를 이끄는 가치와 원칙이 명확해야 하며 그 가치와 원칙은 나의 생각과 말, 행동과 일치해야 한다는 뜻이다.

어떤 도전을 넘어야 하든 간에 목적을 믿는다면 이룰 수 있다. 목적이 내가 숨 쉬며 사는 이유가 되기 때문이다. 영국 배우 앤서니 홉킨스는 이렇게 말했다.

무엇을 하고 싶든 간에 그렇게 될 거라고 믿고, 믿고, 또 믿어야 합니다. 그렇게 될 거라고 믿지 않더라도 믿는 척하는 게임이라도 하세요. 믿음에서 힘이 생깁니다. 굉장한 힘이 생길 거예요.

지금껏 마주해야 했던 방해물 때문에 상황이 나아질 거라든가 목적을 실현할 거라는 믿음을 잃었을 수도 있다. 하지만 더 깊고 분명하고 높은 의미를 부여하는 것으로 목적을 되살릴 수 있다. 주의 깊게 선택한 습관과 함께한다면 에이스 전략은 우리를 모호한 꿈에서 명확한 확신으로 이끌어줄 것이다. 좌절을 더 큰 회복 탄력성을 위해 얻게 된 교훈으로 바꿔줄 것이다.

Tool

목적에 집중하기

다음 질문에 연달아 답해보자.

1. 나의 목적은 무엇인가? (바로 앞에서 소개한 회복탄력성 도구 '나의 대담한 꿈'에서 적
   은 답을 검토한다.)
2. 나의 가치에 맞게 살 수 있도록 나의 목적은 어떻게 나를 지지하고 도와주
   는가? (2장에서 소개한 회복탄력성 도구 '나의 가치를 찾는 여정'에서 적은 답을 검토한다.)
3. 나의 목적이 나와 타인과 내가 속한 환경을 어떻게 바꿀 수 있는가?

이제 목적에 관한 시각적 단서가 포함된 그림을 그리거나 비전 보드를 만들어
목적을 아주 명확하게 표현해보자. 나의 목적을 매력적으로 나타내는 이미지
나 상징을 포함해 최대한 세세한 부분까지 나타낸다.

• 비전에는 어떤 장소가 들어가는가?
• 나는 어디에 있는가?
• 이 비전에는 어떤 사람과 이야기가 포함되는가?
• 이 비전에서 내 역할은 무엇인가?

- 이 비전에서 내 몸은 무엇을 하고 있는가? 웃고 있는가? 무언가를 가리키는가? 두 팔을 들어 승리를 표현하는가?
- 달리는 중인가? 혹은 아름다운 해변에 앉아 있는가?

최대한 구체적으로 표현하고, 필요할 때마다 비전 보드를 확인하자. 나의 목적이 무엇인지 아는 것으로 과정은 시작되었다. 이제 생각과 감정, 행동을 더욱 구체적으로 다룰 차례다. 다음 내용을 채워보며 목적을 목표로 변환하자.

목표:
(목표를 나열한다.)

현재 상황:
(목표와 관련한 현재 상황은 어떤가?)

방해물:
(목표와 관련해서 현재 내가 있는 곳과 내가 목표하는 곳 사이에는 무엇이 있는가?)

선택지:
(방해물을 넘는 데 도움을 줄 대안과 전략을 나열한다.)

앞으로 나아가기:
(적용할 방법이나 선택지와 함께 실천해야 할 행동을 고른다.)

목적에 다다르려면 무엇을 바꿔야 할까?

• 오늘부터 목적이나 목표에 도달할 때까지 매주, 매월, 매년 달성해야 할 것
들이 포함된 일정표를 작성한다.

• 올바른 방향으로 나아가게 해주는 루틴, 행동 변화, 습관 등 진행 상황을 기
록한다. 내게 도움이 될 습관, 루틴, 의식을 선택한다. 압박을 받으면 목적
과 회복탄력성을 고갈시키는 부정적인 습관을 기를 수도 있다. 목적에 집중
하는 이 과정은 나의 목적을 분명하게 드러내고 목적의 토대가 되는 목표를
달성하는 데 도움을 줄 것이다.

• 내면의 목소리를 살핀다. '실패하면 어떡하지?' 같은 부정적인 질문을 멈춘
다. 대신에 긍정적인 질문을 한다. 예를 들어 '이 일을 내가 하는 게 가능하다
면 어떨까? 이 일이 잘 풀린다면 어떨까?'라고 묻는 것이다.

목적을 위한 습관 기르기

습관은 지속적인 성장을 위한 원동력이 될 수도 있고, 퇴보로 이어지는 녹이 될 수도 있다. 앞으로의 여정에 필요한 회복탄력성을 키우고 지속하기 위한 습관을 선택하고, 따르고, 유지하고, 발전시켜야 한다. 의지력은 한정된 자원이고 의욕은 흔들릴 수 있으므로 어느 쪽도 특별히 기대할 만하지는 않다. 반면 만회, 성장 역량, 그리고 궁극적으로 회복탄력성은 의지력이 아니라 습관의 문제다.

회복탄력성이 좋은 사람들은 목적에 따라 움직인다. 그들은 자신의 목적에 부합하는 새로운 습관을 개발하고 일상에서 실천한다. 우리의 목적도 우리가 새로운 습관을 형성하고 그 습관을 일상에 들이게 할 것이다. 사람마다 차이는 있지만, 새로운 습관을 무의식적인 행동으로 발전시키는 데는 평균 66일이 걸린다.

습관이 형성되는 과정은 세 부분으로 이루어져 있다.

1. 신호
2. 루틴
3. 보상

더 건강해지겠다는 목적을 예로 살펴보자. 이 목적을 달성하기 위해 세울 수 있는 한 가지 계획은 꾸준히 헬스장에 가는 것이다. 헬스장에 가는 것은 생존을 위해 수분을 보충하거나 음식을 섭취하는 것처럼 신체의 신호를 받아 행동하게 되는 것이 아니다. 이 결정은 하루의 수많은 우선순위와 함께 이루어진다. 우리에게는 왜 헬스장에 가면 안 되는지를 합리화할 수 있는 능력이 있으므로 이 습관은 무너지기 쉽다. 우리는 어렵거나 새로운 일을 하지 말라고 자신을 설득하는 일에 탁월하다. 우리의 뇌는 가장 바람직하지 않아도 그것이 익숙한 것이라면 좋아하게 된다.

습관 형성 과정의 첫 번째 부분인 '신호'에 대해 먼저 살펴보자. 신호는 습관을 활성화하라고 재촉한다. 신호는 루틴이 될 일련의 행동에 뇌가 서서히 익숙해지도록 돕는 알림이다. 직장에 커피 머신이 있다고 가정해보자. 아침에 사무실에 출근할 때 맡게 되는 커피 냄새는 업무를 시작하기 전에 커피 한 잔을 마시라는 신호가 될 수 있다.

신호는 장소, 시간, 다른 사람, 예전의 행동, 감정 상태 등으로 분류된다. 헬스장에 가는 습관을 기르려면 운동할 시간과 요일을 정해두는 것이 좋다. '월요일, 수요일, 금요일에는 6시에 헬스장에 간다'처럼 뇌가 인식할 수 있도록 예측 가능하고 신뢰할 만한 일정을 세운다. 해당 요일과 시각이 신호가 된다. '헬스장 스트리

밍 리스트' 같은 친숙한 음악, 헬스장으로 가는 일정한 경로, '나는 근력을 단련한다' 같은 주문을 이용해 신호를 더욱 강하게 만들 수 있다.

다음으로 습관 형성 과정의 두 번째 부분인 '루틴'에 대해 살펴 보자. 올바른 방향으로 자신을 슬쩍 미는 장치가 필요하다. 회복 이나 성장을 운에 맡기지 말고 계획을 세워야 한다. 헬스장으로 가게 하는 루틴이 슬쩍 미는 장치의 예가 될 수 있다. 이를 방해 하는 것은 알람 일시 정지 버튼을 누르게 된다거나, 어떤 옷을 입 어야 할지 모른다거나, 운동 루틴이 없다는 것처럼 특별히 해를 가하지 않는 것일 수 있다. 다음 사항을 참고해보자.

- 새로운 습관을 들이려면 방해물을 제거해야 한다.
- 알람 일시 정지 버튼을 누르는 일을 막으려면 휴대폰을 잠자 리에서 먼 곳에 두고 충전하는 게 좋다. 그래야 알람이 울릴 때 완전히 일어나 알람을 끄러 가게 된다.
- 아침에 뭘 입어야 할지 결정하지 못하겠다면 잠자리에 들기 전에 운동복을 준비한다.
- 운동 루틴이 없다면 헬스장 트레이너와 상담한다. 트레이너 는 운동 루틴을 짜는 데 기꺼이 도움을 줄 것이다.

마지막으로 습관 형성 과정의 세 번째 부분인 '보상'에 대해 살펴보자. 스스로에게 보상을 주는 것이다. 예를 들어 모닝커피 마시기를 즐긴다면 운동하고 난 후에 마시는 것으로 아껴둔다.

습관은 단순하게

한 번에 많은 습관을 관리하면 결정 피로(할지, 말지 혹은 무엇을 할지 결정하지 못하고 고민만 하는 상태가 주는 피로감을 가리킨다—옮긴이)의 희생양이 되어 부담감에 압도당하고 성공 가능성도 떨어진다. 우리의 의식이나 작업 기억에 한 번에 저장할 수 있는 양은 한계가 있다. 새로운 습관을 들여 저절로 습관대로 행동하려고 노력할수록 더 많은 주의를 기울여야 한다. 목적을 우연에 맡기지 않도록 한다. 새로운 습관을 실천하는 데 필요한 인지적 요구를 최소화하여 목표에 쉽게 접근할 수 있도록 단순화한다. 가장 좋은 방법은 매주 5개 이하로 습관을 관리하는 것이다.

13

앞을 막는
방해물을 줄여라

브라이언의 이야기

회복탄력성은 우리가 처하는 모든 상황에서 성장하고, 진화하고, 배우고, 적응하는 우리의 능력에 달려 있다. 위기의 순간에 얼마나 많은 회복탄력성을 발휘할 수 있는지 경험한 사람은 많다. 계속 잘 살기 위해서는 삶이 던지는 도전뿐만 아니라, 삶과 잠재력을 발전시키기 위해 스스로 선택하는 도전에서도 회복탄력성을 증명해야 한다.

회복탄력성을 연구하며 만난 사람 중에는 브라이언이 있다. 그는 이렇게 말했다.

"회복탄력성과 관련해서 두 부류의 사람이 있어요. 매일 실천하는 사람과 표시하는 사람이죠."

나와 마찬가지로 브라이언은 누구나 회복탄력성을 통해 비상함을 얻고 그것을 유지할 수 있다고 믿었다. 하지만 그는 가끔이 아닌 매일 회복탄력성을 실천하는 사람도 있다는 것을 목격했다. 그리고 한편으로는 한 번의 놀라운 사건 이후 삶을 보류하는 사람도 있다고 말했다. 브라이언은 그런 사람들을 표시하는 사람이라고 불렀다.

두 부류의 사람들은 모두 크나큰 시련에서 살아남았지만, 매일 실천하는 사람은 진화하고 새로운 도전을 이어 나간 반면, 표시하는 사람들은 그들이 겪은 시련과 생존의 이야기를 여러 번 들려주며 과거로써 자신을 정의하고 새로운 도전을 미뤘다.

"회복탄력성은 동네 술집에서 레퍼토리 삼는 일회성 이야기 이상이 되어야 해요. '1962년에 조니가 말이야…'라는 식으로 꺼내는 이야기를 넘어서요"라고 브라이언은 조언했다. 과거의 그런 순간들은 중요하지만 단지 시간의 흐름 위에 어떤 일이 있었는지 표시되는 것으로 그 역할이 끝난다. 그렇게 표시된 지점이 더 큰 곳으로 이어지거나 이후의 도전을 통해 방향을 전환하고 성장하는 데 의도적으로 활용되지 않으면 그 존재감은 희미해질 것이다. 브라이언은 그런 사건들을 '지나간' 회복탄력성 이야기라고 표현했다.

뉴질랜드에서 어린 시절을 보낸 브라이언은 주말을 조부모와 함께 보내는 경우가 많았다. 브라이언은 제2차 세계대전 참전 군인이었던 할아버지와 함께하는 주말을 늘 기다렸다. 토요일마다 브라이언과 할아버지는 지역 포병 학교를 방문해 할아버지의 전우들을 만나곤 했다.

당시 브라이언은 이런 방문을 소중히 여겼다. 마치 초인간들과 함께하는 기분이었다. 그렇게 브라이언은 생존, 용맹, 동료애에 관해 놀라운 이야기를 나누는 영웅 모임의 일원이 되었다. 그는 레모네이드 한 잔과 감자칩 몇 개를 먹으러 가는 척했지만 그건 핑계였고 실은 할아버지와 전우들이 매번 같은 이야기를 주고받으며 즐겁게 보내는 모임에 끼고 싶었다. 그렇게 얼마가 지나자 브라이언은 할아버지들이 나누는 이야기의 순서가 완벽하게 예측 가능하다는 것을 깨달았다. 다음에 일어날 일을 알고 있다는 사실에 그는 위안을 얻었다.

브라이언이 크는 동안 함께 시간을 보냈던 이 영웅들은 한 명씩 세상을 떠났다. 브라이언에게 그 시간은 고통스러운 깨달음을 안겨주었다. 장례식마다 돌아가신 분의 개인적 이야기가 공유되는 동안 그의 머릿속에는 예전에 포병 학교에서 들었던 그 이전과 이후의 이야기가 반복해서 들리는 독특한 타임라인이 그려졌다. 그의 할아버지가 돌아가셨을 때 브라이언은 군 복무 중이었다. 할아버지를 잃은 고통은 날카롭고 강렬했다. 하지만 브라이언은 할아버지를 잃은 것보다 더 큰 고통을 느꼈다. 전쟁이 끝난 후에 할아버지가 삶을 실제로 살지 않으셨을지도 모른다는 두려움이었다.

언제부터인가 브라이언은 이 굉장했던 사람들이 시간이 흐르면서 히트곡이 하나뿐인 반짝 가수처럼 되어버렸다고 느끼게 되었다. 그들의 추도사처럼, 그들의 삶은 그들이 실제로 세상을 떠나기 한참 전에 이미 쓰였을지도 모른다는 생각이 엄습했다. 브라이언이 만난 포병 학교 모임 할아버지들이 전쟁 후에 오래 산 것은 맞다. 하지만 그들이 보낸 전쟁 이후의 삶은 과거의 참호 속에 숨어 있었다. 그들은 마치 평생 살면서 겪을 일은 전쟁터에서 살아남은 것 정도가 다였다고, 특별한 일은 이미 일어났으며 남은 일생은 '숨어서 죽을 때까지 기다리는 것'이라고 결정한 것 같았다.

그들은 자신들이 진정으로 이해하지 못한 전쟁의 20대 영웅으로 늘 살아왔다. 자신의 삶에 적극적으로 참여하거나 영향력을 행사하기를 멈추었고, 기껏해야 피할 수 없는 종말을 향해 가는 수동적인 관찰자이자 승객이었다. 그들의 이야기는 발전하지도 않았고, 다음 단계로 이어지지도 않았다. 전쟁이 끝나고 난 후의 그들은 영웅이 아니었다는 사실에 브라이언은 괴로웠다. 그들은 그저 한때 영웅다운 일을 한 사람들일 뿐이었다. 하지만 브라이언은 그것이 극한 상황에서 인간의 몸과 마음이 할 수 있는 일이라는 것을 알고 있었다.

그가 사랑하고 존경하게 된 그들은 해결되지 않은 트라우마로 방해받고 있었다. 치유하거나 해결하지 않은 채 트라우마를 되새기는 것은 우리를 해친다. 과거의 실패를 다시 떠올리거나, 좌절한 경험 때문에 목적에 집중하지 못하는 것도 마찬가지로 우리를 고통과 두려움, 걱정, 되새김에 빠지게 한다.

"늘 뭔가가 있어요."

브라이언은 이렇게 말하곤 했다. 이 말이 절망을 가리키는 것이 아니라 희망과 기회를 가리키는 말인 것을 깨닫는 데는 몇 년이 걸렸다. 이는 우리가 살아 있는 한 우리 앞에 더 큰 회복탄력성의 기회가 있다는 뜻이다. 즉 해야 할 일, 배워야 할 것, 방향을 전환할 새로운 뭔가가 있다는 말이다. 그 뭔가는 우리 자신의 태도나 인식처럼 아주 작은 것일 수도 있다. 그러나 가장 큰 변화는 바로 방향의 전환으로 생겨난다.

수년간 군 복무를 한 후 브라이언은 진로를 바꿔 슬픔 상담사라는 다른 분야에 종사하기로 했다. 많은 사람이 시간이 지나면 비범한 일에 다가가기를 멈춘다는 깨달음이 계기가 되었다.

회복탄력성은 일회성으로 생겼다가 사라지는 경이로운 것이 아니다. 압박감을 견디고 그것으로부터 성장하고 발전하려면 우리는 회복탄력성을 지속적으로 수용해야 한다. 브라이언은 사람들이 과거, 특히 기억의 깊은 층에 묻어둔 과거의 조각들을 탐구하고 성장하도록 이끄는 훌륭한 방법을 많이 알고 있었다. 그는 이렇게 말했다.

"인생의 어느 한 페이지를 읽지도 다루지도 않고 닫아버리려고 하면, 남은 인생 동안 마음속에서 그 내용이 끊임없는 호통으로 들리게 될 거예요."

우리가 우리를 가장 고갈시키는 일은 경험에서 오는 고통을 피하는 것이다. 회복탄력성의 측면에서 보면, 고통을 피하는 것은 성장 가능성을 거부하는 것을 의미하기도 한다.

모두 외상 후 스트레스에 대해 들어봤을 테지만, 외상 후 성장에 내재된 힘을 이해하게 된 사람은 많지 않을 것이다. 외상 후 성장은 자기 경험에서 새로운 의미를 찾아내 다르고 더 나은 방식으로 삶을 살아갈 방법을 찾을 때 일어난다. 성장의 기회는 극복하거나 배우는 모든 도전과 시련 속에 충분히 있다.

중대한 변화나 도전에 직면할 때

브라이언이 사람들이 직면한 도전을 처리하는 데 도움을 주려고 사용한 모델 중에는 엘리자베스 퀴블러 로스Elisabeth Kubler-Ross의 연구에서 나온 모델이 있다. 스위스계 미국인 정신과 의사로서 죽음과 애도 분야의 선구자인 퀴블러 로스는 애도 단계 모델을 개발했는데, 이 모델은 개인, 팀, 조직의 변화 관리를 돕는 데널리 사용되고 있다. 이 모델은 부정, 분노, 타협, 우울, 수용의 단

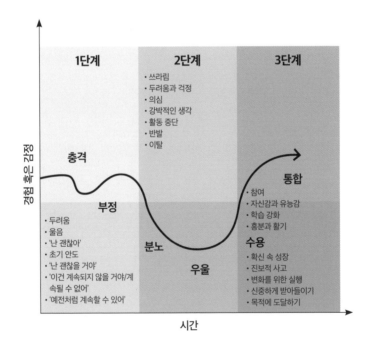

계에 초점을 맞춘다. 그래프는 삶의 중대한 변화나 도전에 대해 보다 폭넓은 반응을 보여준다.

이 모델은 중대한 변화나 도전에 직면할 때 주로 세 단계를 거친다고 설명한다. 여기서 제시하는 2가지 핵심 사항을 회복탄력성을 구축하는 데 적용할 수 있다.

첫째, 도전이나 직면한 경험에서 온 감정을 피하지 말자. 그럴 때 받은 상처를 치유하고 싶다면 먼저 그 감정을 느껴야 한다. 우리는 모두 저마다 고유한 도전과 회복탄력성의 여정을 겪지만, 우리 중 일부는 경험을 처리하는 데 따르는 부정적인 감정의 무게를 필사적으로 피하기 위해 수용과 통합으로 넘어가려고 애쓴다. 우리는 구덩이를 건널 필요가 없다고 생각하지만, 구덩이를 오래 방치할수록 추락은 더 급격할 거라는 사실을 깨닫게 된다. 내버려두면 이런 감정은 우리 삶에 남아 미래를 향해 나아가는 길을 가로막는다.

둘째, 구덩이에 빠져 있지 말자! 때때로 우리는 분노와 우울의 구덩이에 빠져서 다시 나오기를 망설이게 된다. 회복탄력성은 새로운 것을 받아들이고, 더하고, 그것에 몰입하는 데 필요한 자원과 지원, 에너지를 찾는 것이다.

브라이언은 또한 어려움과 좌절을 극복하는 데 있어 서구 문화의 선형적 사고로 접근하는 것에 도전했다. 이 사고는 도전에서 성장으로 나아가는 우리의 여정이 하나의 선을 이룬다는 점을 알려준다.

과거 ⟶ 현재 ⟶ 미래

우리는 더 나은 상태에 한 번 도달하면 미래가 항상 강하게 붙잡아줄 것이라고 가정할 때가 있다. 한 번의 고난에서 무한한 번영으로 나아가기를 바라지만 실제로 그렇게 되는 경우는 드물다. 인생은 우리에게 끊임없이 도전한다. 다행인 것은 우리가 인생의 도전을 받아들이면, 도전을 피했을 때는 결코 얻을 수 없었을 배움을 얻고 성장한다는 것이다.

회복탄력성으로 이끄는 창조의 세 단계

마오리족의 창조 이야기는 아오테아로아 **Aotearoa**(뉴질랜드를 가리키는 마오리어 단어로 '길고 흰 구름의 땅'을 뜻한다—옮긴이)의 가장 오래된 철학이다. 이 이야기는 치유, 성장, 배움의 여정을 설명하고 변화를 불러오는 데 강력한 영향을 미친다. 나는 이 이야기를 특수부대에서 일하던 시절 우리 부대의 회복탄력성을 키울 때 나를 지도해준 멘토에게서 들었다.

이 여정은 위대한 무, 텅 빈 곳인 테 코레Te Kore에서 시작한다. 이곳에서는 위에도 아래에도 아무것도 없다. 회복탄력성의 맥락에서 보면, 이는 갑작스럽거나 예상치 못한 변화, 상실, 도전에 압도당할 때 느끼는 충격과 무감각함을 가리킨다.

이곳에서 시간은 실현되지 않은 잠재력의 상태를 설명하듯 어둠 속에 정지되어 있다. 하지만 테 코레는 에너지와 순수한 잠재력의 영역이기도 해서 변화를 위한 여건을 조성하고 키운다. 테 코레의 공간은 도전과 기회를 제공한다. 이곳에서 우리의 역할은 우리의 의지를 신중하게 선택하고 전념하는 것이다. 그렇게 하는 것이 아무리 어렵게 느껴지더라도 말이다. 이는 부정적인 것보다는 수용, 회복, 학습, 성장 등 긍정적인 방향으로 떠오르는 잠재력에 활력을 불어넣기 위해서다.

다음 단계는 테 포Te Po다. 충격이나 격돌의 텅 빈 곳에서 영원한 밤의 영역이 등장한다. 테 포는 어둠으로 가득 차 있다. 두려움, 의심, 슬픔, 후회가 이곳에 존재할 수 있겠지만, 마찬가지로 희망도 존재할 수 있다. 존재에 대한 움직임과 인식이 나타나고, 존재의 영역으로 향하는 변화의 시작과 학습, 성장, 변화의 가능성도 모습을 드러낸다. 어둠을 통과하는 길은 새로운 이야기와 아이디어 또는 기회가 발견되는 다양한 변화의 단계를 상징한다.

다음으로 마침내 빛의 세계인 테 아오 마라마Te Ao Marama가 탄생하고 번성한다. 더욱 회복탄력적인 자신을 지원하는 데 배움이 통합되는 성장의 장소다. 이 빛의 장소는 영원하지 않다. 새로운 도전이 우리에게 닥칠 것이고 그렇게 더 큰 기회가 생겨날 것이다.

이와 같은 창조의 세 단계는 우리를 회복탄력성으로 어떻게 안내해줄 수 있을까?

- 매 단계는 시간에 따라 지나는 순간이다. 도전, 탐색, 빛, 성장 등 각각의 경험은 회복탄력성을 위한 많은 것을 제공한다.
- 도전에 따른 불편함과 고통을 피하느라 배움과 성장 역시 피한다면 같은 공간에서 맴돌기만 하고 앞이나 바깥에 있는 모든 것을 보지 못하게 된다.
- 부담, 긴장, 도전은 우리 몸이 말하는 언어다. 우리는 이 언어들과 연결되어 있지만 이를 피하는 사람들도 많다. 피하

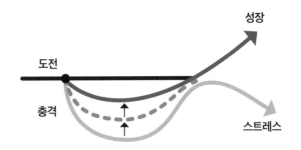

기보다 이런 느낌들을 마주하고, 이것으로부터 배워 성장해
야 한다. 그래야 회복탄력성을 가질 수 있다.

• 성장이 일어나는 곳은 불편하다. 그 불편한 자리에 앉는 법
을 배워야 한다.

회복탄력성을 키우는 여정은 때로 힘들 수 있다는 사실을 받아
들여야 한다. 모든 새로운 경험은 배움과 기회를 준다. 우리의 목
표는 도전을 피하는 것이 아니라, 예상치 못한 상황에 직면한 후
깊은 절망에 빠지지 않도록 배운 것을 활용하는 것이다. 도전을
통해 배움을 얻는다면, 절망은 깊지 않을 수 있다.

수용하고 준비하는 태도가 중요하다

한 특수부대원은 이렇게 말했다.

"회복하고 성장하려면 먼저 곤경의 근원이 되는 실패의 원인을
받아들이고 이해할 수 있어야 하며, 일어난 일을 받아들여야 합
니다."

회복탄력성은 이런 수용을 성장의 발판으로 삼을 수 있을 때
생긴다. 회복탄력성이란 좌절이 찾아왔을 때보다 더 잘 준비된

상태로 앞으로 나아가는 것이다. 수용은 성장의 열쇠이자 회복탄력성으로의 이동이며, 궁극적으로 미래 여정을 위한 폭넓은 준비의 토대가 된다. 지속적으로 진화하고, 배우고, 준비하는 역량은 회복탄력성의 핵심이다. 내가 인터뷰한 어느 특수부대원은 이렇게 설명했다.

"오늘 유용한 방법은 그것에 주의를 기울이고 갈망하는 마음을 유지하지 않으면 내일은 해가 될 수 있어요."

종사하는 모든 일에 최선을 다하면 성공하느냐 실패하느냐는 중요하지 않다. 이를 통해 분명 성장할 것이기 때문이다. 또 다른 특수부대원은 업무를 통해 접한 것들이 수용력과 준비성을 키워 회복탄력성을 강화하는 데 어떤 도움을 주었는지 알려주었다.

"상실, 고통, 실패의 감정에 너무 오래 머무르는 습관을 관대하게 보세요. 두려움에 고정된 마인드셋에서 멀어지고, 대신 위를, 주변을, 내면을 바라보는 법을 배워서 목표한 결과를 내기 위한 새로운 방법을 찾아보세요. 그리고 열린 가슴과 충만한 마음으로 앞으로 나아가는 겁니다."

수용에 집중하는 것은 복잡한 요구에 대처할 자신감을 키우는 데 매우 중요하다. 그렇게 하면 시련이 닥쳤을 때 회복탄력성을 키우고 유지할 수 있기 때문이다. 한 인터뷰이는 이렇게 말했다.

"큰 어려움에 대처하는 회복탄력성을 갖추려면 모든 기본을 갖추고 최선을 다해 준비하고 있어야 합니다.”

이는 좋은 경험이든 나쁜 경험이든 추한 경험이든, 모든 경험을 받아들이고 배우고 그 경험을 통해 성장함으로써 이루어진다.

회복탄력성은 인내심에서 온다

인내심은 타고난 것이라기보다는 연습을 통해 길러지는 태도다. 회복탄력성은 지속적으로 육성하고 길들여야 하는 자질이다. 그래서 새로운 도전을 기꺼이 받아들이는 인내심에서 시작된다. 한 인터뷰이의 말을 빌려보자.

“가장 어두운 순간에도 항상 해야 할 일이 있거나 적어도 배울 새로운 것이 있습니다. 어떤 곤경에 처해 있든 이런 마인드셋은 ‘~하면 어떨까?’라는 질문을 한 번 더 던지게 하죠. 승리라는 것은 한 번 더 해보느라 추가된 그 일 초에, 한 번 더 내딛느라 추가된 그 한 걸음에서 생길 수 있습니다.”

나와 이야기를 나눈 다른 사람은 이렇게 말했다.

“좌절이나 고통을 극복하려는 의지를 키우는 일이 처음에는 콘크리트 벽을 통과하는 훈련처럼 느껴질 수 있어요. 엄청 힘들죠. 그만하고 싶을 거예요. 하지만 학습과 개선을 목표로 삼으면, 대부분의 방해물은 적어도 우리가 취하는 태도에서 비롯된다는 것을 이해하게 될 겁니다. 그러고는 인내하게 되죠."

또 다른 사람은 "인내심을 키우면 호기심과 최선을 추구하는 마음이 두려움의 자리를 차지할 겁니다"라고 설명하기도 했다.

도전을 피하기보다 추구하고, 익숙한 것에 집착하기보다 새로운 것에 기대고 배우며, 자신이 옳다는 것을 증명하기보다 자신을 항상 개선하고, 나쁜 것을 되새기기보다 항상 더 나은 것을 상상하려는 욕구가 회복탄력성의 기반이 된다. 이 모든 영역에서 회복탄력성은 인내심을 요구한다. 인내심의 측정 단위는 일관성이다.

14

평정심으로
균형을 유지하기

지속적인 회복탄력성을 위해

홀로코스트 생존자이자 세계적인 심리치료사인 빅터 프랭클은 환자들이 고통과의 관계를 바꾸고 의미 있는 삶을 위한 역량을 키우도록 돕고자 했다. 앞에서 프랭클이 내 작업에 미친 영향을 언급했지만, 여기서는 자극과 반응 사이의 공간과 그 공간에서 회복탄력성 있게 행동하는 힘의 개념을 다시 한번 강조하고자 한다.

주의를 기울이면 프랭클이 말하는 공간을 만나게 된다. 우리 중 일부는 자극과 반응 사이의 공간에서 기회를 포착해본 기억이 있을 것이다. 차선의 방식으로 또는 습관적으로 반응하는 대신,

의도적으로 도전에 대응하고 참여해서 결과에 더 나은 영향을 미치기 위해 고의적인 선택을 한 경험 말이다.

혹독한 시련을 경험하고 그 경험에서 자기 능력을 목격한 사람은 많다. 하지만 한 가지 선택 또는 몇 번의 전환점만으로 지속적인 회복탄력성을 구축할 수는 없다. 회복탄력성은 우리가 매일 도전에 맞서며 강점을 확장할 기회를 찾길 기대한다. 이는 매 순간 신중하게 도전을 선택하는 사람들에게서 엿볼 수 있다.

회복탄력성과 뇌

무언가를 더 많이 연습할수록 뇌도 더 많이 변한다. 뇌의 모든 뉴런은 각각 다른 신경과 1만여 개의 연결을 맺으며, 이 연결들은 우리가 가장 많이 하는 일에 따라 변한다. 우리가 새로운 것을 배우면 뉴런을 둘러싼 화학 물질에 의해 일시적으로 경로가 만들어진다. 이때 같은 활동을 매일 연습하면 그 화학적 변화는 구조화된다. 시간이 지나면 뉴런은 실제로 모양도 바뀌고 위치도 변한다. 경로가 더 고정되면서 뇌의 다른 영역 간의 연결도 강화된다. 이런 이유로 우리는 더 잘하고 싶은 것을 연습함으로써 그 능력을 향상시키고, 계속 향상할 신경계 틀을 마련할 수 있다.

기억은 2개의 뉴런이 익숙한 대화를 나누는 것이다. 그 대화가 반복되면 신발 끈을 묶거나 자전거를 타는 것처럼 생각 없이 수행할 수 있는 패턴이 된다. 기억은 강한 감정이 얽혀 있을 때 더 오래 보존되는 경향이 있다. 이는 감정과 신경계가 밀접하게 연결되어 있기 때문이다. 신경계는 감정을 처리할 뿐만 아니라 감정에 어떻게 반응할지도 결정하는 역할을 한다. 때로는 감정이 너무 강해서 신경계에 과부하가 걸리기도 한다.

갑작스러운 위험, 위기, 두려움, 그리고 뇌가 이를 어떻게 해석하느냐는 가장 큰 위협이 될 수 있다. 우리의 반응이 우리의 몸과 마음을 완전히 통제할 수 있어서다. 편도체가 지시를 내리면 우리의 논리와 이성은 작동을 멈춘다.

우리는 곧 우리가 반복하는 행위라고 아리스토텔레스는 말했다. 그렇다면 회복탄력성도 마찬가지로 습관이 될 수 있다. 회복탄력성을 키우려면 그 순간에 침착함을 유지해야 한다. 두려움은 우리를 보호하는 매우 강력한 작용이다. 두려움은 정보를 내면화하고 위협이 우리를 따라잡기 전에 신속하게 대응하게 하는 엄청나게 강력한 적응력이다. 문제는 두려움, 걱정, 불안이 습관이 되면 균형을 잃고 회복탄력성이 제공하는 이점을 약화시킬 수 있다는 것이다. 평정심을 유지할 방법을 찾지 못하면 이성이 작용하지 않을 때 끊임없이 불안과 초조함을 느끼게 될 것이다.

몇 초 안에 발휘하는 침착함

나의 아버지는 이렇게 말씀하셨다.

"회복탄력성의 마법은 위기를 극복할 때까지 신념을 여러 번 되찾으면서 침착함을 유지하고 완전한 자신감으로 행동하기를 선택한 순간들이 쌓인 연속적인 사건들로 이루어진단다."

초 단위로 침착해지는 훈련을 많이 할수록 회복탄력성의 기준선은 높아진다. 초 단위의 침착함이 아버지의 삶에 왜 그렇게 뿌리 깊게 자리 잡았는지는 명확했다. 항공기 시험 조종사였던 아버지는 결정적인 마이크로초(100만분의 1초다—옮긴이)의 기회를 예측하는 훈련을 받았을 것이다. 아버지의 가장 위대한 순간과 가장 중요한 업적은 그 짧은 순간에 유지하는 침착함에 있다.

아버지가 가진 마법은 이 배움을 일상으로 옮겼다는 점이다. 마치 아버지가 훈련받은 모든 순간이 점차 사람, 환경, 자신과의 상호작용에 세심한 주의를 기울이는 일의 중요성을 의식하고, 느끼고, 감사하는 마음으로 이어진 것 같았다. 이후 내가 만난 가장 뛰어난 사람들에게서도 같은 점을 볼 수 있었다.

이 회복탄력성 습관은 긴장이 생기는 것을 막지는 못하지만, 순간의 어려움을 덜 심각하게 경험하게 해준다. 그 순간에 눈이 멀어 목표를 달성하는 데 피해를 보거나 꼼짝 못 하게 되어 성장하지 못하는 일이 생기지 않도록 해준다.

특수부대원들과 마찬가지로 아버지는 최선의 결정이 몸의 모든 근육에 각인될 정도로 훈련하고 반복함으로써 생기는 직감에 의존했다. 자기 기술을 활용하는 특정 상황에서 의도적으로 회복 탄력성을 훈련하는 사람들에게는 이것이 훈련된 반응이 되어 최적의 결과로 이어진다. 그러나 대다수가 보이는 반응이 늘 최적인 것은 아니다.

우리의 본능적인 반응이 도움이 되는 의미 있고 중요한 순간도 많지만, 그 반응이 충분한 결과를 내지 못하거나 심지어 해를 끼치는 경우도 있다. 프랭클이 말한 신중하고 의도적인 멈춤이 필요한 순간이 바로 이때다. 이런 순간에는 지금 여기에 온전히 집중하고 몰입해야 얻을 수 있는 통찰력에 의지해야 한다.

사건과 반응 사이의 몇 초가 때로는 빌려온 것처럼 느껴지기도 한다. 이런 경우에는 초를 더 짧게 나눠 마이크로초를 측정 단위로 삼아야 한다. 이 마이크로초 동안 어떤 몸짓, 자세, 시선, 호흡을 보이는지, 그리고 몸의 모든 부분으로 어떻게 방향을 잡는지가 경험의 결과에 영향을 미친다. 이 몇 마이크로초 안에 무슨 일이 벌어질까? 우리에게는 선택권이 있다. 압도당하거나, 지치거나, 두렵거나, 부정적인 감정과 습관과 의견이 방해할지라도 목표나 비전을 계속 책임지기로 선택할 수 있다.

Tool

몇 초 안에 침착함을 발휘하기

어려움을 겪고 있거나 어려움에 직면할 준비를 하고 있다면 '행동'보다 '존재'에 먼저 집중하는 것이 중요하다. 이를 위해서는 감정적으로 반응하기보다는 사려 깊게 사색할 방법을 찾아야 한다. 생각과 감정을 통제하는 것은 삶의 질에 직접적인 영향을 미칠 수 있다. 내가 주변 세상과 상호작용하는 방식도 바꿀 수 있다. 침착함을 되찾는 가장 쉽고 효과적인 방법은 호흡을 이용하는 것이다. 매일 할 수 있는 간단한 호흡법을 소개한다.

1. 조용한 곳을 고르거나 그런 장소를 만든다.
2. 그곳에 자리를 잡고 배로 숨을 크게 들이마시고 내쉰다. 열 번 반복한다.
3. 이렇게 숨을 쉰 후 마음 상태가 달라졌는지 확인한다.
4. 스트레스 수준이 약간 높아졌을 때 이 활동을 반복한다. 이 활동을 위해 계단을 오르거나 몇 분간 제자리 달리기를 하며 맥박수를 높여도 좋다. 이때도 호흡하기 전과 후의 변화를 느껴본다.
5. 감정적으로 더 불편해졌을 때 이 활동을 반복한다. 약한 모습을 보여도 좋다. 마음에서 우러나오는 말을 하고, 진심으로 이 활동을 실천한다. 나 자신에게 진실인 것을 말하고, 그럴 때 나의 상태가 어떤지 살핀다. 잠시 멈추고 열 번 숨을 쉰다. 나의 상태에 어떤 변화가 일어나는지 주목한다. 신체적인

혹은 감정적인 상태가 위태로울 때 호흡을 바르게 하는 연습을 한다.

호흡처럼 간단한 방법으로 신체적, 감정적 상태를 조절하면 몸과 마음이 어떻게 작동하는지를 배울 수 있다. 우리의 회복탄력성을 시험하는 일이 우리가 계획한 일인 경우는 거의 없다. 삶에서 일어나는 모든 일을 통제할 수는 없지만, 일어나는 일을 통해 나의 경험과 내가 참여하는 방식에는 영향을 미칠 수 있다. 호흡은 몇 초 만에 침착함을 되찾을 수 있는 가장 쉬우면서도 중요하고 영향력 있는 방법이다. 침착함을 조절하면 회복탄력성에 더 가까워질 수 있다.

조너선의 이야기

나와 함께 일한 가장 뛰어난 기업가 중 한 명인 조너선은 수많은 방식으로 깊은 인상을 남겼다. 서른 살에 그는 시장에서 가장 경쟁이 치열하고 경직된 산업 중 하나를 뒤흔드는 제국을 세웠다. 대단한 결단력과 탐구심, 무엇보다도 진정한 관계를 맺고 사람들을 보살피는 능력으로 그는 성취할 수 있었다. 잡아먹지 않으면 잡아먹히는 영업 기반의 산업에서는 진정한 관계와 배려가 흔치 않았다. 그 세계에서 성공의 유일한 척도는 경쟁자를 얼마나 재빠르게 밀어내고 최고의 영업사원이 되느냐였다.

조너선은 바로 그것을 해냈다. 하지만 과거의 성공 비결을 그대로 재현하느라 바쁜 와중에 그는 보다 더 큰 성공을 이루려고 노력하기도 했다. 조너선은 정식으로 대학 교육을 받진 못했지만, 기존의 관습에 맞서 놀라운 성공을 거둘 수 있음을 증명한 점에 자부심을 느끼고 있었다. 대부분의 성장 과정에서 보살핌을 받지 못했다고 느꼈지만, 그는 대학에서 교육을 받은 다른 많은 사람들을 능가했다. 하지만 이제 그는 사회가 성공의 길이라고 규정하는 것에 구애받지 않고 누구나 자신이 원하는 것을 추구할 수 있는 길을 닦고 싶었다.

30대 후반이 되었을 때 조너선의 성공은 그를 위협하기 시작했다. 그는 자기 삶의 영역이 바뀌고 있다는 사실을 깨닫지 못한 채 모든 사람에게 모든 역할을 해주려고 노력했다. 그러다 자신이 한 모든 일이 무언가를 증명하기 위해 한 것은 아닌지 의문이 들었다. 실패를 성공으로, 방치를 훌륭함으로, 가난을 부로, 불안감을 기업가 정신으로 바꿀 수 있음을 보여주려고 자신의 모든 것을 투자한 것은 아닌지 말이다.

그가 아는 한, 가치 있는 사람이 되는 유일한 방법은 묵묵히 앞으로 나아가는 것이었지만 더 이상 그렇게 살 수 없다는 점도 알고 있었다. 그는 곰곰이 생각할 시간이 없어서 다음 성공을 즐기기는커녕 자신의 목적조차 찾지 못했다. 그의 소중한 가족은 그를 사랑했지만 낯선 사람으로 보았다. 그는 가족을 부양했고 자신에게 능력이 있음을 스스로에게 증명했다. 하지만 이제 그는 유일하게 자신의 가치를 느끼게 해주는 '일'을 반복했다. 고되게 일하고, 묵묵히 나아가고, 피로를 해소한 후, 다시 고되게 일했다.

그의 의욕은 사라지고 있었다. 자신이 쌓아온 모든 것에 사랑과 두근거림을 느껴야 한다는 것을 알았지만, 오히려 그 자리에 도달하는 동안 따라온 무게감만을 느꼈다. 그는 무심함, 불안감, 이질적인 느낌을 경험하기 시작했다.

조너선은 번 아웃을 경험하고 있었다. 그는 지속 가능한 한계점을 지나치게 추구했고 견딜 수 없는 짐을 너무 오랫동안 짊어지고 있었다. 극도의 스트레스 상태로 지내는 습관은 성인이 된 그의 삶을 정의했다. 그는 자기가 그것을 명예의 훈장처럼 여겨 왔다는 것을 알고 있었다. 그의 일정에는 회복이나 휴식을 위한 순간은 없었다. 자신이 완전히 고갈되었다는 사실을 깨달았을 때 는 무엇이 자신에게 기운을 주는지조차 떠올릴 수 없었다.

균형과 동요

스트레스, 변화, 불확실성은 우리에게 다가오자마자 우리를 점 령한다. 우리의 에너지가 완전히 고갈되면, 바람의 변화처럼 미 세한 것으로도 우리는 무너질 수 있다. "낙타의 등을 부러뜨린 지 푸라기"라는 표현은 연료 탱크가 텅 빈 채로 어떤 식으로든 계속 앞으로 나아간 적이 있는 사람이라면 공감할 것이다. 탈진이나 번 아웃의 경험은 우리가 짊어진 짐에 관한 것이라기보다는 스스 로 회복하고 재충전할 기회를 확보하지 못한 것에 관한 것이다.

나와 함께 일한 회복탄력성 영웅들은 추진력을 떠받치려면 주 저하지 말고 균형을 유지해야 한다고 주장한다. 무엇이 자신의 연료 탱크를 채우고 유지해주는지는 각자 다를 수 있다. 하지만 지켜야 할 보편적인 원칙은 거의 동일하다.

내게 가르침을 준 회복탄력성 영웅들은 모두 상당한 압박감을 견디고 오랜 시간 엄청난 도전에 대처했다. 그렇게 하기 위해 그들은 언제 무엇을 해야 하는지, 언제 싸워야 하고 언제 쉬어야 하는지, 언제 애써야 하고 언제 성찰해야 하는지, 언제 자신의 임무에 완전히 몰두한 채로 쉬지 않고 달려야 하는지, 언제 주변과 연결되고 주변에서 기반을 다져야 하는지를 알기 위해 노력한다. 이는 그들이 철저하게 지키는 균형이다. 그들은 회복탄력성을 세심하게 키우면서 최고의 성과를 유지한다.

'동요'는 '압박감'과 '성과' 사이에서 신중하게 잡아야 하는 균형이다. 여기에는 충분한 압박감이 없다면 성과가 떨어진다는 원칙

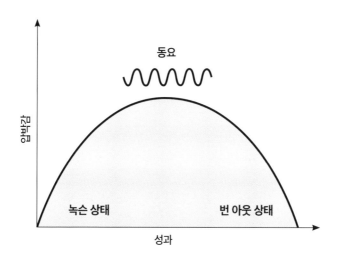

이 작용한다. 보통 동기가 낮으면 성과를 내는 실력이 녹슬 가능성이 크다. '녹슨 상태'는 우리가 하고 있는 일에 자극이나 도전을 받지 않는다고 느낄 때다. 일에 매료되지 않고 자극을 받지 않으면 일반적으로 그 일에서 멀어지면서 의욕을 잃게 된다.

조녀선이 깨달은 바와 같이 휴식 없이 상당한 압박감을 경험하면 이후 업무 성과는 저하될 것이다. 스트레스와 성과의 불일치를 설명할 때 흔히 사용되는 용어가 '번 아웃'이다. 번 아웃 상태는 녹슨 상태와 아주 비슷한 결과로 이어진다.

동요의 좋은 예로 코스트 투 코스트Coast to Coast(뉴질랜드 남섬에서 매년 개최되는 스포츠 대회다. 섬의 서쪽 해변에서 동쪽 해변까지 243킬로미터를 달리기, 자전거 타기, 카약 타기로 경주한다—옮긴이)처럼 여러 종목을 겨루는 대회를 들 수 있다. 이 대회가 단거리 달리기와 회복 시간, 과격한 활동과 세심하게 배치된 휴식으로 이루어진다고 가정해보자. 마찬가지로 회복탄력성을 유지하려면 저항과 도전과 동일한 수준으로 회복에도 투자해야 한다.

회복은 과정의 마지막 단계라기보다 과정 자체에 필수적인 부분이다. 회복탄력성을 발전시키고 유지하는 유일한 방법은 압박감이 완화되었을 때 무엇으로 어떻게 재충전할지를 아는 것이다. 장기간 회복탄력성이 필요한 시기에는 적시에 적절한 연료를 공급하는 미세한 조절이 필요할 수 있다. 그 방법을 알려면 먼저 무엇이 내게 연료를 공급하고 유지해주는지를 알아야 한다.

균형으로 안내해주는 접근법은 매우 많다. 내가 아는 가장 유용한 방법 중 하나는 테 와레 타파 와Te Whare Tapa Whā라는 개념이다. 이 개념은 마오리족의 건강 증진에 기여한 뉴질랜드 교수 메이슨 듀리 경Sir Mason Durie이 1984년에 개발한 것으로, 건강과 안녕은 4개의 벽이 있는 회의장인 '와레누이'와 같다고 한다. 이 개념은 강하고 지속적인 회복탄력성을 갖기 위해서는 그것을 지탱하는 기반과 기둥이 모두 똑같이 중요하다는 것을 암시한다.

회복탄력성을 지탱하는 기반은 '나라' 또는 '나의 뿌리'로 소속감의 원천과 연료에 관해 알게 되는 곳이다. 이 소속감의 기반 위에 삶을 세우는 벽은 '신체 건강'과 '가족과 이웃의 안녕'이 된다. 그리고 지붕이 되는 것은 '영적 안녕'과 '정신적, 정서적 안녕'이다.

자신에게 신앙심이 있다고 여기든 아니든 정신적인 안녕은 반드시 필요하다. 신앙심이 있다면 정신적인 안녕은 종교적 믿음과 공동체를 위한 시간을 의미할 수 있다. 신앙심이 없다면 기쁨을 주고, 에너지를 채워주고, 희망을 주는 것과 계속 가까이하는 것을 의미할 수 있다. 어떤 사람에게는 야외와 자연에서 시간을 보내는 것처럼 간단한 활동이 될 수 있다. 중요한 것은 자신에게 연료를 공급하고 에너지를 채워주는 것이 무엇이든 지속적으로 그 방법을 실행하는 것이다.

Tool

나의 현재 회복탄력성 기준선

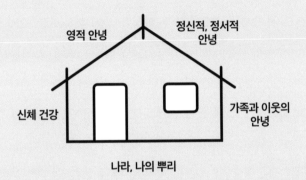

영적 안녕　　　정신적, 정서적 안녕

신체 건강　　　가족과 이웃의 안녕

나라, 나의 뿌리

먼저 솔직하게 나를 평가하자. 무엇이 내게 에너지를 채워주는지는 유일하고 대체 불가능한 나의 문제이기 때문에 완전히 주관적으로 답해야 한다! 이상적인 나에 관한 문제가 아니라는 점 역시 중요하다. 회복탄력성 영웅이 되는 여정에서 내가 지금 어떤 상태인지를 평가하면 된다.

나의 기준선을 세우려면 시작점을 알아야 한다. 그림의 5가지 영역에 대해 현재 회복탄력성 수준을 0에서 10 사이의 점수로 평가해보자. 0은 '이 영역에서 회복탄력성이 매우 낮거나 고갈된 상태'를 뜻하며 10은 '최고의 상태'를 가리킨다. 10점 미만의 점수를 준 영역에 대해서는 다음의 질문에 답해보자.

1. 이 영역을 최대한 활용하지 못하는 이유는 무엇인가?

2. 회복탄력성을 키우기 위해 이 영역을 더 활용하려면 어떻게 해야 하는가?

3. 평소에 사용하는 방법이나 선호하는 방법으로 접근하기 어렵다면, 이 영역을 활용하기 위해 다른 어떤 방법을 사용할 수 있는가?

첫 번째 할 일은 잘 자기

많은 사람이 건강을 관리한다고 할 때 가장 기본적인 부분을 소홀히 한다. 회복탄력성을 위해 재충전하는 방식은 저마다 다를지 몰라도 모두에게 적용되는 필수적인 것이 하나 있다. 바로 잠을 잘 자는 것이다. 수면의 질에 따라 회복탄력성 기준선이 탄탄한지, 무너지기 직전인지가 결정되기 때문이다.

수면의 양과 질을 개선하면 에너지, 활력, 건강, 회복탄력성이 완전히 바뀔 수 있다. 규칙은 간단하다. 수면의 양과 질이 바닥나면 목적을 추구할 수 없다는 것이다. 자는 시간은 회복할 가장 좋은 기회다. 수면은 인지 능력, 반응 시간, 감정 조절 개선에 반드시 필요하다. 잠이 부족하면 주의력과 판단력이 떨어지고 의사 결정 능력이 저하되어 장기적으로 건강과 안녕에 광범위한 영향이 미칠 수 있다. 올바른 수면 환경을 조성하는 일부터 시작해보자.

그렇다면 수면의 양과 질을 어떻게 개선할 수 있을까?

첫째, 햇볕을 쬔다. 좋은 수면 패턴을 만들기 위한 첫 번째 단계다. 햇볕은 24시간 주기를 맞추는 데 도움이 되는 뇌 부위를 자극해준다. 24시간 주기는 건강을 유지하기 위해 우리 몸이 따라야 하는 자는 시간과 깨어 있는 시간의 주기를 조절한다.

둘째, 운동을 한다. 모든 형태의 운동은 24시간 주기를 따르는 데 반드시 도움이 된다. 또한 몸이 회복해서 다시 효율적으로 활동할 수 있으려면 휴식이 필요하다는 사실을 인식하게 해준다.

셋째, 설탕과 가공식품 섭취를 줄인다. 체력이 고갈되면 설탕과 가공식품을 찾게 된다. 바로 이때가 우리 몸이 순수한 영양소를 가장 필요로 하는 때다. 단 음식이나 가공식품을 먹으면 인슐린이 과다 분비되고 혈당이 높아져 수면에 방해가 된다.

넷째, 수분을 적절히 섭취한다. 수면과 관련해서는 낮에 수분을 섭취하고 저녁에는 물 섭취를 제한하는 것이 좋다. 아울러 오후 2시 이후에는 카페인이 함유된 음료를 마시지 않도록 한다. 자다가 화장실에 가느라 중간에 일어나야 할 수도 있다. 매일 우리가 마셔야 하는 물의 적정량은 체중 1킬로그램당 약 35밀리리터다. 이 양을 오후 4시 이전까지 조금씩 마신다.

다섯째, 일몰과 같은 분위기를 만든다. 수천 년에 걸쳐 우리의 뇌는 일몰을 잠자리에 들 시각이 가까워졌다는 뜻으로 받아들여 왔다. 따라서 뇌에 작은 도움을 줄 필요가 있다. TV, 태블릿, 휴대전화는 엄청난 양의 블루라이트를 내뿜으며 여전히 낮이라고 생각하게끔 우리의 뇌를 속인다. 신경화학적으로 보면 블루라이트에 노출되는 순간 뇌는 깨어 있으라는 신호를 받는다. 그렇게 되면 우리 몸은 졸음을 유발하는 멜라토닌이라는 신경 화학 물질을 만들지 않는다. 침실에서 TV를 치우자. 그렇게 하지 못한다면 적어도 태블릿과 휴대전화라도 치우자. 가능하면 휴대전화는 다른 방에서 충전하고 대신 구형 자명종을 사용하자. 휴대전화를 보는 것은 많은 사람에게 자극제와 같은 효과가 있다.

여섯째, 동굴 같은 환경을 조성한다. 자려고 할 때 가능한 한 방을 어둡게 한다. 암막 블라인드나 커튼을 달고, 에어컨을 사용한다면 실내 온도를 적절히 맞춘다. 방 안에 소음도 없도록 한다.

일곱째, 침대 옆에 종이와 펜을 둔다. 머릿속에 생각이 빠르게 떠올라서 한밤중에 잠에서 깰 때가 있는가? 그 순간에 생각을 멈추고 마음을 가라앉힐 수 없다면 그 생각을 적어보자. 생각을 종이 위로 옮기면 뇌가 기억해야 할 일이 그만큼 줄어든다.

여덟째, 베개와 숙면을 짝지어준다. 침대는 TV를 보거나 컴퓨터를 사용하는 공간이 아니다. 침대에 있으면 잘 시간이라고 뇌를 훈련한다. 수면 습관이 어떻고 수면이 얼마큼 필요한지를 파악하는 것은 회복으로 가는 첫 번째 단계다.

가끔 잠들기 힘들거나 잠에서 깬 후 다시 잠들지 못하는 경우도 있다. 그럴 때는 자리에서 일어나자. 대신에 잠이 들기 시작하는 과정으로 돌아가야 한다. 몸에 휴식이 필요하다는 것을 뇌가 깨달을 기회를 주자. 가급적이면 쉽게 읽을 수 있고 내용이 가벼운 책을 선택해 읽거나, 복식호흡을 10회 이상 하거나, 간단한 점진적 근육 이완법을 수행해보는 것도 좋다.

점진적 근육 이완법

1. 편안한 자세로 앉는다. 누울 수 있다면 더 좋다.

2. 양손을 주먹 쥐고 이두박근과 아래팔에 힘을 준다.

3. 머리를 시계 방향으로 부드럽게 천천히 돌린 다음 반시계 방향으로도 돌린다. 여러 번 반복한다.

4. 이마에 주름을 잡고 눈을 가늘게 뜨고 입을 크게 벌리는 식으로 얼굴 근육을 당긴다. 양어깨를 귀 쪽으로 치켜세운다. 어깨를 내리고 얼굴에 힘을 빼며 긴장을 푼다. 여러 번 반복한다.

5. 가슴에 숨을 깊게 들이마시면서 어깨를 뒤로 당긴다. 이 자세를 몇 초간 유지한 후 숨을 내쉬며 어깨의 긴장을 풀어준다. 여러 번 반복한다.

6. 다리를 곧게 펴고 발가락을 몸 쪽으로 향하게 한다. 정강이에 힘을 준다. 이 자세를 유지한다. 긴장을 푼다. 다리를 곧게 펴고 발가락을 말면서 종아리, 허벅지, 엉덩이에 힘을 준다. 이 자세를 유지한다. 긴장을 푼다.

더 발전하고 성장하기 위해

우리는 모두 인생의 여정에서 주인공이 될 것이다. 우리가 속한 여정은 회복탄력성을 요구한다. 회복탄력성은 우리가 생존하고, 삶에서 마주하는 어려움을 극복하고, 성장하는 데 필수 재료이기 때문이다. 우리는 언제든 회복탄력성에 손을 뻗을 수 있다. 하지만 잘못된 방식으로 회복탄력성에 다가가려 할 때가 있다.

회복탄력성이 반드시 행복을 반영한다든가 성공의 기준이 되는 것은 아니다. 회복탄력성은 이따금 우리가 무엇을 실패하도록 둘 것인지 결정하는 데 있다. 항상 다시 튀어 오르거나 앞으로 나아가는 것이 아니다. 정적을 요구할 때도 있다. 일어난 일의 충격을 피하기보다 그 충격을 흡수하는 능력과 그 충격을 직면하고 처리하고 받아들이는 힘을 요구하기도 한다. 하지만 우리는 한 상태에만 갇혀서는 안 된다.

발전하고 성장하기 위해서는 눈과 정신과 마음을 활짝 열고 삶이 제시하는 도전에 맞서야 한다. 희망과 가능성, 우리가 자신을 위해 세운 비전에 시선을 고정하고 지금 이 순간의 현실에 기반을 두어야 한다.

변화가 없는 삶은 없지만, 회복탄력성은 변화를 기회로 전환할 수 있게 해준다. 우리에게 주어지는 기회는 우리가 겪은 일에도 '불구하고'가 아니라 우리가 겪은 일로 '인해' 늘 나아지는 것이다.

우리 모두가 필요로 하는 회복탄력성의 힘은 곤경이 닥쳤을 때보다 우리가 더 나아지고, 더 강해지고, 더 잘 인식하고, 더 유능한 사람이 되는 능력에 있다. 인생은 도전과 좌절, 고통까지 수용하고 흡수하도록 설계되어 있다. 우리가 힘든 경험을 할 때마다 만나게 되는 회복탄력성의 기회를 통해 우리는 성장할 수 있다.

회복탄력성은 긍정적인 방향으로, 더 나은 방향으로 전환하는 능력이다. 어떤 상황이든, 얼마나 고되든 배움과 성장은 있을 수 있다. 시련이 아무리 우리를 힘들게 하고 고갈시켜도 치유와 희망의 여지는 항상 있다.

회복탄력성 시험은 인생의 다음 단계로 '나아갈 수 있다'는 깨달음으로 통과할 때도 있다. 모든 것을 집어삼킬 것만 같은 고된 도전의 순간이 지나가기를 기다리는 것만으로도 초인적인 능력이 필요할 때가 있다. 하지만 우리는 모두 그런 능력을 가지고 있다.

스트레스와 불확실성은 우리가 처한 상태 그대로 머물게 한다. 감당할 수 있을 것 같았던 일도 에너지가 고갈되면 갑자기 극복할 수 없는 것처럼 느껴진다. 그러다 희망의 불씨를 되살리는데 필요한 에너지를 확보할 수 없다고 느끼는 순간에 도달하게된다. 시련에 압도당한다면 그 순간은 지나간다는 사실을 기억해야 한다. 인생의 고난을 피할 수는 없지만, 고난을 극복하는 과정에는 배우고 성장할 수 있는 엄청난 기회가 있다. 그런 순간을 넘기는 과정에서 우리는 스스로가 얼마나 더 나아질 수 있는지를 알게 된다.

회복탄력성은 근성이나 우리가 생각하는 인내의 한계를 넘어서는 일을 처리하는 것이 아니다. 회복탄력성은 적응하는 데 있다. 우리의 능력을 적응시키거나 삶에 대한 서사를 적응시키는 것이다. 모든 새로운 순간과 경험에는 가능성이 있다. 그 가능성은 삶을 더 깊이 이해할 때 생길 수 있다. 자신만의 영웅의 여정을 이어가는 사람들에 대한 연민과 우리 자신에 대한 이해와 우리가 배운 것을 통해 다른 사람의 삶을 풍요롭게 하는 잠재력을 개발할 때 생길 수 있다.

극복하고 성장하려면 회복탄력성 자원을 철저히 지켜야 한다. 잘 살펴보면 우리의 회복탄력성을 고갈시키는 것은 일어난 일이 아니라 그 일에 대한 우리의 해석과 예측일 때가 있다. 우리를 고갈시키는 모든 것을 항상 피하거나 없앨 수 있는 것은 아니다. 인생은 그렇게 흐르지 않는다. 우리가 스스로 도전을 설정하지 않으면 인생이 우리 대신 설정할 것이다. 그러나 우리는 무엇에 어떻게 관여할지, 그리고 가장 중요하게는 앞으로의 여정을 위해 어떤 경험과 배움을 챙길지 선택할 수 있다.

모든 경험은 평생 인생의 근간을 이루는 조각으로 남는다. 회복탄력성을 발휘하며 앞으로 나아가기 위해서는 우리가 쓰는 서사에 신경을 써야 한다. 관점이나 태도를 발전시키고, 기분을 선택하고 결정짓는 등 모든 것은 우리 손에 달려 있다. 우리는 강요당하거나, 제약을 받거나, 고갈되거나, 근근이 생계를 유지할 때도 어떻게 관여할지 선택할 자유가 있다. 회복탄력성은 시련을 주는 경험이든, 어떻게 삶에 더할지 고민하게 되는 경험이든 그 경험을 활용하는 방법에 따라 증가하거나 줄어든다.

회복, 성장, 번영을 위한 회복탄력성은 일정한 순서, 리듬, 운율을 따른다. 그것은 바로 인식Awareness, 소속감Belonging, 호기심Curiosity, 추진력Drive으로 이루어진 회복탄력성의 ABCD 모델이다. 이 모델은 직선적인 과정이 아니라 더 나은 역량을 유지하고 촉진하는 데 도움이 되는 회복탄력성 요소들이 점진적으로 전개되는 일련의 순서다. 회복탄력성은 더 명확한 인식, 더 깊은 소속감, 더 많은 호기심, 더 강한 추진력을 개발하는 힘이다. 이 모든 요소들은 회복탄력성에 필수다.

회복탄력성은 우리 자신과 우리가 처한 상황을 우리가 바라거나 가정하는 대로가 아니라 있는 그대로, 그 결점마저도 인식할 것을 요구한다. 이는 본능적이거나 습관적이지만 파괴적으로도 보이는 반응을 기꺼이 인정하고 보다 순응적이고 적절한 반응을 지향한다는 의미이기도 하다.

회복탄력성은 도전할 만한 가치가 있다고 생각하는 내면의 기준, 즉 소속감을 유지하거나 소속감에 접근할 것을 요구한다. 우리의 강점과 좋은 일을 할 잠재력과 우리의 가치에 대한 소속감은 회복탄력성에 필수다. 소속감은 처한 곤경에 대처할 힘과 방향을 만들어주기 때문이다.

호기심은 절망과 비애를 경이로움으로, 두려움을 가능성에 맞춘 초점으로, 되새김을 기대감으로 바꿀 수 있다. 호기심을 가지면 도전을 피하기보다 추구하게 되고, 불안한 것을 흥미진진한 것으로 바꾸게 된다.

회복탄력성 수준이 높으려면 추진력이 있어야 한다. 우리의 추진력이 회복탄력성을 지탱할 수 있으려면 우리만이 떠올릴 수 있는 목적과 진정으로 일치해야 한다. 추진력이 있으면 좌절을 잠시 멈추고 성찰하는 기회가 되고, 불가능해 보이는 일도 더 나은 쪽으로 도전해볼 수 있다는 점에서 괜찮게 보인다.

회복탄력성을 향한 4박자 리듬인 ABCD 모델은 모두에게 적용된다. 하지만 우리는 각자 유일무이하다. 도전을 극복하고 궁극적으로는 자신에게 중요한 방향으로 성장하려면, 자신의 회복탄력성을 위한 정확한 조건을 이해하고 구축해야 한다. 시련을 헤쳐 나가면서 강점과 잠재력을 키우는 데 필요한 조건은 사람마다 세세하게 다르다. 아울러 삶이 변화하고 진화함에 따라 각자에게 필요한 조건도 달라질 수 있다. 우리는 우리를 유일무이하게 만드는 원동력이 무엇인지 세심하게 살피고, 이해하고, 탐구하고, 그 원동력에 손을 뻗어야 한다. 회복탄력성을 유지하는 조건이 무엇인지 알아야 한다. 조건을 찾지 못한다면 만들어내야 한다.

더 나은 것을 선택하고 구축할 자유는 전적으로 우리 손에 달려 있다. 회복탄력성은 우리에게 그 자유에 다가가고 그것을 주장할 힘을 준다. 의심과 두려움은 우리 마음속에만 존재하며 우리가 허용해야만 우리 마음속에 머문다.

모든 변화, 위기, 경험에는 교차점이 있다. 각 교차점은 항상 더 나은 것을 인지하고 선택해서 그것에 몰두하라고 제안한다. 회복탄력성은 우리가 더 나은 것을 추구하기로 선택했을 때 얻는 축적된 성장과 배움 속에 있다.

감사의 말

우리는 매일 훌륭한 회복탄력성 이야기를 접하기도 하고 그 속에서 살아가기도 한다. 우리는 자신도 모르게 스스로를 치유하고 발전시킬 수 있는 풍부한 지혜를 가지고 있다. 하지만 두려움, 주저함, 걱정, 되새김에 사로잡혀 있는 사람도 많다.

나는 내가 목격하고 배운 지혜를 통해 더 많은 사람이 치유되고 성장할 수 있도록 이 책을 썼다. 캐스린 파블로비치 교수님은 믿음, 힘, 호기심의 자리에서 기여하는 방법을 가르쳐주셨다. 지금까지 내 인생에서 가장 높은 카타르시스를 느꼈던 깨달음을 전해주셔서 감사드린다. 호기심에 빛을 비춰주시고 은혜로운 힘과 놀라운 지혜와 따뜻한 마음을 선물해주신 것에 감사드린다.

내게 '뜻밖의 발견'을 뜻하는 단어 '세렌디피티serendipity'를 소개해주고 지식, 희망, 연결, 탐험의 통로가 되는 것의 의미에 대해 계속해서 영감을 주는 에리카 세빌Erica Seville 박사에게 감사드린다.

더 나은 것을 추구하고, 이 험난한 인생의 여정에서 평정심을 잃지 않고 도약하는 모습을 보여준 모든 기업가, 군인, 리더, 재난과 질병 생존자에게 감사드린다. 이분들은 매일 '사마르칸트로 가는 황금 길'을 걷는 특별하면서도 평범한 회복탄력성 영웅들이다. 회복탄력성으로 향하는 가장 중요한 여정, 즉 내면에서 펼쳐지는 여정에 통달한 사람들보다 더 좋은 주제, 멘토, 교사, 가이드는 없을 것이다!

모든 중요한 여정은 경이로움에서 시작된다. 경이로움은 목적 추구가 우리 삶의 서사에서 불가피한 논리가 되어야 한다는 사실을 받아들이게 해준다. 이 깨달음만으로도 나는 더할 나위 없이 큰 축복을 받았다!

지칠 줄 모르는 탐험가이자 그 자신이 순수한 경이로움의 소유자이며, 다른 사람들에 대한 경이로움을 진심으로 키운 나의 아버지는 내가 목격한 아버지 삶의 모든 단계에서 경이로움의 선물을 공유해주셨다. 아버지가 경이로움을 장려하는 모습을 보면서 나는 아무것도 보이지 않을 때도 선을 행하고, 나눔을 하고, 가능성을 구축하는 주체성과 자유, 확신을 얻게 되었다.

내 인생의 가장 큰 경이로움과 선물인 훌륭한 아들아, 깊이 존경하고 사랑한다. 삶을 향한 너의 기쁨, 강인한 인성, 끊임없는 호기심, 자신을 있는 그대로 드러내는 지혜는 나를 이끌어주는 초능력이란다. 너는 호기심과 회복탄력성에 대해 매일 능숙한 가르침으로 우리에게 영감을 주는구나.

중요한 교차점에서 경이로움은 기반이 되어야 한다. 그래야 경이로움을 추구하는 우리가 폭풍우를 견디고 헤쳐 나갈 수 있다. 우리에게는 진정한 북쪽(나), 견고한 땅, 그리고 우리를 끝까지 지켜줄 장비가 필요하다.

항상 나를 지지해주고 더 나은 비전을 제시해주는 남편에게 이 책을 바친다. 경이로움을 제대로 만끽하는 남편은 삶의 모든 측면에서 회복탄력성을 유지하기 위한 원칙을 지키고, 내가 앞으로 나아가는 데 필요한 모든 것을 붙잡게 해주는 현실감을 전해준다. 그는 인생의 질서에서 무엇이 어디로 가는지를 알고 있다.

추구할 가치가 있는 모든 여정에는 결정적인 순간이 있다. 그 마지막 순간은 우리와 발걸음을 함께하기로 선택한 사람들과 나누는 경험으로 정의된다. 회복탄력성에 대한 가르침을 공유하기로 결정하고 회복탄력성 영웅들이 물려준 가치에 생명을 불어넣는 아이디어에 마음을 쏟아준 멋진 홀리 헌터Holly Hunter, 닉 맥클로이Nic McCloy, 하퍼콜린스 출판사 여러분께 진심으로 감사드린다.

탄성 인간

1판 1쇄 인쇄   2024년 11월 7일
1판 1쇄 발행   2024년 11월 15일

—

지은이   알리아 보질로바
옮긴이   손영인

—

펴낸이   김봉기
출판총괄   임형준
편집   안진숙, 김민정
외부편집   김민정
디자인   유어텍스트
마케팅   선민영, 조혜연, 임정재

—

펴낸곳   FIKA[피카]
주소   서울시 서초구 서초대로 77길 55, 9층
전화   02-3476-6656
팩스   02-6203-0551
홈페이지   https://fikabook.io
이메일   book@fikabook.io
등록   2018년 7월 6일(제2018-000216호)

—

ISBN   979-11-93866-20-7 13190

피카 출판사는 독자 여러분의 아이디어와 원고 투고를 기다리고 있습니다.
책으로 펴내고 싶은 아이디어나 원고가 있으신 분은 이메일 book@fikabook.io로 보내주세요